POLITICAL SCIENCE STUDIES

徐勇　邓大才　主编

华中师范大学政治科学高等研究院 / 中国农村研究院

政治科学研究

2018年卷·上

中国社会科学出版社

图书在版编目(CIP)数据

政治科学研究.2018年卷.上/徐勇，邓大才主编.—北京：中国社会科学出版社，2018.12

ISBN 978-7-5203-3660-4

Ⅰ.①政… Ⅱ.①徐…②邓… Ⅲ.①政治学—研究 Ⅳ.①D0

中国版本图书馆CIP数据核字(2018)第281521号

出 版 人	赵剑英	
责任编辑	冯春凤	
责任校对	张爱华	
责任印制	郝美娜	

出　　版	中国社会科学出版社
社　　址	北京鼓楼西大街甲158号
邮　　编	100720
网　　址	http://www.csspw.cn
发 行 部	010-84083685
门 市 部	010-84029450
经　　销	新华书店及其他书店

印　　刷	北京君升印刷有限公司
装　　订	廊坊市广阳区广增装订厂
版　　次	2018年12月第1版
印　　次	2018年12月第1次印刷

开　　本	710×1000　1/16
印　　张	17.5
插　　页	2
字　　数	276千字
定　　价	78.00元

凡购买中国社会科学出版社图书，如有质量问题请与本社营销中心联系调换
电话：010-84083683
版权所有　侵权必究

《政治科学研究》编辑委员会

主　　编　　徐　勇　　邓大才
执行主编/编辑　　黄振华
编　　委（以姓氏笔画为序）

丁　文	马　华	邓大才	王　静
王　勇	王义保	万婷婷	石　挺
卢福营	冯春凤	刘义强	刘金海
刘筱红	李海金	朱敏杰	任　路
汤晋苏	肖盼晴	何包钢	应小丽
吴晓燕	陆汉文	陈军亚	张大维
张向东	张利明	张晶晶	姚锐敏
胡平江	郝亚光	徐　勇	徐　剑
徐小青	徐增阳	董江爱	黄振华
詹成付	彭正德	熊彩云	

目 录

特稿

政治学"田野学派"的崛起 …………………………… 徐 勇（3）

政治学基本理论

重新审视"契约关系"：亚洲宗教与联邦制
 的联系 ……… 何包钢 劳拉·艾莉森·罗伊曼 迈克尔·布林（17）

基层与地方治理

地域规模视域下的基层民主与自治
 ——基于全国 28 个省 303 个村 5136 位农户的
 问卷调查 …………………………………… 白雪娇（45）

农村与政治

从黄土高原发现"中国"
 ——作为历史关节点的"原型小农" ……… 王 勇 吕进鹏（63）
农村信息化建设与农民政治
 认同研究 ………………………… 胡继亮 潘高矗 李 栋（84）

政治计量

网络表达对政府信任的影响
　　——基于中国社会状况综合调查（CSS）2013 的
　　　实证研究 ·················· 周　毅　刘　伟（109）
政府绩效评价结构与公民政治体制支持 ·············· 吕书鹏（133）

公共政策分析

中国的农村党支部建设：问题与对策
　　——基于全国 31 个（省、区、市）256 个村庄的
　　　调查与研究 ················ 黄振华　刘安宁（151）
以村民小组为基本单元的村民自治：形式与成效
　　——基于对全国 303 个村庄的调查与研究 ········ 胡平江（183）

学术综述

美国政治与政治学研究的现状与趋势：领域、议题与方法
　　——基于《美国政治学研究》
　　　的分析（2008—2017） ········ 张大维　黄锐敏（203）
从学科回归到学术自觉：当代中国政治学研究发展趋势
　　——基于《中国社会科学》（1988—2017）政治学
　　　论文的考察 ········ 余孝东　王　琦　王玉莹（235）
国际比较视野中的协商治理
　　——"基层与地方协商治理：科学评价与
　　　国际比较"学术研讨会综述 ················ 刘　燕（266）

特　稿

政治学"田野学派"的崛起[①]

徐 勇[*]

【摘要】 从政治学诞生，就沿着两条路径发展。一是以形而上的整体性、一般性、抽象性的政治问题为对象，着重于提供价值与规范，以理想理念为据；一是以形而下的部分性、特殊性、具体性的政治问题为对象，着重于描述事实，发现事实之间的联系，以事实为据。中国的政治学起步较晚，长期注重的是整体性的政治制度问题，主要是规范的方法。随着政治实践，特别是村民自治研究，政治学开始由殿堂走向田野，在长期的田野调查中获得方法自觉，并进而有了学派自觉。政治学"田野学派"已初具雏形，它要汲取过往的知识，同时又生长在中国大地上，目的是尽可能运用社会调查的方法，去发现大量被遮蔽或迅速变化着的事实现象，寻找事实现象之间的联系，并通过这种联系进一步深化人们对政治问题的认识。

【关键词】 政治学；田野；学派

真理只有通过从不同角度揭示其面纱，才能愈来愈显现其真相。学派是作为追求真理的科学兴旺发达的象征。古希腊文明正是因为学派林立而成为西方文明的源头。中国春秋战国时代的"诸子百家"争鸣至今还是

[①] 基金项目：教育部人文社会科学重点研究基地重大项目"作为政策和理论依据的深度中国农村调查与研究"（16JJD810004）的研究成果。

[*] 作者简介：徐勇，华中师范大学政治科学高等研究院/中国农村研究院教授，教育部"长江学者"特聘教授。

中华文明的思想源泉。从世界范围看，中国的政治学不仅起步较晚，更历经曲折，直到进入21世纪才初步形成学科体系。随着一个年轻的现代国家的崛起，中国的政治学迎来前所未有的历史机遇。而只有"百花齐放、百家争鸣"，才能促使政治学兴盛，以无愧于一个伟大的新时代。其中，中国政治学的"田野学派"已初具雏形，并由于学派自觉而不断成长。

一 政治学研究的两条路径

学派是学说的不同主张和不同方法，具有相对性。学说非凭空而来，有其源流。

作为以国家为对象的政治学，产生于国家诞生、国家发展和国家治理面临问题之际。

在恩格斯看来，国家不是从来就有的。"国家是承认：这个社会陷入了不可解决的自我矛盾，分裂为不可调和的对立面而又无力摆脱这些对立面。而为了使这些对立面，这些经济利益互相冲突的阶级，不致在无谓的斗争中把自己和社会消灭，就需要有一种表面上凌驾于社会之上的力量，这种力量应当缓和冲突，把冲突保持在'秩序'的范围以内；这种从社会中产生但又自居于社会之上并且日益同社会相异化的力量，就是国家。"[①]

人类社会是以丰富多彩的路径演进的。在古希腊，由于海洋地理、战争和商业等原因，使得以个人血缘关系为基础的氏族社会制度被炸毁，在原始氏族社会的废墟上诞生出一个新的、以地区划分和财产差别为基础的真正的国家制度，人类由此出现一个崭新的政治共同体——国家。正是在这一背景下，在古希腊，率先有了对国家学说的探讨。

在古希腊文明时代，雅典人国家的产生乃是一般国家形成的一种非常典型的例子，其形成过程非常纯粹，是一个具有很高发展形态的国家，民主共和国直接从氏族社会中产生，也就是其内生的高级形式。[②] 也许是成长太快的缘故，古希腊国家面临着诸多问题，产生出不同的国家学说，由

[①] 《马克思恩格斯选集》第4卷，人民出版社1995年版，第170页。
[②] 同上书，第118页。

此也构成了政治学的起源。

　　作为一门科学，政治学与其他学科一样，都要面临从哪里出发，以何为据的问题。正是对这一终极问题的回答，产生了不同的主张和方法。在古希腊，最有代表性是柏拉图和亚里士多德。黑格尔曾经表示："哲学之作为科学是从柏拉图开始而由亚里士多德完成的。他们比起所有别的哲学家来，应该可以叫做人类的导师。"[①] 黑格尔的论断显然具有西方中心主义倾向，但柏拉图和亚里士多德确实开创和代表了两种政治学研究的倾向。

　　柏拉图诞生于希腊城邦国家的危机时期。城邦国家是一个个以城市为中心连同周边农村的小型"城市国家"。这些实行直接民主制的城邦小国很难应对内部分裂和外部挑战，呼唤新的政治共同体的产生。柏拉图因此写下其代表作《理想国》。这一著作的重要特点就是基于理念，即人的理性思考。在此之前，城邦国家是原始氏族社会炸毁后自然成长的，也就是没有经过人类的思考和设计。而在柏拉图看来，城邦国家应该是一个具有伦理目的的共同体，终极目标是"至善"。只有符合"至善"原则的城邦才是理想的城邦国家。换言之，理想的国家是经过人的理性思考设计出来的，而不是自然野蛮生长出来的。

　　亚里士多德是柏拉图的学生，但"我爱我师，更爱真理"。他撰写了《政治学》著作，可以说是政治学的开山鼻祖。他与柏拉图最大的不同是，认为国家是历史的产物，人类社会经历了家庭、村坊和城邦国家的阶段。由于不同的环境，生长不同的城邦政体。他从100多个城邦的事实出发，根据一定标准加以分类，进行比较。同时对不同政体产生及其变迁原因进行了分析。尽管他有优劣价值倾向，但这种价值倾向蕴藏在事实比较之中，而不是凌驾于事实之上。

　　柏拉图和亚里士多德开辟了两种不同的政治学研究的出发点和路径。前者强调"应然"，从理想出发，以理性为据，注重价值规范的内在逻辑；后者强调"实然"，从事实出发，以事实为据，注重事实之间的相互联系。

　　或许是古希腊文明过于早熟，在古罗马盛极一时之后，西方文明因为蛮族入侵，堕入了所谓的千年"黑暗时代"，即无需人的理性思考的神学年代。直到中世纪后期，人的理性才慢慢复苏。特别是在封建社会夹缝里

---

① 黑格尔：《哲学史讲演录》第1卷，商务印书馆1978年版。

生长出一个个全新的城市，催生着人们思考和设计新的国家样式。

如果从传统与现代的时间维度看，现代政治学的最大特点是以人民为主体。中世纪君权神授的神圣性为人民的神圣性所替代。人民成为政治学研究的原点和中心，其核心思想是天赋人权、主权在民。围绕这一原点，政治学研究又沿着两条路径展开。

(一) 以抽象的人民整体为对象的制度建构

强调普遍性、普适性、合理性。通过合理的制度建构，所有人都可以获得自由、民主和福祉。这一路径可以称之为"建制派"。

与传统社会的自然成长不同，现代社会具有人为建构性，即在新社会实体来临之前，就有思想家否定既有制度，重新设计一种新的制度。这就是理性主义的兴起。理性主义从人出发，以理性为据。他们假设一个自然状态，人们建立国家就是要超越自然状态，过更好的生活。国家是依据作为主权者缔结契约而产生的。在他们看来，通过合理的制度建构，所有人都可以获得自由、民主和福祉。天赋人权、主权在民的思想深深地影响着时代，并伴随着一系列革命性的制度建构行为。17世纪，英国通过光荣革命，确立了《权利法案》，建立了君主立宪制。18世纪下半叶，美国经过独立战争，以"民治、民享、民有"为口号，建立起美利坚合众国。18世纪末，法国大革命以"自由、平等"为旗帜，通过了世界第一个《人权宣言》，建立起民主共和国家。随着人民主权的民主制度的建立，政治哲学继续为世界提供一系列价值规范，包括公平、正义等。

(二) 以历史与社会关系中的具体的人为对象的行为模式研究

强调特殊性、特定性、差异性。制度并非尽善万能，更非永恒不变。历史与社会关系中的具体的人的条件和处境决定了其行为模式，并制约着政治制度的建构和实施。这一路径可以称之为"田野派"。

17—18世纪的革命建立起人类从未有过的新型国家，是理性主义政治的实践。但革命的过程却充满着暴力，革命的结果也远非预期那么美好。进入19世纪，人们对17—18世纪的理想理念产生了怀疑，不再是抽象地看待人，或从整体上对人的把握。

柏克首先对17—18世纪流行的理性主义产生怀疑，反对从先验或预设的前提推导出整个政治观念体系。在他看来，人的理性是有限度的。政治体制要充分重视人类过往的经验和传统，不能建立在抽象的推理之上。

法国哲学家孔德则将人类认识方法划分为三个阶段。第一个阶段是"神学的"阶段，在这一阶段，一切事件都被归于上帝和神灵的活动。第二个阶段是"形而上学的"阶段，在这一阶段，上帝或神圣的力量的意志被抽象概念所取代。第三个阶段是"实证的"阶段，是当科学的解释取代了形而上学的时候所达到的。他极力推崇实证主义，强调科学研究必须从事实经验出发。

托克维尔向往自由，但对争取自由的法国大革命进程进行了深刻的反思，写下《旧制度与大革命》一书。他不是从抽象的人民整体出发，而是分析了不同阶层和群体在大革命中的行为模式及其政治影响。之后他在对美国实地考察基础上写下《美国的民主》，认为美国民主成功的秘密：独特的、幸运的地理环境；法制；生活习惯和民情。其中，"自然环境不如法制，法制不如民情。"正是在这部书里，他提出"一个全新的社会，要有一门新的政治科学"。

在政治研究领域产生革命性影响的是马克思和恩格斯。他们创立了历史唯物主义方法，将抽象的人性带入具体的历史与社会关系之中。在《德意志意识形态》中，他们提出："人们是自己的观念、思想等等的生产者，但这里所说的人们是现实的、从事活动的人们，他们受自己的生产力和与之相适应的交往的一定发展——直到交往的最遥远的形态——所制约。"[①] 人是历史与社会关系中的人，由此将人划分为不同阶级、阶层和群体，并具有相应的政治意识。《路易·波拿巴的雾月十八日》对法国小农的生存条件、政治意识和行为进行了深刻的分析。由于从具体的人出发，马克思和恩格斯在研究政治问题时，占有和收集了大量材料，并直接进行了实际调查，如《英国工人阶级状况》。晚年更是对人类学产生极大兴趣，在充分占有材料基础上写成《家庭、私有制和国家的起源》，不是抽象地假设自然形态和国家形态，而是从实际材料发现国家产生的秘密和国家的性质。

进入 20 世纪以后，人们运用社会学、心理学、人类学等多种方法，

---

① 《马克思恩格斯选集》第 1 卷，人民出版社 2012 年版，第 152 页。

从事实经验出发，展开政治问题的研究，取得了一系列重要成果。如摩尔的《民主与专制的社会起源——现代社会形成中的地主与农民》，将传统社会与现代社会交接点上的地主与农民作为未来社会造型的重要变量。勒庞的《乌合之众：大众心理研究》，则从人的行为模式的角度对"人民"进行了反思，颠覆了抽象的人民的神圣性。鲁思·本尼迪克特的《菊与刀》一书，运用人类学的方法解析了日本民族精神、文化和日本人性格，得出了"日本政府会投降，但美国难以直接统治日本"的结论。

20世纪的政治学是美国的世纪。其重要标志是行为主义政治学的兴起。1880年，美国将政治学作为一门独立的科学进行研究，一开始便与主要研究一般政治原理和政治规律的欧洲政治学有所不同。第二次世界大战后，行为主义政治学在美国成为主流，追求作为政治学依据的事实可信度和结论的可靠性。强调以经验分析为核心内容的实证性研究，主张政治研究应该是经验性和描述性的。规定分析任务不在于政治的"应然"，而在于政治的"实然"。由于行为主义的偏差，导致后行为主义政治学的产生，主张政治学研究不可能保持价值中立，政治学科要政治化，恢复传统政治学研究应有的地位，重视研究国家。也就是要"找回价值，找回国家"。

通过对西方政治学研究线索的梳理，可以看出两条路径，或是两种流派：

"建制派"以建立一个新制度并维持这个制度为使命，注重提供价值与规范，主要使用的是抽象的政治哲学方法，注重自上而下的普遍性的国家政治制度建构。"人民"是复数和整体，"以人民的名义"设计的制度具有普遍性和理想性，是一种理想类型。

"田野派"以在政治制度下人们生存状况和政治行为为依据，注重提供事实与经验，主要使用实证的方法，注重自下而上的特殊性人群行为与制度的互构。"人民"是单数和人群，关注更多的是"以什么人的名义"。任何制度下的人都不是同一的，都因为特定的生存条件产生特有的行为模式。

两条路径各有侧重。前者更多的是政治哲学，基于理念理想；后者更多的是政治科学，基于事实经验。

二 中国政治学"田野学派"的崛起

中国是世界文明古国,有自己独特的国家体系演进路径。习近平总书记指出:"我国今天的国家治理体系,是在我国历史传承、文化传统、经济社会发展的基础上长期发展、渐进改进、内生性演化的结果。"① 中国不是在氏族社会和历史传统被炸毁的废墟上激进式变革突然建立起来的,而是在长期历史进程中渐进演化而成的,并与历史传统的母胎保持着紧密的联系。正因为如此,中国很早就有治国理政的思想,但没有专门探索国家问题的政治学。

只是到了 20 世纪,作为一门学科的政治学才开始在中国兴起。与其他学科一样,政治学一开始建立主要是向他国学习,先是以西方为师,后是"以俄为师"。在学习过程中,政治学对于传播人民主权思想和马克思主义阶级国家思想发挥了积极作用。但新中国建立以后,政治学作为一门学科而取消。其中很重要的背景,就是人们认为,中国已找到一条通往美好幸福生活之路的最好制度,制度已不再是一个问题。

然而,长达十年的"文化大革命"提示中国人,制度问题并没有一劳永逸的解决。邓小平认为,"文化大革命"的发生固然与个人因素有关,但"领导制度、组织制度问题更带有根本性、全局性、稳定性和长期性"②,由此要进行党和国家领导制度的改革。与此同时,邓小平提出作为研究国家和制度问题的政治学要恢复。

中国的政治学一恢复,就是以研究制度问题为己任的,着重提供合理性与规范性。一是以马克思主义国家理论为指导;二是搭建中国政治制度体系。宗旨是坚持和完善中国特色社会主义政治制度。主要成果是提供制度自信的理论基础,研究如何进一步完善制度。近年来,由制度向国家治理研究扩展,研究视域更为开阔。

由于以制度为主要研究对象,其研究对象具有整体性,即对于政治

---

① 习近平:《对国家治理体系的改进和完善要有主张、有定力》,光明网,2014 年 2 月 18 日。

② 《邓小平文选》第 2 卷,人民出版社 1994 年版,第 333 页。

学的核心概念,如人民、国家、政府、政党、民主等,都是作为一个宏观的整体进行研究的。其研究来源主要是与整体社会制度相关的马克思主义理论、中央文件和法律制度,同时借用了一些外国政治术语。政治学研究主要依据是文本,是依据文本的规范研究。这种规范性研究着重从价值层面研究政治问题,论证什么是好,应当的,对政治生活加以规范。其研究方式主要是论证、解释,重点是回答"为什么"的问题。因此,在相当长时间或从总体上看,中国政治学属于居庙堂之高的学问。这种主要以整体制度为对象,以文本为方法的研究,可以称之为"建制学派"。

随着政治学的恢复,政治学人的视野开始从文本走了出来,运用社会调查的方法,关注"是什么"的问题。王沪宁是中国政治学恢复以来十分活跃的中青年学者。他有着较为深厚的政治理论基础,同时又比较早地在政治学科领域使用实地调查方法,于1991年出版了《当代中国村落家族文化——对中国社会现代化的一项探索》一书。还有学者运用西方政治科学计量方法,研究中国人的政治心理与行为,如《中国"政治人"——中国公民政治素质调查报告》(1994)。

但能够持续地将政治学研究由文本带向田野的是村民自治研究。村民自治是中国农村改革中出现的一种新型制度。与其他制度不同,这一制度的实施者是亿万农民,因而又是全新的政治实践。对村民自治的研究,促使一些学者走出文本,深入农村田野。一旦进入田野,研究者发现大量与书本不一样的事实。通过发现事实,使得政治学研究的视野进入到一个全新的通道。

一是将居庙堂之高的政治学引入处江湖之远的农村田野。在20世纪80年代之前,中国的政治学从未"下乡"。二是形成以调查为基础的研究方法。在这之前,中国的政治家们做过调查,政治学者极少有过调查。三是将研究对象锁定在农民这一群体,而不是人民整体。而中国农民是在特定的历史与社会关系中生存的,并形成农民性。四是不断深化调查,并形成调查自觉。研究者在调查自觉中形成了自己的方法重点,即强调事实先于价值,着力弄清"是什么"的问题,由此提出"实际、实证和实验"。① 村民自治是农民的政治实践。研究村民自治制度，必须了解农民的存在条件、生存状况、文化意识的事实。只有了解由各种历史条件构成的底色，才能把握中国政治发展的路径与特色。五是在调查自觉中形成理论自觉。任何理论都是基于事实，但任何理论都不可能穷尽事实。只有通过调查发现事实，才能在发现事实中建构理论。这种理论具有原创性，或者独创性。村民自治面临"山重水复疑无路"之时，广东清远则是"柳暗花明又一村"，将村民自治单位由行政权下沉到自然村。这一现象让研究者反思：为何是清远？在于其宗族社会的底色。宗族为何能够有强大的凝聚力和约束力，在于宗族成员的资格、地位、身份、权利是祖宗赋予的。这一基于事实的追问对"天赋人权"这一近代以来的政治学神圣信条构成挑战。在"天赋人权"问世之前，人们凭借什么获得人的资格、地位、身份和权利？由此触及到政治学的核心问题。六是在调查与研究中建构起学术分析视角与方法。如方法论方面的底色决定特色、原点决定路径、原型规制转型；研究范式方面的价值—制度范式、条件—形式范式。

以历史与社会关系中的具体的人为对象，从事实出发的政治学"田野学派"呼之欲出！

华中师范大学的政治学从村民自治研究开始，成为将政治学由殿堂引入田野的先行者，且一直将实证调查作为基本方法，从未中断，不断深化。只是尽管长期致力于以田野调查为基础的政治学研究，但缺乏学派自觉。随着近年来国家提出建设中国特色、中国风格、中国气派的哲学社会科学，学派自觉才得以萌生。这就是政治学的"田野学派"。

学派是学术兴旺的标志，也是学术分工的要求。通过构建学派，可以在比较辨析中不断深入推进学科发展，提高知识增量，开拓认识视角。现代社会是一个分工和专业化的社会。只有通过专业化分工，才能将一件事做精。学术发展也是如此。更重要的是，由于中国政治学起步较晚，在相当长时间主要是搭建学科建设的基本框架，还未形成自己的学术自主性。大量丰富生动的政治事实为既有的理论所遮蔽。只有借助于从事实出发的研究方法，才能在发现事实中形成自己的原创性理论，强化学术自主性。

---

① 参见徐勇《中国农村村民自治》，华中师范大学出版社1997年版。

政治学"田野学派"的崛起，有助于中国政治学的发展。

当然，学派的形成是长期努力的过程。作为成熟的学派，至少有两个标志。一是有源流。学派是对过往思想的传承，总要从过往思想中汲取营养。任何学问都不可能凭空而来，自说自话，总是在前人基础上有所前进、有所创造，这样的学派才会延续下去。因为后人总是在前人的思想中汲取知识和智慧泉源。二是有自己的核心观点和方法。学派具有相对性，总是相对某种理论或方法而言的。如经济学的"奥地利学派"强调市场的功能，注重理论建构；"芝加哥学派"认为政府也不可或缺，注重经验事实。学派不是帮派，也不是政治立场，而是以共同的学术观点和方法为纽带的学术共同体。只有建立在共同认可的价值和方法基础上的学派才能延续，并独树一帜。

政治学"田野学派"有两个基本特点，一是在研究对象方面更关注整体性、一般性、抽象性之下的部分性、特殊性、具体性。不是从整体的、一般的宏观制度的角度研究政治问题，而是将政治问题置于特定的历史条件下进行具体分析。因此，在思想源流方面，特别重视马克思主义以历史与社会关系中的人为出发点，从自然历史进程中考察国家、国家治理及其相应的政治问题。二是在研究方法方面强调从事实出发，以事实为据，从事实抽象理论，从事实的关联性推导结论，而不是纯粹的理论演绎。因此，在思想源流方面汲取亚里士多德、孔德及行为主义从事实出发，以事实为据的方法。

学术是天下共享的公器。学派只是学人基于学术分工，相对偏重，扬长避短，多方着力，共同推动学术发展的需要。因此，学派有自己的相对独立性，同时也要广泛汲取各种思想营养。政治学"田野学派"关注"形而下"的部分性、特殊性、具体性，但是以把握和了解"形而上"的整体性、一般性、抽象性为前提的。如果不能从整体上把握和了解国家的一般特征，就很难了解和把握国家整体之下的部分的特殊属性。政治学"田野学派"强调从事实出发，以事实为据，但不排斥价值与规范，相反要在充分了解价值与规范基础上才能更好把握事实，认识事实，并通过掌握事实与既有理论对话。这样的从事实出发、以事实为据的研究才有价值，否则就只是事实的"搬运者"，从而大大弱化研究功效。这恰恰是与从事实出发，以事实为据的学派追求的可靠性、可用性和准确性的目的背道而驰。美国的后行为主义对行为主义的修正可以为鉴。

如果根据国际上通常使用的政治哲学与政治科学的划分来看，政治学"田野学派"更多的偏向于政治科学，但绝不排斥政治哲学。正如古尔德所说："政治科学需要阐明政治事务与非政治事务之间的区别；需要提出和回答'什么是政治'的问题。这个问题不可能科学地加以论述而只能辩证地论述，而辩证地论述则必须从前科学知识开始，并且认真加以对待。"[①] "这意味着政治科学的研究虽然面对的是经验的政治现象，但往往需要从政治哲学的讨论出发或者借助分析政治哲学的概念分析。"[②] 因此，政治学"田野学派"注重质性研究与量化研究相结合。定性研究要深挖，定量研究要精确。

从根本上说，中国政治学的"田野学派"是生长在中国大地上的一个研究学派，是相对于传统政治学规范研究而言的。其主要使命是尽可能运用社会调查的方法，去发现大量被遮蔽或迅速变化着的事实现象，去寻找事实现象之间的联系，并通过这种联系进一步深化人们对政治问题的认识。它与规范研究尽管在出发点和方法上有所不同，但目的是一样的，都是为了推进政治学科的发展，可以说是殊途同归。它要研究制度下的人，但不排斥制度，且将制度作为人的研究的重要基点。

强大的中国正在崛起。"我们不仅要让世界知道'舌尖上的中国'，还要让世界知道'学术中的中国''理论中的中国''哲学社会科学中的中国'"。[③] 而这只有通过人们从不同的角度，运用不同的方法，进行学术探索与争鸣，才能实现。

政治学"田野学派"将为此努力！

[①] 詹姆斯·A. 古尔德：《现代政治思想——关于领域、价值和趋向问题》，杨淮生等译，商务印书馆1985年版，第164页。
[②] 郭正林、肖滨：《规范与实证的政治学方法》，广东人民出版社2003年版，第165页。
[③] 习近平：《在哲学社会科学工作座谈会上的讲话》，新华网，2016年5月18日。

The Rise of the "School of Field Research" in Political Science

Xu Yong

Abstract: It is originated from political science and has developed along two paths. One is based on metaphysical holistic, general, and abstract political issues, focusing on the provision of values and norms, based on the idea of ideals. The other is physically based on partial, specific, and specific political issues. It focuses on describing facts and discovering links between facts, based on facts. China's political science started late. It has long focused on the overall political system issues, mainly the normative approach. With the political practice, especially the study of villagers' self – government, political science has begun to move from the hall to the field, developing the awareness of methodology in long – term fieldworks, and further creating the awareness of school. The "School of Field Research" in politics has begun to take shape. It not only has to learn knowledge from the past, but also have been developed in China. It aims at using social research methods as much as possible to find a large number of facts which are closely covered or experiencing rapidly change. Through the connection between phenomena, it further deepens the understanding of political issues.

Key words: politics; field; school

政治学基本理论

重新审视"契约关系":亚洲宗教与联邦制的联系[①]

何包钢　劳拉·艾莉森·罗伊曼　迈克尔·布林[*]
覃雯译　万婷婷校

【摘要】 契约关系论构成了理解联邦主义宗教渊源的重要基础。然而,凭借犹太教与基督教的根源,在多大程度上适用于具有不同宗教传统的亚洲国家? 在这篇文章中,我们探讨在以穆斯林、印度教徒和佛教徒为主的国家背景下,契约关系论与亚洲联邦制是否相关。我们发现,尽管宗教内部存在或不存在立约传统,可以部分解释接受或抵制联邦制,但其他宗教特征也发挥作用。其中包括传统宗教组织内部集中的程度,宗教与国家治理相互交织或分离的程度,以及构成核心民族认同的特定宗教受到被联邦政府赋予或可能赋予权力的其他宗教威胁的程度。

【关键词】 比较联邦制;契约关系;宗教传统;亚洲的联邦制;宗教视角下的联邦制

一　引　言

在亚洲,宗教与联邦制之间的关系令人费解,并揭示出一些引人注目

[①] 项目资金:作者获得新加坡教育部二级资助金。
[*] 作者简介:何包钢,澳大利亚迪肯大学人文与社会科学学院教授和国际关系主任,新加坡南洋理工大学公共政策与全球事务主管;劳拉·艾莉森·罗伊曼,新加坡南洋理工大学文科和社会科学中心,公共政策和全球事务项目的助理研究员,印度尼西亚大学社会和政治学院的客座研究员;迈克尔·布林,新加坡南洋理工大学博士,目前任职于墨尔本的迪肯大学。

的模式。在儒教传统的世俗国家和社会中，如中国，朝鲜，越南和新加坡，都没有联邦制。尽管缅甸和斯里兰卡有准联邦制，但没有哪个以佛教徒为主的国家能结成联邦。相反，印度教徒居多的国家（印度和尼泊尔）已经接受联邦制度作为适应多样性的适当手段。虽然以更集中和专制的方式，但两个穆斯林占多数的国家——马来西亚和巴基斯坦——都建立了联邦制。尽管基督教是一个相对较新的舶来品，但如菲律宾，东帝汶和巴布亚新几内亚等具有立约传统的基督教徒居多的国家，都有统一的政治制度。

对于联邦制，为什么同在亚洲的以佛教徒居多的国家、以穆斯林居多的国家和以印度教徒居多的国家之间存在这样的差异？显然，有许多历史、地缘政治、经济、社会和文化因素。在这篇文章中，我们关注的是造成这些差异的宗教因素。我们首先回顾西方联邦主义学者的契约论点。从宗教的角度来看，立约的概念包含了上帝与人类之间的关系，由道德上持续的相互许诺和义务支撑（Elazar，2000）。在政治上，契约指的是通过契约和协议建立持久的伙伴关系来创建社区和公民社会的过程（Elazar，2000）。契约的核心理念是，联邦制植根于犹太教和基督教传统契约（见Elazar四卷的研究中，传统的契约政治），通过契约合作创建一个情境，在这个情境下"每个合作伙伴至少可以认识到对方索赔的正义，然后通过旨在促进合作活动的相互协调的结构谈判这些索赔"（Elazar，2000：5）。

在这简单却有力量的知识解释的启发下，我们试图探究在亚洲联邦制背景下，契约关系论是否超越基督教。我们分析在伊斯兰教、印度教和佛教中存在或不存在立约关系是如何影响联邦制在亚洲建立和发展的。我们发现契约论点可以在一定程度上解释为什么联邦制在穆斯林居多的国家扎下了根，并且有助于阐明为什么在没有立约传统的佛教徒居多的国家，联邦制没有建成。然而，契约论点无法解释为什么没有立约传统的印度教，会与联邦制在印度的发展及其在尼泊尔的出现有关。这无法解释为什么亚洲的基督教徒占居多的国家有单一的政治制度。显然，即使在基督教内部，契约关系论点也是有限度的。

因此，我们认为契约关系论仅仅集中在联邦制的概念和哲学基础上，忽略了在影响联邦制发展中发挥多种作用的宗教的其他方面。我们的目标是通过识别和研究宗教传统中的几个相关制度和社会因素来拓宽契约论点。它们包括传统宗教组织在内部由自己或国家权力集中的程度，宗教与国家治理相互交织或分离的程度，以及构成核心民族认同的特定宗教受到被联邦政府赋予或可能赋予权力的其他宗教威胁的程度。因此，我们做出并检验以下假设：

1. 宗教分权行政结构为联邦制创造了有利的条件。否则，宗教的行政上集中更有可能支持统一的制度。

2. 特定宗教与国家或政府之间的区别为联邦制创造了有利条件。相比之下，如果一个特定的宗教与国家或政府密切相关，联邦政体可能会更专制和集中。然而，这并不妨碍联邦制本身的实施。

3. 对构成民族认同核心的特定宗教的实际或潜在的威胁不利于联邦制的建立。

单纯的宗教国家认同不会影响联邦制是否可以引入的问题。如果对国家所依据的宗教的地位有所担忧 —— 也就是说，当一个特定宗教面临来自国内和国际社会其他宗教的重大挑战时，或者当联邦制可能加强对该地区宗教地位的潜在威胁时——国家会统一并利用政治力量来捍卫其多数宗教的统治。在这种情况下，国家会趋于集权。

文章有三个目的：第一个目的是检验契约关系论在亚洲的应用；第二个目的是通过研究促成亚洲联邦制建立和发展的成功和失败的其他宗教因素，进一步发展契约论点；第三个目标是通过对亚洲的比较研究，对关于联邦制宗教观点的文献做出宝贵的贡献，特别是对伊斯兰教，印度教和佛教对亚洲联邦制的影响进行深入分析。

我们采用比较的方法。第一，选取并注重伊斯兰教、印度教、佛教三大宗教来检验契约关系假设。我们不认同儒家思想（He, 2010），可能更被认为是接近世俗或基督教的，它已广泛地在文献中涉及（Elazar, 1995, 1996, 1998, 1999; Kincaid and Elazar, 1985; McCoy and Baker, 1991）。第二，我们根据伊斯兰教来选取马来西亚和巴基斯坦，根据印度教来选取印度和尼泊尔，依据佛教来选取斯里兰卡和缅甸，并在每个宗教传统中对两个国家进行对比分析。第三，我们考察三种宗教中的制度和社会因素，这些因素对于理解亚洲联邦制的实施或挑战至关重要。在确定和考虑宗教传统内部和宗教传统之间的分歧和差异的同时，我们将重点放在我们的案例国家最普遍的问题上。

一开始我们应该明确的是，尽管本文关注影响联邦制政治的各种宗教因素，但还有很多其他非宗教因素影响了联邦制的一切发展。在整篇文章中，我们注意到殖民主义、种族政治、政治制度、民主化（He，2007），政治意愿等因素对于联邦制的作用。

按照传统的定义，当一个国家至少有两级政府拥有来自宪法的立法权和行政权力时，而且每一级都可以在行使这些权力时独立行事，联邦制就被认为是存在的。联邦各州还有其他特征，比如两院制和独立法庭但并非总体而言。

二 早期联邦主义的契约关系

联邦主义被理解为是由布林格和阿尔色修斯的神学哲学发展起来的犹太基督教圣约传统的宗教根源（Elazar，1995，1996，1998，1999；Everett，1997；Kincaid and Elazar，1985；McCoy and Baker，1991；Ostrom，1987）。政治联邦思想与圣经的信息有关，如果人和上帝承诺"相互责任的关系"，人们可以成为"上帝的自由和平等的伙伴"（Chebankova，2009；Elazar，1987：313）。上帝与人之间的这种伙伴关系将确保人们拥有上帝的庇佑和爱心，以换取对上帝的信仰和维护上帝在地球上制定的律法（Chebankova，2009）：

> 公约的概念不仅仅是两个或两个以上的人之间的庄严承诺，以保持彼此之间的信任，履行协议；它涉及到合作，互惠原则，相互关系，由此意味着承认实体的存在——无论是人类，人，还是神（戴维斯，1978：3）。

在欧洲的改革时期，加尔文、海因里希·布林格、路德、比扎、茨温利等新教作家都认为圣约是政治神学的核心组成部分（Elazar，2001）。海因里希·布林格（Heinrich Bullinger）的1534年论文《上帝唯一和永恒的圣约》被认为是联邦制的"源头"，是神学家、政治哲学家、教会和国家领导人的联邦思想的基本来源（Burgess，2006；McCoy and Baker，

1991）。它建立了联邦制和公约之间的联系，并且阐明了家族、会众、行会和商业集团等社会团体之间的联邦关系（McCoy and Baker, 1991）。政治学家、公职人员、改革新教神学家阿尔色修斯（Johannes Althusius, 1563—1638）是第一个通过政治解释世俗化契约主义的人（McCoy and Baker, 1991: 55）。

两种联邦传统——英美和欧洲大陆——随着时间的推移而分道扬镳，但研究表明，他们是如何受到布林格和阿尔色修斯思想的影响（伯吉斯，2006 年）。欧洲大陆的传统起源于国际事务，例如，在团体和领导人之间的联盟，但它也受社会契约论、主权辩论和阿斯特拉斯的实验的影响，这些理论建立了一种来自于契约神学的政治形式的统治（Burgess, 2006）。这种联邦传统，在其神学，伦理和政治层面，被清教徒带到了新英格兰的殖民地（McCoy and Baker, 1991）。例如，1629 年在英国北美建立的清教马萨诸塞湾殖民地，将圣约神学转化为政治和社会生活，标志着英美传统的开端。联邦主义的立法基础包含了联邦统一和多样性以及义务和自由的平衡概念，也与宪政密切相关："立约和宪法的逻辑要求民主进化：满足合法的人类需求，扩大人权"（Riemer, 1980: 141）（Riemer, 1980: 141）。例如，美国的立宪主义可以被解释为神学契约和世俗契约的结合。（Chebankova, 2009）。

Daniel Elazar 探讨了犹太教和基督教的立约理念及其与政治选择的关系。他的研究沿着两条路线——联邦主义与犹太圣经传统的联邦主义联系，另一条重点关注美国联邦制及其殖民起源：

> 这个约定的观点是非常重要的，因为它提供了建立关系的方式。圣经根据契约建立起一整套关系系统，从上帝与人类之间的契约开始，作为最初的政治行为（Elazar, 1981: 9）。

Elazar（1995: 1）大胆地宣称"圣经的契约是西方文明的立国之约"，而立约思想"内部有现代宪政的种子"。现在的问题是这个契约论题是否可以延伸到亚洲。圣约原则在非基督教徒占多数的国家中起到了多大的作用？亚洲宗教传统中是否存在圣约传统影响联邦制的建立和发展？在回顾了亚洲宗教和联邦制的现状之后，我们考察了这些问题。

三 亚洲的宗教与联邦制的映射

世界上许多地方正在经历宗教复兴。不久前，著名学者如 Charles Taylor（2007）宣称之为"世俗时代"。世俗化理论以其最极端的形式预示着宗教的消亡和对社会重要性预期的下降（Gauchet，1997）。但是，从美国宗教权利的兴起到伊斯兰极端分子的政治野心，世俗主义的趋势并没有像许多人预料的那样得到巩固。

在亚洲，确实有宗教复兴的说法；然而，宗教从未真正被世俗主义所取代，成为一种社会或政治力量。宗教在许多情况下仍然是民族认同的重要组成部分，在政治领域和联邦制方面都有影响。例如，在印度，宗教在近几十年变得越来越重要。此前，国大党确保了宗教多样性和印度的宗教中立。然而，在巴基斯坦，关于联邦制的政治论述集中在资源分配、旁遮普的作用和民主化方面，其作为伊斯兰联盟的地位确保了宗教始终是巴基斯坦政治结构的一个组成部分。

亚洲是一个宗教多元的地区，人口众多，涵盖了世界上所有主要的宗教传统，我们的研究专注于南亚和东南亚。尽管每个国家都有自己的内部多样性，但每种情况下都存在多数宗教。巴基斯坦和马来西亚有国教，斯里兰卡和缅甸给予宗教一种特殊的地位。即使在该地区的宪法世俗国家，特别是印度，国家也经常干预和管理宗教事务。在印度，东北部有 5 个由部落主导的州，而在 8 个地区中，有 3 个是以基督教徒居多。这些州比大陆的州享有更多的自治权。大多数国家倡导宗教自由；然而，这些国家有时也会因禁止宗教皈依和宗教偏见的立法而受到损害。

佛教是斯里兰卡、缅甸、泰国、柬埔寨、老挝和不丹的主要宗教。除不丹（和尼泊尔）外，南亚和东南亚的人们大多信奉小乘佛教，而大乘佛教则在东亚盛行。印度和尼泊尔是两个印度教徒居多的国家。巴基斯坦、孟加拉国、印度尼西亚和马来西亚是伊斯兰信徒居多的国家，主要由逊尼派为主。

尽管斯里兰卡和缅甸的宪法包含了宪法权力分割，面临巨大压力，但没有多数佛教徒参加过联合会。相反，印度教徒居多的国家都接受联邦制，尽管尼泊尔的版图刚刚起步。伊斯兰信徒居多的国家的联邦程度参差不齐。巴基斯坦和马来西亚是联邦国家，但在实践中是有缺陷的（伯吉斯，2013：273）；印度尼西亚实质上是分散的；孟加拉国是单一的。表1提供了亚洲大部分佛教，印度教和伊斯兰国家的联邦制和宗教状况总结。

表1　　　　　　　　　　　宗教和联邦制概要

宗教	国家（依据主要宗教信仰 a）	主要宗教信仰的宪法地位	联邦主义的存在和类型 b
印度教	印度（79.8%）	世俗	联邦
	尼泊尔（81.3%）	世俗	联邦
伊斯兰教（逊尼派）	巴基斯坦（96.4%）	国教	联邦
	马来西亚（61.3%）	国教	联邦
	孟加拉国（89.1%）	国教	酉
	印度尼西亚（87.2%）	优先的地位	准联邦制
佛教（小乘）	斯里兰卡（70.1%）	优先的地位	试图建立混合联邦制，但失败了
	缅甸（87.9%）	优先的地位	目前正在走向联邦制的道路上
	柬埔寨（95%）	国教	酉
	泰国（93.6%）	优先的地位	酉
	老挝（66.8%）	世俗（中性）	酉
佛教（金刚乘）	不丹（75.3%）	优先的地位	酉

来源：中央情报局（2015）世界概况。a 不管派别；b 基于罗纳德·沃茨（1999）的类型学。

四　伊斯兰教、印度教和佛教中的契约传统

《古兰经》中约有100条提及上帝与人类之间或人类之间的契约，其中大多数是上帝与人之间的契约（Lumbard, 2015）。对于《古兰经》的许多翻译者来说，这个契约是"古兰经人性观和宗教历史的核心"（Lumbard, 2015：2）。特别是7：172—173节已经被称为"公约的经文"（Kadi, 2003）。有四种主要的经文解读趋势：传统的逊尼派，理性的穆氏，神秘的苏菲，以及流行的叙述者 Qisas Al Anbiya（Kadi, 2003；Lumbard, 2015）。虽然他们在经文的某些方面的认识有所不同（Kadi, 2003），但普遍认为：

> 人类以一种有约束力的方式向上帝许诺，要把他作为上帝，并单独崇拜上帝；那个人可能会忘记他的诺言；上帝会派先知去见人；并且在复活日当天，先知将根据他的遵守情况或缺乏情况来判断他在契约中所作的承诺（Kadi, 2003：333）。

伊斯兰教的契约（第7章：172—173）被理解为等级制度，而不是平等主义。平等的契约是人与人之间的契约，而等级的契约则是人与上帝之间的契约，而上帝默许了人们的需要，并将不平等的条件嵌入其中（Everett, 1997）。"公约"对古兰经人性观的影响涉及"一方面是人的双重性的最大区分，一方面是可怜的无常性和健忘性"；另一方面，反思罪的本质，以便"破坏圣约……破坏世界的平衡，从而使先知的主要功能传到人类，提醒人们与上帝订立的契约"（Kadi, 2003：333 - 334）。Wadad Kadi（2003）将这一契约传统解释为一种循环或螺旋的过程，包括一系列的不服从、破坏和重新安置人的循环，直到审判日为止。

因此，在伊斯兰信徒居多的国家中，伊斯兰的契约传统与联邦制之间似乎存在着逻辑联系。就像基督教与联邦制的联系，巴基斯坦和马来西亚，两个伊斯兰信徒居多的国家，已经建立了与《古兰经》中的契约传统相一致的联邦制。穆斯林世界显示出"联合统治者而非人民的顺向"及其成功的联邦结构是基于精英权力分享的历史背景（Elazar, 1987：244 - 247）。此外，巴基斯坦和马来西亚都是中央集权的国家，它们要么经历过独裁主义，要么在其政治结构中有独裁倾向。尽管许多其他非宗教因素，如他们的殖民历史、独立进程和种族政治（Hutchinson, 2014）都对这一现象有所贡献，但伊斯兰契约的等级性和周期性观念也起到了一定作用。然而，宗教的其他方面也可以解释穆斯林居多的联邦制的趋势。

印度教和佛教没有类似于基督教或伊斯兰教的契约传统，尽管两者都有强烈的家长式和等级传统。国王应该依靠神圣的权利，而不是在契约的基础上进行统治。即使有人认为，印度教和佛教思想融合了契约的概念，但它是无条件的，因此更好地将其描述为一个承诺（Ranamurti，[1935] 1986：351-357）。当统治者或上帝对人民作出承诺时，通常不是互惠的。例如，广受尊敬的印度史诗《摩诃婆罗多》（The Mahabharata）中，包括了克里希纳（印度教神毗湿奴的化身）对他的"非常亲密的朋友"阿诸那（如第四章第七节）的一些经常引用的承诺，但没有一个包括平等、互惠或条件的概念。同样的，佛陀向他的信徒承诺，如果他们不求回报地遵循某条道路，他们就会得到启迪。

　　与圣约思想相似的、含蓄的社会契约的存在可以提供一种与圣约传统相当的功能。有些人声称佛教结合了一种社会契约观念来选择或合法化王权（Harris，1999：3；Ranamurti，[1935] 1986）。然而，这样的表现是短暂的，有时是讽刺的；即使存在社会契约的观念，在佛教传统中也是微不足道的。大多数学者拒绝佛教社会契约的概念（Collins，1996；Huxley，1996；Tambiah，1989）。有些国王和僧侣试图改革另一方，但国王通常是胜利的一方（泰勒，2009：50-51）。僧侣依靠国王的庇护（坦比亚，1992）。

　　在印度教的传统中，国王是通过因缘授予其地位。据说国王一般按照佛法（责任、正行、道德）统治，所以理论上不应该出现不公正的国王问题（Huxley，1996）。事实并非如此简单，许多国王远非典范。"摩诃婆罗多教"为反叛不公正的国王提供了一个宗教基础，并且有婆罗门（神父种姓）推动国王改革的神话（Everett，1997）。否则，他们对人民的责任是微不足道的。在当代，印度长期将政府与神性王权分离，并实行制度化的民主问责制。2006年，曾被认为是印度教神毗湿奴化身的国王被罢黜，巩固了尼泊尔向世俗民主联邦的转变。王权的合法化随着2011年的皇家大屠杀受到了损失，新国王是为数不多的皇家成员之一，公众联合起来让他为专制统治负责——也就是说，直到神圣受膏者的传统王权被打破，联邦制才被接受。

　　契约传统的缺失影响了印度教和佛教多数国家对联邦制的抵制。各部门相互遵守对联邦制的持续和有效运作至关重要。但是，在亚洲的佛教和印度教徒居多的国家，有许多废除协议或违反宪法的例子。在斯里兰卡，如果当时的政府不废除1957年的BC公约或1965年的DC公约，那么在僧伽罗和泰米尔领导人意见达成一致的情况下，其内战的破坏将完全避免（Edrisinha，2005）。1987年建立的宪法权力分立修正案也从未得到妥善执行，表明斯里兰卡缺乏联邦精神和立约废除的历史。在尼泊尔，制定宪法的过程中有许多政府和少数民族行动者之间达成的协议。然而，这些协议中有许多是相互矛盾的，引起了民众对其潜在意图的质疑，并且2007年协议中有25%未执行（Hachettu，2009）。在缅甸，少数民族继续鼓动正当执行"邦龙协定"，该协定于1947年达成，但迅速受到了以缅甸为主的中心的迅速破坏至逐渐完全废除（Sakhong，2005）。

显然，没有立约传统是在宪法协议方面抵制联邦主义思想的宗教根源。然而，圣约传统还有其他的来源或功能等同物。在亚洲，其中之一是英国的殖民统治和法律强制，以及政治生活中契约和协议的必要性。在印度，与联邦宪政相对立的圣约传统是通过殖民地管理的实践演变而来的。相反，在从未殖民化的尼泊尔，宪政却迟迟没有出现。

如果不认识到殖民主义的影响，就不能理解亚洲的联邦制，那里的土著传统被取代、修改或服从。除了尼泊尔，在最近对联邦制的尝试中，亚洲所有的联邦制国家都是前英国殖民地，由直接和间接统治的混合统治（而尼泊尔无疑受到印度的影响）。斯里兰卡和缅甸由英国统治；然而，就斯里兰卡而言，英国直接通过中央集权统治，而缅甸最初的联邦制并没有持续下去。然而，官僚传统已经渗透并融合了当地的传统。在这种情况下，导致了国家和政府的等级制度，这导致了联邦政府的制度化——但是高度集中的方式适应了多样性的调节（Breen，2017）。

到目前为止，我们已经检验了亚洲的契约关系论，发现它具有部分的解释力和知识的局限性。为了超越它，在接下来的三节中，我们将考察前面提出的三个假设，以发展有关联邦制的宗教观点。

五　伊斯兰教和陷入困境的联邦制

（一）集权或分权

伊斯兰教有重要的分散倾向。尽管是在穆罕默德和随后的哈里发统治下高度集中，这种集权的力量迅速衰落（Smith，1966）。现在有很多伊斯兰教的教派，每个社区都有自己的精神领袖。虽然有例外，但宗教权威一般不集中在个人或组织的手中。有祈祷的领袖、圣经学者、法律学者和法官，以及它的机构——清真寺、学校、慈善团体和活动——也都是分散而非整合的（Everett，1997）。

伊斯兰社会有着长期的领土征服和统治的历史，这需要权力下放来维持。在其前现代时期的大部分时间里，奥斯曼帝国通过权力下放和地方自治制度维持了广泛的权力，这些权力是由伊斯兰原则和法律所支撑的，同时也为少数民族和其他（非穆斯林）社区提供了实践自治的空间（Anscombe，2014：15-34）。因此，在伊斯兰教的宗教和政治领域中存在着联邦式统治的先例。巴基斯坦和马来西亚没有拒绝在殖民统治期间建立的联邦式结构。他们作为穆斯林占多数的国家接受了关于联邦制的主张，即宗教中的权力下放可以为联邦制提供有利的条件。

（二）宗教与国家权力的区别

虽然"先知没有留下任何国家、政府或宪法的一般理论或模型"，"在《古兰经》和《哈第斯文献》中也没有任何类似于政治理论的东西"（Ahmed，2009：209），伊斯兰教与国家的治理和立法紧密相关。在奥斯曼帝国，大穆夫作为苏丹的首席法学家，其提的官僚主义立场是在 16 世纪下半叶确立的。尽管大穆夫提的角色和他背后的宗教等级制度对政府负责，但许多伊斯兰信徒居多的国家继续包括这一角色，或有一些变化，例如印度尼西亚的乌拉马理事会和马来西亚的全国宗教教法委员会（Bowering，2013）。在马来西亚，民事法庭无法审理伊斯兰教法规定的问题。然而，宗教对马来西亚和巴基斯坦政治的影响虽然意义重大，但也与更多的世俗政治进程互动。伊斯兰教法只适用于穆斯林，非穆斯林遵循民法。伊斯兰教对政治具有强大的影响力，但政治也与伊斯兰教平行，有时取代宗教的倡议。例如，马来西亚的玻璃市，吉兰丹州和登嘉楼州引入了伊斯兰刑法，但由于这些国家仍然受到联邦和宪法监督，所以仍未实施（Lau，2014）。

在巴基斯坦和马来西亚，国家元首必须是穆斯林。有一项宪法规定，巴基斯坦总理必须是穆斯林。在马来西亚，13 个州中有 9 个地方的苏丹是政府的国家元首，他们监督伊斯兰教法院，并根据伊斯兰宗教部门和理事会的建议任命法官。

伊斯兰教在巴基斯坦和马来西亚也被用于建立身份和国家关系，因而与政治密切相关。在某些领导人的领导下，巴基斯坦和马来西亚经历了加剧伊斯兰化的时期。在马来西亚，直到20世纪80年代，以马来——穆斯林族裔为中心的民族主义加强了宗教与政治之间的联系，以及保护土著民众的知情政策。20世纪80年代后期，马哈蒂尔在马哈迪的领导下，由马来民族国家组织转变为更加多民族和全球化的伊斯兰化方式。这涉及伊斯兰政治工具制度化的过程，例如增加政府雇佣的乌拉玛的数量，从而扩大国家的宗教官僚机构（Hamayotsu，2002）。根据齐亚·哈克将军（1977—1988）的军事统治，巴基斯坦建立了联邦伊斯兰教法庭，在学校制订了伊斯兰教义务教育计划，推行宗教学校，企图伊斯兰化军队（Haqqani，2004）。

伊斯兰与政治之间的联系可能解释了巴基斯坦和马来西亚确保伊斯兰元素建国的决心。马来西亚在其最初的宪法，法律和政策中显示了许多世俗的原则，其宪法可以被解释为世俗（Saravanamuttu，2009），但马来西亚和巴基斯坦仍然在其宪法中包含宗教成分。

巴基斯坦和马来西亚两国中存在的伊斯兰教与政治之间的联系并不意味着穆斯林为主的国家不能建立联邦制。《古兰经》中的契约传统和伊斯兰教中的权力下放可能会抵消任何缺乏差异化的影响。然而，这种密切的联系加上带有等级制的契约传统，使得马来西亚和巴基斯坦更倾向于保持强大主体的中心地位，而不愿意以牺牲主导群体的优势地位为代价来容纳少数民族。事实上，马来西亚和巴基斯坦的联邦制存在严重问题。巴基斯坦的联邦制是集中的、多元的，由于一再被军事领导人和军事统治时期颠覆，其政治结构弱化（Adeney，2012）。直到最近的宪法变革，人们一直担心宪法改革中心可以在多大程度上推翻省一级制定的法律，这给联邦造成了中心偏见，并且民众在由旁遮普主导的联邦单位和代表的设计和数量方面存在担忧（Adeney，2012）。在马来西亚，尽管自独立以来它一直是联邦，但仍有持续集权化推动力（Hutchinson，2014）。理论上联邦标准得到满足，但实际上，责任和资源倾向于集权，在某种程度上它被描述为具有联邦特征的统一的国家（Loh，2009）。联邦制在以穆斯林为主的亚洲国家艰难地运行。

(三) 国家认同与感知到的威胁

马来西亚和巴基斯坦的伊斯兰教和民族认同是交织在一起的。巴基斯坦是以穆斯林的身份建立起来的，而马来西亚正式把马来民族与伊斯兰教等同起来。在奥斯曼帝国时代，作为身份基础的"种族实际上是不相关的"，归因于宗教身份的效用（Anscombe，2014：16 - 17）。现代马来西亚宪法规定，联邦的宗教是伊斯兰教。巴基斯坦在建立时显示了世俗价值，尽管在宗教上是相同的。然而，最终在巴基斯坦，尤其是在穆罕默德·阿里·真纳死后，伊斯兰教不仅提供了国家创建的基础，而且也是巴基斯坦身份的基础，并且一直保持着伊斯兰共和国的地位（辛格和库克里亚，2014：88 - 92）。

伊斯兰教在亚洲和阿拉伯世界的大片中占主导地位，在马来西亚和巴基斯坦享有舒适和优越的地位。在马来西亚，尽管大多数公民是穆斯林，而且他们的宗教信仰本身并没有受到威胁，但无论是政治权力还是经济地位，马来人对其他族裔群体的立场得到了明智的保护和支持。在巴基斯坦，伊斯兰教的立场已经通过宪法条款得到巩固。当然，有些团体会害怕基督教的入侵和皈依。因此，巴基斯坦和马来西亚的案例部分证实了这样一个假设：相对舒适并且不感到威胁的宗教更可能接受联邦制。巴基斯坦和马来西亚不存在像缅甸一样呼吁国家保护单——种宗教的情况。

六 印度教和"多样性的荣耀"

(一) 集权或分权

印度教至少在传统上几乎没有正式的组织（Smith，1966）。因此，无论什么样的组织都不是集权的。的确，印度教实际上只是为了回应"外人"与其他宗教的需要而被集体定义。印度教徒"多样化"，认识到了多种形式的真相，并显示出"乡村之间"在实践和信仰方面的巨大差异（Narayan，1996；Smith，1998：202 - 203）。因此，这支持了第一个假设。

尽管缺乏制度组织，但印度教具有高度调节社会的传统，它最好的表现是种姓制度赋予个人严格的社会、经济和政治角色，并强调必须履行职责（例如，见薄伽梵歌）（Smith，1966）。种姓制度中嵌入了大量的行为和互动规则,这些规则可以被想象成一个以规则为基础的政府立宪体系——不管是等级制度还是平等主义。例如,在尼泊尔,种姓制度及其严格的等级制度是由1845—1951年的皇家法令正式规定的(Chakravartty,2014:65)。该法令包含了我们现在称之为其他宗教传统的成员,如佛教徒,他们被分层放置在印度教高等级群体和达利特人之间。

(二) 宗教与国家权力的区别

由于种姓制度,印度教与国家脱钩。治理或裁决的作用仅限于Kshatriya/Chhetri种姓,而宗教领导由婆罗门/巴伦种姓提供。尽管这通常是一种共生关系,而国王从婆罗门/巴伦种姓获得合法化,反之亦然,但两者并没有对另一方承担实质性的责任。每个人都能够在自己的领域中运作,独立存在,而不是依赖惠顾。在现代,这种严格的种姓划定不再被遵守,但其影响依然存在。所有这些事实都支持第二个假设:宗教与国家权力的分化为联邦制创造了有利的条件。

印度教内部缺乏组织和集权,意味着祭司要在实践中要影响国家或在政治中扮演重要角色是非常困难的(Smith,1966)。在尼泊尔,国王在宪法上的地位相当于印度教的"心脏"(例如,《尼泊尔宪法》第20(1)条,1962),但不是宗教本身的首脑。在印度,直到印度教民族主义政党出现,主要是为了响应基督教传教士,有组织的宗教派别可以试图影响政治议程。现在关注伊斯兰教的不仅仅是基督教,印度教民族主义政党的力量还在继续增长,超越了印度教信仰本身的组织能力(Jaffrelot,2011)。

(三) 国家认同和感知到的威胁

为了应对分裂的伤痕,印度故意使世界世俗化,力图建立一个中立的,包容的国家认同(Bhargava,2010)。印度民族主义势力试图将印度等同于印度教,尽管民族主义势力在一些国家获得权力,但执政的国大党一直抵制这一点(Allen,1992)。在2007年临时宪法之前,尼泊尔人与印度教徒之间有着更紧密的联系。尼泊尔正式成为一个印度教国家,它的联邦化与这一关系的断绝和同时承认其多民族、多宗教和多语化相一致(见第3条和第4条,尼泊尔临时宪法,2063 [2007])。

印度教的地位和那些想要确认这一点的人并没有受到威胁。印度教并不是一种传教式的宗教，它已经缓和了潜在的传播，但是它通过印度的反转换法律（南亚人权文献中心，2008）和尼泊尔（第26（3）条，《尼泊尔宪法》，2015）和纯粹的数量来保护。把印度的情况与巴基斯坦隔离开来是很重要的。这意味着国家结构被故意设计为无视宗教，跨越宗教分裂（对少数人作出一些重要的让步）——因此，宗教被故意不作为国家形成的基础（Bhargava，2010；Jaffrelot，2011）。印度教民族主义者仍然认为，应该采取防御姿态，反对其他"国际支持"的宗教，并认为印度的政治结构"反映了西方的非印度价值观"（艾伦，1992：3；Jaffrelot，2011）。然而，由于政治结构和国家边界是非殖民化和分裂的结果，印度教无疑是印度的主要宗教，它的地位不能被视为威胁。印度的成功，以及尼泊尔的转型，是否可以归因于宗教与国家的分离［不受 Bhargava（2010）"原则距离"的影响］？如果没有国家认同和宗教之间的明确联系，或者没有任何威胁，政府就没有什么可保护的。印度教不需要特权地位或正式地位，更不用说支持中央集权的结构，以防止其他宗教在周边地区扎根。佛教也是如此。

七　佛教、国家和民族认同

（一）集权或分权

在这里，我们主要关注的是在缅甸和斯里兰卡都有实践的小乘佛教，但也提到了大乘佛教和它的变异型金刚乘派。与印度教相比，通过僧伽（佛教僧侣的秩序），小乘佛教有强大的组织存在。然而，它主要是分散的，不包括任何俗人（Siriwardane，1966）。在斯里兰卡，有三个（最初是种姓的）教派，它们几乎没有教义上的差异。这些教派被划分为地区和较小的地方团体。每个教派都由一个高级僧侣和一个工作委员会领导，该委员会负责挑选地区首脑。然而，在区域和意识形态上存在相当大的分裂，特别是由 30—40 个分裂组织组成的 Nikaya 教派（Tambiah，1992：82，93-94）。在缅甸，佛教僧伽被分为 10 个教派（Matthews，1999：28）。传统上，国王任命了一个全局性的首脑，由区长支持；然而，在实践中，有相当大的自主权，几乎没有实际的手段或命令来传达和执行中央派生的决定（Smith，1966：13）。后来，缅甸当时的总统奈温以集中控制的方式购买了僧伽，但仍存在相当大的分裂（Kawanami，2016：49）。这种强加集中制度的企图阻碍了联邦制的发展,从而支持了第一个假设。

与印度教不同,佛教在哲学上对其他信仰和民族持宽容态度,因为佛陀提出了一条通往觉悟的道路。然而,尽管印度教有很高的"调节社会的倾向",佛教却没有这样的尝试(Smith,1966)。它本质上是个人主义和平等主义的。然而,它确实有着历史悠久的相互依存,甚至是宗教和国家、宗教和身份的统一。

(二) 宗教与国家权力的区别

在功能上,宗教和政治角色是独特的,一个国王不能成为和尚,反之亦然,因为僧侣必须放弃世界。然而,佛教依靠国王,国王同时也是宗教的领袖,并通过佛教为他们的权威辩护(Siriwardane,1966;Taylor,2009:55-56)。这种"皇家佛教"的模式在大多数国家都存在(Matthews,1999)。即使是在当代的案例中,领导领导者们也把自己定位成一个菩萨(将其转世为佛祖)(Harris,1999;Kawanami,2016)。国王也积极地试图控制僧伽,不管他们在政治中扮演什么角色(史密斯,1966;泰勒,2009:50-51)。

阿育王的哲学理想在东南亚尤其具有影响力,并在缅甸和斯里兰卡的政治中持续发展(Albinski,1958;Cummiskey,2013;Smith,1966)。阿育王开始了集权的趋势,远离民众选举国王(Everett,1997)。他积极支持寺院社团,促进了佛教的传播,承担了政治和宗教领导的角色。然而,当佛教撤回斯里兰卡时,阿育王提供给其他宗教实际上必要的自治和宽容,并没有持续下去。特别是在马哈万萨神话化的国王杜塔加马尼(Dutthagamani)的改革中"强调了民族,族群和宗教的象征性统一",这是可能的,因为他和其他后来的佛教王国实质上不是异质性的或地理上的分散Obeyesekere,1992:142)。因此,Theravada 国王开始对抗早期的联邦类型的安排,而印度教王国继续管理实质性的多样性。即便如此,在殖民化之前,斯里兰卡岛仍然是印度教和佛教并存的国家(Wickramasinghe,2006)。

在现代,斯里兰卡有很多关于僧人是否应该参与政治的辩论,许多僧人在政治上都很活跃,甚至参与了议会(Tambiah,1992)。事实上,斯里兰卡考虑了一系列新的宪法改革,其三个主要的佛教派别都联合发表了反对宪法改革和进一步权力下放的声明,认为这威胁到了佛教的特权地位和国家的保护角色（南亚监测，2017）。

在缅甸，不允许僧侣投票，尽管他们参与了政治活动。此外，由于佛教的教会组织良好，它有更大的能力影响政治，在实践中，这两个领域之间存在相当紧张的关系。尽管穆斯林仍然是极端佛教民族主义者的目标，但缅甸迈向进一步联邦化的步伐在2010年和2012年的竞选活动中，完全没有政治行动者对佛教进行合法化，这与之前的流行形成了鲜明对比（Walton, 2016）。

这并不是说，宗教在政治上的影响力下降完全是缅甸迈向进一步联邦化的必经之路。军方继续在政治中扮演不可或缺的角色，并在宪法改革方面拥有否决权。缅甸2008年的宪法和它在中央和地区之间的权力划分是所谓"管理向民主过渡"的重要一步。但是，在内部冲突实质性结束之前，我们可以预期，与联邦制相比，少数民族的权利将继续受到限制。

（三）国家认同和感知到的威胁

与尼泊尔和印度的显著的世俗主义相比，宗教在所有的小乘佛教徒占多数的国家（除了老挝，仍然享有特权）都有所体现（见表1）。小乘佛教是从斯里兰卡产生的，有个神话意罚小乘佛教的国王经常划遭到他们印度教邻居的毁灭性攻击，但斯里兰卡和人民、岛屿和国王都是佛教的保护者（Sarkisyanz, 1965: 18）。这段历史支撑着僧伽罗人及其"少数民族情结"中宗教、语言和民族主义身份的融合（Tambiah, 1992: 129 - 1992）。在缅甸，自独立以来，政治领导人一直试图建立一个基于佛教的单一民族身份（Smith, 1991: 35 - 38），在那里"缅甸人是佛教徒"。

如果联邦政府允许其他宗教团体占领国家机关（比如省政府），呼吁佛教合法化的政治领袖们，有直接的责任保护宗教。佛教在历史上一直被伊斯兰教、印度教和基督教所取代和威胁，但在很大程度上放弃了暴力扩张主义运动（Cummiskey, 2013）。这一历史的影响可以从佛教民族主义者在缅甸和斯里兰卡采取的防御姿态中看出来，其中每一种恐惧都被穆斯林或印度教徒或两者所"超越"，并相应地宣传［Walton and Hayward (2014) 缅甸；坦比亚（1992），斯里兰卡］。

相对于其他地区的宗教，佛教所感知到的威胁导致对少数族裔的要求采取防御性和排斥性的回应，因此在实践中，集中的和家长式的传统被强调为比较适应的理想。因此，佛教和对其地位的假定威胁已被有效地用于支持反联邦和同化情绪。在20世纪90年代中期的放权宪政改革提案被放弃之前，有影响力的僧伽罗委员会（2008：619，第2.7条），就可以很好地证明这一点。

八 结论

为了解决亚洲宗教与联邦制之间各种联系的困惑，我们重新审视了亚洲的契约关系论。我们确认了伊斯兰教契约论点的有效性（它在巴基斯坦和马来西亚的联邦制中发挥了积极的作用）和佛教（它的缺席阻碍了在缅甸和斯里兰卡建立联邦制）。然而，契约论点需要加以修订，以说明印度联邦主义的发展，如果我们采纳功能对等或代理的概念，它仍然成立。印度教中的契约传统的缺失，可以通过殖民施加的契约习俗来补偿。

表2　　　　　　　　四个宗教变量及其与亚洲联邦制的关系

	是否存在契约传统	宗教组织集权化	政治和宗教领导的融合	国家认同和感知到的威胁	对联邦制的影响
马来西亚	是	分权	是	是 不受威胁的	接受联邦主义，但集权和专制
巴基斯坦	是	分权	是	是 不受威胁的	接受联邦主义，但集权和专制
印度	否，但由代理人补偿	非集权	否	否 不受威胁的	接受和包容联邦主义
尼泊尔	否	非集权	否	是 （历史性的） 不受威胁的	接受并充分建立联邦主义
缅甸	否	国家集权下的部分分权	是 （历史性）	是 不受威胁的	抵制联邦主义，只是部分承认
斯里兰卡	否	国家集权下的部分分权	是 （历史性）	是 不受威胁的	抵制联邦主义，只是部分承认

然而，契约关系论不能完全解释亚洲联邦制的产生、发展和变化。我

们通过调查其他三种宗教因素发展了它。印度教和伊斯兰教的分权是联邦制的一个有利条件，与之形成鲜明对比的是，强大的小乘佛教组织的存在不利于联邦制的发展。在马来西亚和巴基斯坦，伊斯兰教与政治领袖之间的联系已经影响了联邦制的质量和运作，但并没有阻止他们建立联邦制。所有这些都在促进或抑制联邦主义的发展方面发挥了作用。所有四个因素及其对联邦制的影响的总结载于表2。

我们提出了宗教视角下的联邦制，发现契约关系是影响联邦制政治的最强有力的因素，因为它与坚持宪政协议的政治文化有关。缺乏契约联系导致废除协议文化的出现，从而使得联邦制更容易被放弃。另一个重要因素是对国家或特权宗教的实际和（或）感知到的威胁。这似乎是决定国家倾向或抵制联邦制的关键条件。当一个宗教被感知受到威胁时，这个宗教就有可能在政治上动员支持一个统一的政体，缅甸和斯里兰卡的抵制联邦制就是证明。亚洲的佛教国家往往感受到邻近文明的威胁，特别是斯里兰卡僧伽罗语佛教徒的"少数群体"与印度教所感受到的威胁有直接的关系，并导致他们抵制联邦制（Tambiah，1992）。这突出了塞缪尔·亨廷顿（1996）的论点的重要性，即在佛教占多数的国家，宗教认同或"文明"将成为亚洲联邦制建设领域的冲突源头之一。

我们的宗教视角下的联邦制有利于为从业人员提供一份清单，以便根据这四个变量重新修复自己的宗教传统。我们的立场不是宗教决定论者；更愿意承认其代理的角色。事实上，大多数主要的宗教传统都有分权的传统，他们可以从中汲取教训，对多样性进行教义上的尊重。尽管在佛教传统中，联邦主义存在诸多障碍，但宽容和同情的佛教信徒不仅与之相容，而且还支持联邦制作为多样性的统一原则。在缅甸仰光的一条街上，有几座不同的宗教建筑，这一事实表明，不同宗教可以在佛教徒居多的国家中共存。事实上，这种变化的种子已经播下。正如Paikiasothy Saravana-muttu（2016：5）断言：

>　　集权统一的国家不仅是一种殖民主义的创造，而且是最新的一种，当我们看到历史悠久的南亚国家传统的权力不对称和多元化特征时，我们可以从中学习丰富的经验教训，以应对我们当代在团结中的多样性挑战。

参考文献

[1] Adeney K (2012), A Step towards Inclusive Federalism in Pakistan? The Politics of the 18th Amendment. Publius: *The Journal of Federalism* 42 (4): 539–565.

[2] Ahmed I (2009) The Pakistan Islamic State Project: A Secular Critique. In: Siam–Heng MH and Liew TC (eds): *State and Secularism: Perspectives from Asia.*, Singapore: World Scientific, pp. 185–211.

[3] Albinski HS (1958), *The Place of Emperor Asoka in Ancient Indian Political Thought.* Midwest Journal of Political Science 2 (1): 62–75.

[4] Allen D (1992) Introduction. In Allen D (ed.): Religion and Political Conflict in South Asia: India, Pakistan and Sri Lanka. Westport, CT: Greenwood Press, pp. 1–14.

[5] Anscombe F (2014), *State, Faith and Nation in Ottoman and Post-ottoman Lands.* New York: Cambridge University Press.

[6] Bhargava R (2010), *The Promise of India's Secular Democracy.* New Delhi, India: Oxford University Press.

[7] Bowering G (2013), *The Princeton Encyclopedia of Islamic Political Thought.* Princeton, NJ: Princeton University Press.

[8] Breen MG (2017), The Origins of Holding-Together Federalism: Nepal, Myanmar, and Sri Lanka. Publius: *The Journal of Federalism.* Epub ahead of print 22 March. DOI: 10.1093/publius/pjx027.

[9] Bullinger H (1534), De testamento seu foedere Dei unico & aeterno Heinrychi Bullingeri brevis expositio.

[10] Burgess M (2006), *Comparative Federalism: Theory and Practice.* Oxford: Routledge.

[11] Burgess M (2013), *In Search of the Federal Spirit: New Comparative Empirical and Theoretical Perspectives.* Oxford: Oxford University Press.

[12] Constitution of Nepal (2015), Kathmandu: Ministry of Law, Justice and Parliamentary Affairs.

[13] Central Intelligence Agency (2015) The World Factbook. Washington DC: Central Intelligence Agency.

[14] Chakravartty B (2014), Balancing Identity and Viability: Restructuring Nepal in a Workable Federal State. In Karki B and Edrisinha R (eds): *The Federalism Debate in Nepal: Post Peace Agreement Constitution Making in Nepal.* Kathmandu, Nepal: Support to Par-

ticipatory Constitution Building in Nepal, United Nations Development Programme, pp. 55 – 76.

[15] Chebankova E (2009), Russia's Noncovenantal Federalism: Past and Present. *Journal of Church and State* 51 (2): 312 – 340.

[16] Collins S (1996), The Lion's Roar on the Wheel – Turning King: A Response to Andrew Huxley's "The Buddha and the Social Contract." *Journal of Indian Philosophy* 24: 421 – 446.

[17] Cummiskey D (2013), Comparative Reflections on Buddhist Political Thought: A? oka, Shambhala, and the General Will. In Emmanuel S (ed.): *A Companion to Buddhist Philosophy*. Hoboken, NJ: WileyBlackwell, pp. 35 – 70.

[18] Davis RS (1978), *The Federal Principle: Journey through Time in Quest of a Meaning*. London: University of California Press.

[19] Edrisinha R (2005), Multinational Federaliam and Minority Rights in Sri Lanka. In He B, Galligan B and Inoguchi T (eds): *Multiculturalism in Asia*. Cheltenham: Edward Elgar, pp. 244 – 261.

[20] Elazar DJ (1981), *Kinship and Consent: The Jewish Political Tradition and Its Contemporary Uses*. Ramat Gan, srael: Turtledove.

[21] Elazar DJ (1987), *Exploring Federalism*. Tuscaloosa, AL: University of Alabama Press.

[22] Elazar DJ (1995), *Covenant and Polity in Biblical Israel: Biblical Foundations and Expressions*. New Brunswick, NJ; London: Transaction Publishers.

[23] Elazar DJ (1996), *Covenant and Commonwealth: From Christian Separation through the Protestant Reformation*. New Brunswick, NJ; London: Transaction Publishers.

[24] Elazar DJ (1998), *Covenant and Constitutionalism: The Great Frontier and the Matrix of Federal Democracy*. New Brunswick, NJ; London: Transaction Publishers.

[25] Elazar DJ (1999), *Covenant and Civil Society: The Constitutional Matrix of Modern Democracy*. New Brunswick, NJ; London: Transaction Publishers.

[26] Elazar DJ (2000), From Biblical Covenant to Modern Federalism: The Federal Theology Bridge. In: Elazar DJ and Kincaid J (eds) *The Covenant Connection: From Federal Theology to Modern Federalism*. Oxford: Lexington Books, pp. 1 – 14.

[27] Elazar DJ (2001), *Religious Diversity and Federalism*. Oxford: Blackwell Publishing.

[28] Everett WJ (1997), *Religion, Federalism, and the Struggle for Public Life: Cases from Germany, India, and America*. Oxford: Oxford University Press.

[29] Gauchet M (1997), *The Disenchantment of the World: A Political History of Religion*. Princeton, NJ: Princeton University Press.

[30] Hachettu K (2009), *State Building in Nepal: Creating a Functional State*. Kathmandu, Nepal: Enabling State Programme.

[31] Hamayotsu K (2002), Islam and Nation Building in Southeast Asia: Malaysia and Indonesia in Comparative Perspective. *Pacific Affairs* 75 (3): 353 – 375.

[32] Haqqani H (2004), The Role of Islam in Pakistan's Future. *The Washington Quarterly* 28 (1): 85 – 96.

[33] Harris I (1999), Buddhism and Politics in Asia: The Textual and Historical Roots. In Harris I (ed.): *Buddhism and Politics in Twentieth – century Asia*. New York; London: Pinter, pp. 1 – 25.

[34] He B (2007), Federalization and Democratization in Asia. In He B, Galligan B and Ionguchi T (eds) *Federalism in Asia*. Cheltenham: Edward Elgar, pp. 1 – 32.

[35] He B (2010), Four Models of the Relationship between Confucianism and Democracy. *Journal of Chinese Philosophy* 37 (1): 18 – 33.

[36] Huntington SP (1996), *The Clash of Civilizations and the Remaking of World Order*. New York: Simon & Schuster.

[37] Hutchinson F. (2014), Malaysia's Federal System: Overt and Covert Centralisation. *Journal of Contemporary Asia* 44 (3): 422 – 442.

[38] Huxley A (1996), The Buddha and the Social Contract. *Journal of Indian Philosophy* 24 (4): 407 – 420. Interim Constitution of Nepal 2063 (2007) Kathmandu: United Nations Development Programme.

[39] Jaffrelot C (2011), *Religion, Caste and Politics in India*. New York: Columbia University Press.

Kadi W (2003), The Primordial Covenant and Human History in the Quran. *American Philosophical Society* 147 (4): 332 – 338.

[40] Kawanami H (2016), U Nu's Liberal Democracy and Buddhist Communalism in Modern Burma. In: Kawanami H (ed.) *Buddhism and the Political Process*. Basingstoke: Palgrave Macmillan, pp. 31 – 55.

[41] Kincaid J and Elazar DJ (eds) (1985), *The Covenant Connection: Federal Theology and the Origins of Modern Politics*. Durham, NC: Carolina Academic Press.

[42] Lau M (2014), The Re – Islamization of Legal Systems. In: Peters R and Bearman P (eds) *The Ashgate Research Companion to Islamic Law*. Surrey; Burlington: Ashgate Publishing Company, pp. 235 – 249.

［43］Loh KW (2009), Federation of Malaysia. In Michelmann H (ed.): *Foreign Relations in Federal Countries*. Montreal, QC, Canada: McGill - Queen's University Press, pp. 189 - 202.

［44］Lumbard JEB (2015), Covenant and Covenants in the Quran. *Journal of Qur'anic Studies* 17 (2): 1 - 23. McCoy CS and Baker J (1991), *Fountainhead of Federalism: Heinrich Bullinger and the Covenantal Tradition*. Louisville, KY; Westminster: John Knox Press.

［45］Matthews B (1999), The Legacy of Tradition and Authority: Buddhism and the Nation in Myanmar. In Harris I (ed.): *Buddhism and Politics in Twentieth - century Asia*. New York; London: Pinter, pp. 26 - 53.

［46］Narayan V (1996), The Hindu Tradition. In Oxtoby WG (ed.): *World Religions: Eastern Traditions*. Don Mills, ON, Canada: Oxford University Press, pp. 317 - 429.

［47］Obeyesekere G (1992), Dutthagamanu and the Buddhist Conscience. In Allen D (ed.): *Religion and Political Conflicty in South Asia: India, Pakistan and Sri Lanka*. Westport, CT: Greenwood Press, pp. 135 - 160.

［48］Ostrom V (1987), *The Political Theory of a Compound Republic: Designing the American Experiment*. Lincoln, NE: University of Nebraska Press.

［49］Ranamurti P (［1935］1986), *The Problem with the Indian Polity*. New Delhi, India: Gian Publishing House.

［50］Riemer N (1980), Covenant and Federal Constitution. Publius: *The Journal of Federalism* 10 (4): 135 - 148.

［51］Sakhong L (2005), Federalism, Constitution Making and State Building in Burma. In Williams DC and Skahong L (eds): *Designing Federalism in Burma*. Chiang Mai, Thailand: UNLD Press, pp. 11 - 34.

［52］Saravanamuttu J (2009), Malaysia: Multicultural Society, Islamic State, or What? In Heng Siam - Heng M and Liew TC (eds): *State and Secularism: Perspectives from Asia*. Singapore: World Scientific, pp. 279 - 300.

［53］Saravanamuttu P (2016), *Preliminary Submission by the Centre for Policy Alternatives to the Public Representations Committee*. Colombo, Sri Lanka: Centre for Policy Alternatives.

［54］Sarkisyanz E (1965), *Buddhist Backgrounds of the Burmese Revolution*. Berlin: Springer Science + Business Media BV.

［55］Singh MP and Kukreja V (2014), *Federalism in South Asia*. New Delhi, India: Routledge India.

［56］Sinhala Commission (2008), Interim Report on the Government's Proposals for

Constitutional Reform. In Edrisinha R, Gomez M, Thamilmaran VT, et al. (eds): *Power-sharing in Sri Lanka: Constitutional and Political Documents 1926 – 2008*. Colombo, Sri Lanka: Centre for Policy Alternatives and Berghof Foundation for Peace Support, pp. 594 – 639.

[57] Siriwardane C (1966), Buddhist Reorganization in Ceylon. In Smith DE (ed.): *South Asian Politics and Religion*. Princeton, NJ: Princeton University Press, pp. 531 – 546.

[58] Smith D (1966), South Asia: Unity and Diversity. In Smith DE (ed.): *South Asian Politics and Religion*. Princeton, NJ: Princeton University Press, pp. 1 – 48.

[59] Smith MJ (1991), *Burma: Insurgency and the Politics of Ethnicity*. London: Zed Books.

[60] Smith WC (1998), The Concept "Hinduism." In Beckerlegge G (ed.): *The World Religions Reader*. London: Routledge, pp. 286 – 287.

[61] South Asia Human Rights Documentation Centre (2008), Anti – Conversion Laws: Challenges to Secularism and Fundamental Rights. *Economic and Political Weekly* 43 (2): 63 – 73.

[62] South Asian Monitor (2017), Lankan Buddhist High Priests Oppose Constitutional Changes. South Asian Monitor, 5 July. Available at: http://southasianmonitor.com/2017/07/05/lankan – buddhist – high – priestsoppose – constitutional – hanges/ (accessed 25 July 2017).

[63] Tambiah SJ (1989), King Mahāsammata: The First King in the Buddhist Story of Creation, and His Continuing Relevance. *Journal of the Anthropological Society of Oxford* 20 (2): 107.

[64] Tambiah SJ (1992), *Buddhism Betrayed? Religion, Politics and Violence in Sri Lanka*. Chicago, IL; London: The University of Chicago Press.

[65] Taylor CM (2007), *A Secular Age*. Cambridge, MA: Harvard University Press.

[66] Taylor RH (2009), *The State in Myanmar*. Singapore: National University of Singapore Press.

[67] The Constitution of Nepal 1962 (1962), Available at: http://www.constitutionnet.org/files/Constitution%20 1962.pdf (accessed 15 March 2015).

[68] Walton MJ (2016), Buddhist Monks and Democratic Politics in Contemporary Myanmar. In Kawanami H (ed.): *Buddhism and the Political Process*. Basingstoke: Palgrave Macmillan, pp. 56 – 77.

[69] Walton MJ and Hayward S (2014), Contesting Buddhist Narratives Democratization, Nationalism, and Communal Violence in Myanmar. In Ernst D and Mietzner M (eds): *Policy Studies*. Honolulu, HI: East – West Center.

[70] Watts RL (1999), *Comparing Federal Systems*, 2nd edn. Montreal, QC, Canada: McGill – Queen's University Press.

[71] Wickramasinghe N (2006), *Sri Lanka in the Modern Age*. London: C. Hurst & Co.

The Covenant Connection Reexamined: The Nexus between Religions and Federalism in Asia

Baogang He, Laura Allison – Reumann, Michael Breen

Abstract: The covenant connection thesis forms an important basis from which to understand the religious source of federalism. Yet with its Judeo – Christian roots, to what extent does it apply to Asian countries that have different religious traditions? In this article, we explore whether the covenant connection thesis is relevant to Asian federalism in the context of Muslim – , Hindu – , and Buddhist – majority countries. We find that while the presence or absence of a covenantal tradition within a religion can partially explain acceptance of, or resistance to, federalism, there are other religious features that also play a role. These include the extent to which traditional religious organizations are internally centralized, the extent to which religion and state governance are intertwined or separate from each other, and the extent to which a religion that constitutes the core national identity is threatened by other religions that are or may be empowered by federal arrangements.

Key words: comparative federalism; covenant connection; religious traditions; federalism in Asia; religious perspective on federalism

基层与地方治理

地域规模视域下的基层民主与自治[①]

——基于全国 28 个省 303 个村 5136 位农户的问卷调查[*]

白雪娇

【摘要】 村民自治作为中国基层民主的一场创新，具有里程碑式的意义。但是当前以行政村为基本单元的村民自治由于规模不适度，出现了"制度空转"等问题。湖北秭归、广东清远等地分别在地域规模较小的单位进行自治与民主探索，取得了良好的效果。本文立足于大规模数据调查基础之上，通过定量的分析方法发现，地域规模结合地区、地形和居住条件等因素对基层的民主选举、民主决策、民主监督、民主管理产生显著性影响，但相比于地区、地形、居住条件，地域规模的显著性影响相对较小；同时在"四个民主"中，地域规模的影响各不相同，相比于民主选举和民主决策，地域规模对于民主管理和民主监督的显著性影响更大。因此，在推进基层民主与自治的过程中，应当重视地域规模这一影响因素。

【关键词】 地域规模；基层民主；村民自治

一 问题的提出

习近平总书记在十九大报告中指出，"加强农村基层基础工作，健全自治、法治、德治相结合的乡村治理体系"，这表明自治依然是农村基层

[①] 基金项目：《让自治运转起来的"微自治"研究》，2015 年度教育部人文社会科学研究青年基金项目，项目号 15YJC810001。

[*] 作者简介：白雪娇，山西大学政治与公共管理学院讲师，博士。

治理的基础。自治具有悠久的历史，它先于国家产生。"曾经有过不需要国家、而且根本不知国家和国家权力为何物的社会。"[1] 在国家正式产生之前，人类社会通过氏族、部落等制度组织起来，在这种制度下"一切事物都是由当事人全体即氏族或者部落来解决，或者由各个氏族相互解决，没有臃肿复杂的管理机关。共产制的家庭经济和氏族制度对于弱者负有义务，大家都是平等、自由的。"[2] 随着社会文明的发展、社会冲突的加剧，国家作为外部力量产生并且成为最重要的治理主体。然而，国家并不能独自发挥作用，在国家治理中自治始终发挥着基础性作用。

在"皇权不下县"的传统时期，我国基层治理就蕴含着自治的因子，家庭和家族是乡土社会的基本社群，皇权"在人民实际生活上看，是松弛和微弱的，是挂名的，是无为的"[3]。自治的传统和经验一旦形成便会产生深远的影响。20世纪80年代，以民主选举为号角的村民自治在中国大地吹响。当时一大批学者认为这是中国基层民主的起点，将之称为一场"静悄悄的革命"。然而这场基层民主与自治的实践由于自身特性以及国家宏观背景的制约，并未产生预想中的效果，以行政村为单位的村民自治始终无法跳出"一放就乱、一抓就死"的怪圈，对此很多学者感到悲观失望。那么我国的基层民主与自治是不是真的无路可走了呢？实践是检验真理的唯一标准，近些年湖北、广西、广东等地关于"自治重心下移"的探索实践，引起了国家和学界的关注。它们在现有体制的框架下，以村民小组（自然村）为单位开展"小事物"自治，赋予基层民主自治新的活动。对此，很多学者予以肯定，赵秀玲指出"目前中国基层民主自治速度虽有减缓，但深度却在推进，这直接表现在'微自治'的探索与创新上"[4]，徐勇、邓大才等人认为规模较小的自然村等单位更便于群众自治；对此一些学者持疑，他们认为民主自治总体趋势应该上移而非下移，并且自治的程度与规模大小并无必然联系。[5] 可见，在不同观点中，地域

---

[1]《马克思恩格斯选集》第4卷，人民出版社1972年版，第170页。
[2]《马克思古代社会史笔记》，人民出版社1996年版，第92页。
[3] 费孝通：《乡土中国》，人民出版社2008年版，第78页。
[4] 赵秀玲：《"微自治"：中国基层民主治理的转型》，《政治学研究》2015年第5期。
[5] 唐明、陈荣卓：《论探索不同情况下村民自治的有效实现形式》，《当代世界社会主义问题》2014年第2期。

规模成为争论的内容之一，地域规模是否对基层民主以及村民自治有影响，影响程度有多深，这就需要我们采用实证的方法进行验证。

二 文献综述与理论假设

关于地域规模与民主自治的研究可追溯到古希腊雅典时期。柏拉图谈到理想城邦的最佳限度是国家大到还能保持统一。[①] 亚里士多德认为"就国境的大小或土地的面积说，应当以足够使它的居民能够过闲暇的生活为度，使一切供应肃然宽裕但仍须节制"[②]，卢梭认为"一个体制最良好的国家所能具有的幅员是有一个界限，为的是使它既不能太大以致不能很好地加以治理，也不能太小以致不能维持自己"[③]。孟德斯鸠将地域规模与政体原则和国家精神联系起来，他认为"大国缺少节制精神，公共福利成为考虑的牺牲品，而小国里的公民与公共福利较为接近，弊端不那么普遍"[④]，"小国的自然特性宜行共和政体，稍大的国家的自然特性宜行君主政体，而大国的自然特性宜由专制君主治理，疆域的大小变化都会导致国家精神的变化"[⑤]。整体而言，这一时期的政治哲学家们致力于自治民主内部条件与外部条件的统一，但诚如罗伯特·达尔所言："两千多年来对于城邦民主的观点包含了一个政治悲剧的诸多因素：如果是小规模的民主国家，它就维持其公民的自治；虽然大型国家能够确保其自治，但这种自治权是掌握在统治者手中而不是人民手中的。"[⑥] 但是随着民族国家的统一，地域规模的不断扩大已然成为事实，代议制的出现似乎为规模的扩大与民主自治找到一条康庄大道。汉密尔顿等联邦党人指出"美国之所以有异于其他共和政体，其最可使恃之处在于代议制原则"，相比于城邦民主，"代议制的优越性在于辽阔的领土，因为不可能设想，在古希腊民主

[①] 柏拉图：《理想国》，商务印书馆1985年版，第139页。
[②] 亚里士多德：《政治学》，商务印书馆1965年版，第361—362页。
[③] 卢梭：《社会契约论》，李平沤译，商务印书馆2011年版，第52页。
[④] 孟德斯鸠：《论法的精神》（上卷），许明龙译，商务印书馆2012年版，第147页。
[⑤] 同上书，第149—150页。
[⑥] 罗伯特·达尔：《规模与民主》，上海人民出版社2013年版，第7页。

国家的狭窄局限下,任何形式的代议制政府竟能得到成功"。① 罗伯特·达尔系统分析了规模与民主的关系,他认为没有一种单一类型或规模的单位可以满足公民效能感和体系能力这些民主目标,但他也指出具有固定边界和组成单位数量较少的体系,相比于组成单位的数量更多,或者边界范围经常变动的任何体系而言,其运行成本更低。②

在我国,对于基层民主自治的研究多停留在"制度——价值"层面,一定程度上滞后于实践。近些年在地方创新实践中,形成了以广东清远为代表的南方模式和以河南为代表的北方模式。广东、湖北等山区为了充分发挥村民的主体作用,以自然村为单位开展自治实践,构建出多层次多单位的治理层级,自治的规模范围逐步缩小;而河南、山东、山西等地伴随城镇化和农业经营规模化,将分散的农村居民集中于新型农村社区,以新型社区为单位开展自治活动,治理的地域规模逐步扩大。两种模式的形成皆立足于当地的自然、文化、经济等综合条件。广东清远、湖北秭归等地地处山区,交通不便,行政村的地域规模太大,彼此联系不便,以自然村为单位开展自治效果更好。相比于行政村单位,自然村单位规模适度,并且具有共同的文化基础和情感基础。与此相比,在大多数北方地区,大量的村庄合并或者呈现出中心村辐射周边村的城镇化模式。对此徐勇、邓大才提出"形式——条件"的分析范式,他们认为当前我国基层的民主自治依然很有活力,各地的实践表明基层民主自治的有效实现需要考虑规模适度、地域相近、利益相关、群众自愿等条件。③ 基于此,本文从地域规模的视角来研究基层自治民主,并提出以下假设。

假设一:地域规模越小,民主选举参与越高。

传统观点认为城邦民主有效治理的前提在于"小国寡民",随着国家地域规模的扩大,以选举投票为核心的民主参与形式出现。从原则上说,投票并不受制于时间、地点的影响,只要设置足够多的投票站,地域规模

---

① 汉密尔顿、杰伊麦迪逊:《联邦党人文集》,程逢如等译,商务印书馆1980年版,第372—373页。
② 罗伯特·达尔:《规模与民主》,上海人民出版社2013年版,第129—132页。
③ 徐勇:《实践创设并转换范式:村民自治研究回顾与反思——写在第一个村委会诞生35周年之际》,《中国社会科学评论》2015年第3期。邓大才:《村民自治有效实现的条件研究——从村民自治的社会基础视角来考察》,《政治学研究》2014年第6期。

较大地区的投票选举难度并不大于地域规模较小的地区。但从投票参与和效能感而言，规模的影响又是重要的。地域越小，历史、语言、文化等鸿沟越小，越容易产生同一性，为了实现参与和效能感的价值最大化，需要有一个规模控制的单位。[1] 对于当前的村民自治，一般情况下村庄（社区）地域规模越小，内部成员利益关联度越高，文化共识度越强，参与选举投票的动机越强。基于此，本文认为地域规模越小，民主选举的参与越高。

假设二：地域规模越小，民主决策的效果越好。

村民自治作为基层直接民主形式，其基本内容就是，凡是关系到村民群众利益的事，由群众自己当家，自己做主，自己决定。[2] 与民主选举不同，民主决策需要参与者当面讨论、沟通与决策，所以地域规模越大，时间成本和沟通成本越高。为了克服这一难题，村民自治的民主决策一般表现为村民代表决策，但此举无法从根本上克服地域造成的参与距离性，在湖北秭归，村民代表到村委会参加一次会议需要四个小时的路程。基于理论和现实的分析，提出以下假设：地域规模越小，民主决策效果越好。

假设三：地域规模越小，民主管理的参与度越高。

村民自主管理公共事务是民主管理的关键性内容，然而由于公共事务和公共福利的非排他性，常常被忽视甚至被牺牲，孟德斯鸠认为这种现象在大国尤为明显，因为在小国里，公共福利与公民更为接近[3]，这就对地域规模有一定的要求。当前村民自治实践中出现的"自治重心下移"，实际上是将公共事务的自我管理单位从行政村下移到规模更小一级的单位，诸如自然村、院落、村落等。基于此，本文可以做出如下假设：地域规模越小，民主管理参与度越高。

假设四：地域规模越小，越便于民主监督。

古典政治家们之所以推崇小国，重要的原因在于小国便于互相监督，亚里士多德理想城邦的最优规模是观察所能遍及的最大数额。[4] 监督分为内部监督和外部监督，相比于外部监督，内部监督可以通过自我实施降低

---

[1] 罗伯特·达尔：《规模与民主》，上海人民出版社2013年版，第60页。
[2] 徐勇：《中国农村村民自治》，华中师范大学出版社1997年版，第11页。
[3] 孟德斯鸠：《论法的精神》（上卷），许明龙译，商务印书馆2012年版，第147页。
[4] 亚里士多德：《政治学》，商务印书馆1965年版，第361—362页。

成本，但内部监督是建立在确定的地域边界和地域规模之上，地域规模越小，越容易通过彼此监督而自我实施，当地域规模超过自我监督的边界，为了增进共同利益，就需要依靠高成本的外部监督。基于此，本文认为：地域规模越小，民主监督越容易实施。

三　数据来源与统计分析

本文所使用数据来源于华中师范大学"百村观察"项目2015年寒假调查数据。在剔除1%的最大值、最小值之后，留下有效村庄样本260个，有效农户样本5136个。总体来看，调查样本农户在东中西部地区的分布依次为20.9%、50.1%和29.0%，分布南方地区的比重为53.3%，分布在北方地区的比重为46.7%。其中男性占比为76.0%，女性占比为24.0%，30岁以下比重为9.0%，30—39岁、40—49岁、50—59岁的比重分别为10.8%、30.2%、26.9%，60岁及以上的农户比重为23.1%。从其受教育程度而言，文盲占比为6.6%，小学占比为34.6%，学历为初中、高中的比重分别为40.9%和12.4%，学历为大专以及以上的最少，为5.5%。从2014年当年家庭收入来看，最低收入组农户家庭收入的均值为13747.71元，中低收入组农户家庭收入的均值为33913.72元，中等收入组农户家庭收入的均值为49491.10元，中高收入组农户家庭收入的均值为70615.49元，最高收入组农户家庭收入均值为150629.02元。

在有效样本村庄中，对于村民自治中民主选举、民主决策、民主管理、民主监督的考察各采用"您是否参与村庄选举投票""村庄重大事件事前是否征求过您的意见""您是否参与过村庄公共事业建设""您是否对村务财务提出过质疑"作为研究的因变量。其中，参与村庄选举投票的比重为62.9%，未参与的为37.1%；村庄重大事件事前被征求过意见的比重为38.7%，未被征求过的比重为61.3%；参与过村庄公共事业建设的比重为59.4%；对村庄村务提出过质疑的比重为7.3%，其中提出过质疑并得到回应的比重约为42.9%。本文虽然从地域规模切入，但是地域规模并不能单独对民主选举、决策、管理和监督行为产生影响，因此本文将农户的个体特征、家庭因素、地区因素、地形因素、参与效能作为自变量，代入二元逻辑斯回归模型，以此分析地域规模在众多影响因素中对于"四个民主"的作用强度。

表1　　　　　　　　　变量测量以及赋值统计表

变量	测量及赋值	比率	均值
是否参与选举投票	是=1，否=0	参与投票者62.9%	
重大决策征求过意见	是=1，否=0	被征求意见者38.7%	
是否参与公共事业建设	是=1，否=0	参与公共事业建设者59.4%	
是否提出质疑	是=1，否=0	提出质疑者7.3%	
村庄面积			
地区	北方=1，南方=0	北方地区比重52.5%	
居住方式	集居=1，散居=0	集居的比重67%	
地形	山区=1，非山区=0	地处山区的比重72.9%	
政治面貌	党员=1，非党员=0	党员比重10.8%	
宗教信仰	有=1，无=0	有宗教信仰的比重3.9%	
性别	男=1，女=0	男性比重75.7%	
外出打工	是=1，否=0	外出务工者比重43.5%	
婚否	已婚=1，未婚=0	已婚比重92.9%	
年龄	周岁	30岁以下为9.0%，30岁至39岁为10.8%，40岁至49岁为30.2%，50岁至59岁为26.9%，60岁及以上的农户为23.1%	49.53
健康状况	1=优，2=良，3=中，4=差，5=很差		1.66
家庭年收入	元		64326.01

续表

变量	测量及赋值	比率	均值
家庭人口数	人		3.82
教育水平		文盲为6.6%，小学为34.6%，初中为40.9%高中12.4%，学历为大专以及以上为5.5%	7.54
参与选举效能	1=很不赞同，2=不太赞同，3=一般，4=比较赞同，5=非常赞同		2.09
参与决策效能	1=很不赞同，2=不太赞同，3=一般，4=比较赞同，5=非常赞同		2.05
参与管理效能	1=很不赞同，2=不太赞同，3=一般，4=比较赞同，5=非常赞同		2.00
参与监督效能	1=很不赞同，2=不太赞同，3=一般，4=比较赞同，5=非常赞同		2.08

四 地域规模与基层自治民主关系的统计检验

（一）地域规模与民主选举

通过二元逻辑斯蒂回归模型分析规模与民主选举的关系。从模型参数上看，模型预测率为64.6%，模型卡方值为289.666，其显著性概率值 $p=0.000<0.05$，这表明在投入的自变量中至少有一个自变量可以有效地解释与预测村庄选举投票的参与。Hosmer and Lemeshow 检验值为4.792，$p=0.780>0.05$，说明模型的配适度较佳，表明自变量可以有效预测因变量。从表1的模型检验摘要可以看出,地区、居住方式、地形、年龄、受教育水平、健康情况以及参与效能感对农户是否参与选举投票产生显著影响(Sig值均小于0.05)。将这些具有显著影响的变量基本可以分为两类,一类是地域影响因素,另一类是个人因素。具体而言,北方比南方的投票参与率低0.676倍,集中居住的地区比非集中居住的地区投票率高1.422倍,山区比非山区的投票率高1.378倍,而地域规模即村庄面积并未对村庄选举投票参与产生显著性影响;从个人影响因素来看,随着年龄和受教育水平的提升,农民参与村庄投票选举的概率相应提升,健康情况越好,参与投票的概率越高。此外,个人影响因素中,参与效能感也成为参与行为的显著性影响因素。本文将"您是否赞同我的投票对于选举结果没有影响"作为衡量指标,从表2可以看出,对此持反对态度者比持支持者的投票概率高0.897倍。为了清楚这些影响因素的优先次序,将这些因素同时采用LR前进法,发现这些变量对于参与行为的影响分为8个步骤,年龄成为影响参与行为的首要显著因素,其次是地形、健康状况,地区、居住方式、参与效能感分列其后,政治面貌和受教育水平影响最小。整体而言,当前村庄选举投票的因素中,其他地域因素,诸如地形、地区、居住方式对于投票行为产生显著且重要的影响,但地域规模并不直接产生影响。正如假设中所言,由于选举技术和选举方法的灵活设置,地域规模并不是影响农民参与投票的显著因素;从参与效能而言,相比于地域规模,当地的文化传统、个体特征的影响因素更为明显,地域规模并不对投票行为产生直接影响,因此,假设一不成立。

表2　　　　　　　整体模型的配适度及个别参数显著值的检验摘要

变量名	民主选举			民主决策		
	B	Sig.	Exp(B)	B	Sig.	Exp(B)
村庄面积	-0.009	0.054	0.991	-0.003	0.521	0.997
地区	-0.392	0.000	0.676	-0.543	0.000	0.581
居住方式	0.352	0.000	1.422	-0.195	0.004	0.823
地处山区	0.321	0.000	1.378	0.858	0.000	2.359
性别	0.017	0.808	1.017	0.151	0.039	1.163
是否干部	0.314	0.065	1.369	0.655	0.000	1.924

续表

	民主选举			民主决策		
政治面貌	0.208	0.077	1.232	0.184	0.100	1.203
家庭年收入	0.000	0.128	1.000	0.000	0.793	1.000
外出打工	0.004	0.951	1.004	-0.047	0.439	0.954
宗教信仰	0.081	0.605	1.084	-0.432	0.008	0.649
教育水平	0.023	0.028	1.023	0.002	0.819	1.002
年龄	0.032	0.000	1.032	0.010	0.000	1.010
家庭人口数	0.010	0.654	1.010	0.058	0.009	1.059
健康状况		0.000			0.958	
健康状况（1）	0.428	0.253	1.535	-0.027	0.943	0.974
健康状况（2）	0.134	0.720	1.143	-0.030	0.935	0.970
健康状况（3）	-0.012	0.976	0.988	0.058	0.880	1.060
健康状况（4）	-0.042	0.918	0.959	0.014	0.972	1.014
效能感	-0.109	0.000	0.897	-0.404	0.000	0.668
常量	-1.482	0.001	0.227	-0.826	0.061	0.438
检验值	Nagelkerke R^2 = 0.079 Hosmer 和 Lemeshow 检验值 sig = 0.780			Nagelkerke R^2 = 0.122 Hosmer 和 Lemeshow 检验值 sig = 0.199		
	民主管理			民主监督		
	B	Sig.	Exp（B）	B	Sig.	Exp（B）
村庄面积	0.041	0.000	1.042	-0.059	0.000	0.942
地区	-0.260	0.000	0.771	-0.053	0.652	0.948
居住方式	-0.364	0.000	0.695	0.155	0.218	1.168
地处山区	0.097	0.145	1.102	0.007	0.954	1.007
性别	0.402	0.000	1.495	0.408	0.006	1.504
是否干部	0.908	0.000	2.480	0.642	0.004	1.900
政治面貌	-0.169	0.127	0.844	0.040	0.831	1.041
家庭年收入	0.000	0.001	1.000	0.000	0.161	1.000

续表

	民主选举			民主决策		
外出打工	-0.032	0.589	0.969	-0.199	0.073	0.819
宗教信仰	-0.036	0.811	0.964	0.422	0.095	1.525
教育水平	0.005	0.620	1.005	0.078	0.000	1.081
年龄	-0.001	0.655	0.999	0.014	0.005	1.014
家庭人口数	0.043	0.046	1.044	0.013	0.743	1.013
健康状况		0.000			0.215	
健康状况（1）	-0.264	0.481	0.768	-0.499	0.425	0.607
健康状况（2）	0.046	0.902	1.047	-0.235	0.706	0.790
健康状况（3）	-0.116	0.762	0.891	-0.418	0.516	0.659
健康状况（4）	-0.049	0.905	0.953	-0.133	0.846	0.876
效能感	-0.073	0.019	0.930	-0.289	0.000	0.749
常量	0.325	0.455	1.383	-2.950	0.000	0.052
检验值	Nagelkerke R^2 = 0.065 Hosmer 和 Lemeshow 检验值 sig = 0.374			Nagelkerke R^2 = 0.060 Hosmer 和 Lemeshow 检验值 sig = 0.388		

（二）地域规模与民主决策

将"村庄重大事件是否征求您的意见"作为衡量民主决策的指标，从描述统计分析来看，在样本农户中，有38.7%的村民被事前征求过意见，当问及"您村重大事务是由谁来决策时"，回答"由村委会决策"的比重最大，为31.1%。由此可以看出，当前以行政村为单位的村民自治，民主决策集中体现在村委会决策。以"村庄重大事件是否事前征求过您的意见"为因变量，将可能影响民主决策的因素纳入二元逻辑斯蒂回归模型，从模型参数看，模型的预测率为66.1%，模型卡方值为478.926，$p < 0.05$，Hosmer and Lemeshow 检验值为11.054，$p = 0.199 > 0.05$，模型的配适度较佳。从表1检验摘要可以看出，地区、居住方式以及地形等地域因素对于村民参与村庄公共事务产生显著性影响，具体而言，北方地区比南方地区征求村民意见的概率低0.581倍，集中居住比分散居住的概率低0.823倍,地处山区的村庄比非山区村庄征求村民意见的概率高2.359倍。而政治身份、宗教信仰、参与效能感等个人因素也对此产生显著性影响,家庭人口数量这一特征也在参与村庄决策中产生显著性影响。将这些变量采用LR前进法,发现在村庄征求村民决策这一行为中,地形条件(即是否处在山区)的影响最为显著,其次的影响因素分别为参与效能("您是否赞同村庄大事由村干部决定就好")和地区,个人以及家庭等特征的显著性影响相对较小。整体而言,虽然地域规模对村庄征求村民意见没有显著性影响,但是地形、地区等地域条件在民主决策中的重要性高于民主选举,并且与预设不同,越是地域条件相对不便利的地区(比如南方地区、分散居住的山区),村庄决策的参与广度更高,事实上也是如此,当前自治下沉的地方多是南方山区,村民对于村庄决策的参与度更高。

(三) 地域规模与民主管理

将"您是否参加过村庄的公共事业建设"作为衡量民主管理的主要指标,并纳入二元逻辑斯蒂回归模型。模型的整体预测率为60.9%,模型卡方值 $p = 0.000 < 0.05$,Hosmer and Lemeshow检验值大于0.05,模型的配适度较佳。从表1可以看出,地域规模、地区、居住方式等地域条件对村民参与村庄公共事务产生显著性影响,性别、政治身份、健康状况等个人特征以及家庭年收入、家庭人口数量对于参与村庄公共事务也产生显著性影响。采用LR前进法,发现在参与村庄公共事业建设中,村庄面积是首要的影响因素,但是与理论预设不同,村庄面积每增加1平方公里,村民参与村庄公共事务建设的概率增加1.04倍,其次的影响因素是居住方式,集中居住的地区村民参与公共事业建设的概率比非集中居住的地区低0.695倍,而性别、政治身份、参与效能、家庭特征等因素对村庄民主管理的显著性影响相对较小。整体而言,相比于民主选举和民主决策,地域规模对于民主管理产生显著性影响,但是与理论预设不同,村庄规模的扩大会提升村民参与村庄公共事务的概率。

(四) 地域规模与民主监督

对于村民自治而言,民主监督更多体现的是对村务财务的监督。将

"您是否对村务财务提出质疑"作为因变量,模型整体预测率为92.6%,Hosmer和Lemeshow检验值为0.388,大于0.05,配适度较佳。通过表1发现地区、地形以及居住方式均不能解释村民的监督行为,而地域规模对于村民监督行为产生显著性影响,其中村庄面积每增加1平方公里,村民对村庄财务、事务的监督降低0.942倍;同时性别、政治身份、年龄、受教育水平、参与效能感等个体因素对于民主监督也产生显著性影响。将这些自变量采用LR前进法再次检验,发现地域规模(村庄面积)是影响村民参与监督的首要显著性因素,并且随着村庄规模的扩大,村庄公共事务以及公共利益与村民的距离也将扩大,村民参与监督的效能降低。因此,假设四成立,即地域规模的扩大不利于村民监督的开展。

五 基本结论

从理论分析而言,地域规模是影响民主自治的一个重要因素。国家产生之前,以氏族、部落、公社为单位的自治具有自主、自力和自律[①]的性质;在地域国家形成之后,小国寡民的城邦曾被认为是最理想的民主自治单位;随着民族国家对城邦国家的替代,代议制或代表制将小规模的自治单位融入到国家治理当中。从理论上说(正如本文的假设),地域规模越小,自治与民主的实践效果越好。村民自治作为一种重要的民主实践,其治理效果和效能是否受到地域规模的影响?这正是本文的研究主题。从大样本的数据检验来看,地域规模虽然对村民自治的实施效果产生一定的影响,但也并未如预想般产生决定性影响。

首先地域规模对于民主选举和民主决策不产生显著性影响。理论预设中之所以强调地域规模的重要性,主要因为地域规模影响着参与效能,地域越小,地域内成员的一致性越高,互动性越强,越容易达成一致行动。但事实上参与效能不仅受到地域规模的影响,更受到地域文化社会等条件的影响。更为重要的是,理论预设是建立在完全自治的基础之上,我国的基层民主和村民自治更多是行政规划变迁的结果。事实上村民自治最初的

---

① 徐勇、赵德建:《找回自治:对村民自治有效实现形式的探索》,《华中师范大学学报(人文社会科学版)》2014年第53卷第4期。

实践也是在国家与市场不在场的情况下出现的。广为熟知的村民自治第一村——合寨村，地处几县交界，人民公社解体后偷盗现象严重，村民以自然村为单位组织起来解决偷盗问题。当时村民自治实践多属于自发行为，它们多以规模较小、利益文化关联度高、便于自治的自然村为基本单位。基于此1987年《中华人民共和国村民委员会组织法（试行）》中提出："村民委员会一般设在自然村；几个自然村可以联合设立村民委员会；大的自然村可以设立几个村民委员会。"可是后来国家出于便于管理的原则，统一将"乡（镇）——村——村民小组"作为村民自治的组织体系，于是自治单位就从自然村转移到建制村。相比自然村，建制村规模较大、行政性较强，它不仅是村民自治的单位，更是国家行政管理的最小单位，当国家行政力量不断向下延伸，由国家负担治理成本时，地域规模大小就不会产生决定性影响。

其次，地域规模对民主管理和民主监督产生显著性影响。相比于民主选举和民主决策，地域规模对于民主管理和民主监督产生显著性影响，但是二者的影响并不一致。地域规模的扩大有利于民主管理的推进，虽然与理论预设不同，但与我国当前基层民主和村民自治的创新实践却是一致的。目前自治下沉的创新实践多是在合村并组、行政村规模不断扩大的前提下发生的，以行政村为单位的自治实践遇到了地域规模的阻碍，因此转而依托规模更小的自然村。以湖北秭归为例，秭归地处三峡工程坝上库首，是集老、少、边、穷、库、坝区于一体的山区农业大县，山大人稀、居住分散就成为秭归村庄的典型特征。2000年秭归开展了"合村并组"，行政村的服务范围平均达到13平方公里，最高海拔落差达1000多米以上，有的村干部从村委会出发到村民家里需要走上一整天，许多矛盾得不到及时化解，社会管理的压力大。为此，秭归按照"地域相近、产业趋同、利益共享、有利发展、群众自愿、便于组织、尊重习惯、规模适度"的原则，以50户左右、1—2平方公里地域范围为标准，将全县186个村1361个村民小组划分为2055个自然村落，提升民主管理效能，取得了良好的效果。相比于民主管理，民主监督则随着地域规模的扩大而降低。当前民主监督的主体是村民，客体是村民委员会，当初民主监督的设计假设是村民的自我监督，需要所有村民参与监督的全过程。然而由于规模的限制和节约成本的考虑，监督形式主要以召开村民代表大会和财务村务公开为主，日常监督很难实现。要想提升监督效能，需要一个规模适当的单位，这样才能保证村民对所监督事务可见、熟悉，监督才具有可操作性和约束性，从而避免"公地悲剧"。

第三，相比于地域规模，地区、地形等其他地域条件对于基层民主和村民自治的显著性影响更强。从数据检验可以看出，相比地域规模（即村庄面积），南方抑或北方、地处山区与否、集中居住与否等地域条件对于基层的民主自治影响更大。整体而言，南方地区、地处山区的村庄在民主选举、决策、管理中的参与度更高，在民主选举和民主管理上，集中居住的村庄比非集中居住的村庄参与度更低。这似乎与理论预设相悖，在参与成本上，山区以及非集中居住的地区应该更占有优势。但参与行为更受到文化浸润的影响，地域规模之所以对民主自治产生影响，其中很大一部分原因在于适当的规模能够塑造同质的历史文化、形成更加紧密的经济社会联系，这在我国东南地区得到实践。我国东南地区乡村主要依靠宗族紧密结合起来，这种社会联结是在历史中自然形成的，生活于宗族乡村的村民不仅具有生产生活的现实联系，还具有基于长期互动交往而生成的情感联系。相比于北方地区通过行政建构起来的单元，这些治理单元更具有生命力和活力。同时，山区、非集中居住地区的地域规模更大，治理难度相对较大，在实践中往往依靠地域规模更小的单位自治，参与效果更好，因此这些地区也成为基层创新实践的多发地。

总体而言，不管理论假设中地域规模对基层民主自治有多么重要的影响，但从数据检验来看这种影响主要体现在民主管理和民主监督上，地域规模对于民主选举和民主决策的影响并不显著。这与当前基层民主自治的实践是一致的。在行政能力鞭长莫及的地区，缩小地域规模成为村民自治，尤其是村庄公共事务管理和监督有效实现的新形式。湖北秭归、广东清远等地立足山区实情，将自治单元的基本规模限定村落和自然村，以村落理事会和村民理事会等形式落实了村民的决策权、监督权和管理权；四川都江堰等平原地区，尊重聚居传统，以院落为单位成立院落理事会。这些实践都在表明当前我们要将基层民主自治放在新的视野和框架内考虑，做到因地制宜、因俗制宜、因利制宜。

Grass-roots Democracy and Autonomy in the View of Regional Scale

—Questionnaire Survey Based on 5136 Farmers in 303 Villages in 28 Provinces

Bai Xuejiao

Abstract: Villager autonomy as an innovation in China's grass-roots democracy is of great significance. However, due to the uncomfortable scale of village self-government based on administrative villages as the basic unit, problems such as "institutional idling" have emerged. Zigui in Hubei Province and Qingyuan City in Guangdong Province have conducted autonomous and democratic explorations in units with smaller geographical areas and achieved good results. Based on large-scale data surveys, this paper finds that through quantitative analysis methods, geographical scale combined with regional conditions such as terrain and living conditions has a significant impact on grassroots democratic voting, decision making, supervision and management; however, compared to regional, geographic, and living conditions, the significance of geographical scale is relatively small. At the same time, the influence of geographical scale is not the same in the "four democracies". Compared to democratic elections and democratic decision-making, geographical size has greater influence on democratic management and democratic supervision. Thus, it is important to pay attention to geographical scale in the process of promoting grassroots democracy and self-governance.

Key words: regional scale; grass-roots democracy; villagers' self-governance

农村与政治

从黄土高原发现"中国"

——作为历史关节点的"原型小农"

王 勇 吕进鹏[*]

【摘要】基于历史、地理、气候和生产技术条件等诸多因素的意外耦合而形成于黄土高原的先周"原型小农",是中国"社会化小农"的历史起点,准确把握"原型小农"的形成机理、约束条件及分殊演化的双向特征,是理解大历史视野中的大中国之独特演化规律的一个历史关节点。周秦汉唐之后的大中国之所以逐渐型构为"中原农业帝国"与"西北游牧部落"这一既相互依存又相互竞争的东亚文明共同体,其密码就隐藏在先周"原型小农"这一"半农半牧"的历史母体之中。

【关键词】原型小农;先周;黄土高原;历史关节点

"中国是一个文化,却假装是个国家,而且是个古怪的国家(Erratic State)"[①]。——白鲁恂(Lucian W. Pye)

"邻国相望,鸡犬之声相闻,民至老死不相往来。"(《道德经》第八

---

[*] 王勇,西北师范大学法学院教授,法学博士,兼任华中师范大学中国农村研究院西北调研基地负责人,主要从事政治学理论与方法、法理学研究;吕进鹏,华中师范大学中国农村研究院/政治科学高等研究院博士研究生,主要从事乡村治理、政治学理论研究。

① Lucian W. Pye, China: Erratic State, Frustrated Society, *Foreign Affairs*, Fall, 1990, p. 58. 相关的引申性阐释,还可以参见 Dr. Bear《"中国"是一个文化,却假装是一个国家?》,http://blog.ifeng.com/article/2780214.html。

十章）① "日出而作，日入而息，凿井而饮，耕田而食。帝力于我何有哉!"（先秦《击壤歌》）这里所描写的"自由小农"经济，几乎就是一种完全自给自足，几乎没有社会化的"自由小农"的生活情景。诗歌中的描写是否真实？是否真有其历史原型？这是一个有趣的问题。带着这个问题，根据黄土高原多年的日常生活经验以及观察，我们开始逐渐发现了这些"自由小农"得以生发的历史地理文化场景。不错，是在先周时期，这里意外地产生了作为历史关节点的"原型小农"，尽管其存续的历史时间并不算太长（大概主要经历了周先祖不窋和鞠陶两个时代），但对后来大中国历史的构造路径和中华文明共同体的最终形成却产生了非同寻常的影响。所以，徐勇教授才有这样一个重要的判断："农业文明时代里中国得以领先于世界，秘密在于其经济制度：自由小农。"② 需要提示的是，这里的作为历史关节点的"原型小农"，不同于秦汉以后主要形成于中原地区的"家户小农"，后者作为一种"本源性传统"③ 是"中原农业帝国"的本源性传统④，而不能作为大中国的本源性传统。

一 "传统小农"不能替代"原型小农"

邓大才教授在其《小农政治》（以下简称"邓著"）一书中⑤，提出了"传统小农→社会化小农"的二元分析框架，具有理论上的原创性。

---

① 《庄子·胠箧》中有一段展开的论述是："子独不知至德之世乎？昔者容成氏、大庭氏、伯皇氏、中央氏、栗陆氏、骊畜氏、轩辕氏、赫胥氏、尊卢氏、祝融氏、伏牺氏、神农氏，当是时也，民结绳而用之，甘其食，美其服，乐其俗，安其居，邻国相望，鸡狗之音相闻，民至老死而不相往来。若此之时，则至治已。"可以发现，当时的许多部落小农是并立的关系，散布在黄土高原上。

② 徐勇：《农民改变中国》，中国社会科学出版社2012年版，第72页。

③ 徐勇：《中国家户制传统与农村发展道路——以俄国、印度的村社传统为参照》，《中国社会科学》2013年第8期。

④ 李济曾有一个著名的论断："两千年来中国的史学家，上了秦始皇的一个大当，以为中国的文化及民族都是长城以南的事情。"转引自《中国的史学家上了秦始皇一个大当》，载《辽沈晚报》2011年9月9日。本文当然牢记这个提醒，试图从"长城内外"来透视大中国的历史和现实问题。

⑤ 邓大才：《小农政治：社会化小农与乡村治理——小农社会化对乡村治理的冲击与治理转型》，中国社会科学出版社2013年版。

不过，仔细阅读后发现，邓著中的"传统小农"还不能直接与"原型小农"画等号，作为一个历史起点的"原型小农"，其实被作者暂时地"悬置"了，这显然与作者探讨的中心问题即"社会化小农与乡村治理转型"有关。如果将"原型小农"作为一个"理论原点"和"历史起点"问题来看待的话，那么，邓著中"传统小农"和"社会化小农"其实都是广义上的"社会化小农"——"传统小农"只是社会化程度较低的小农，而其中的"社会化小农"则是社会化程度较高的小农。如果做这样的梳理，那么，与"社会化小农"对应的概念应该是"原型小农"或"非社会化小农"，而非"传统小农"。

需要说明的是，作为一个理论原点和历史起点的"原型小农"，是很难作为一种历史经济类型来处理的，因此，这里没有"原型小农"，也就是说，与其说"原型小农"是一种经济类型，毋宁说它是一个"历史关节点"。"原型小农"从它形成之初开始，便即刻开始了其"社会化"进程，但它确确实实是"社会化小农"产生的"历史母体"。追问"原型小农"源起于何时何地，也就是要追问中国第一个（几乎）完全而纯粹的自给自足的"小农经济"源起于何时何地。我们认为，对于"原型小农"来说，仅仅有衣食住行方面的自给自足还不够，还要有安全自卫和人口繁衍方面的自给自足，这也是"原型小农"的基本构成条件。这样的"原型小农"真的可能吗？

为了从实证而经验的层面探讨这一问题，本文给出的一个初步理论假设是：中国"原型小农"源起于先周时期的黄土高原，其形成伊始，便开始了两个方向的分殊演化——中原农业酋邦（国家）中的"社会化小农"和西北游牧部落。具体论述如下。

二 先祖"出夏北上"之谜——"原型小农"诞生的前夜

据史料记载，周先祖不窋是夏之农官后稷之子，后稷死后，不窋承袭父职，在夏政权（酋邦）中担任主管农业的官职。后来，"夏后氏政衰，去稷不务"，周人先祖不窋失农官之后，西徙定居于今之甘肃庆阳庆城一带，从事农业耕作，在陇东庆阳一带创建了华夏早期的农耕文化。那么，周先祖不窋为什么要率领族人离开夏（"偃师二里头为中心的夏"）这一较早形成的文明之中心腹地而远徙西北边远的黄土高原呢？对于这个问题，已有的史料中只是记载了周先祖不窋率族人"出夏北上"的历史事实，并没有说明具体的原因。如果说"夏后氏政衰，去稷不务"，也同时说明了原因的话，那也是过于笼统。夏后氏因何"政衰"？不窋因何失其农官？即使"政衰"，周先祖不窋作为夏的世袭农官，为何不继续效忠于夏政权而力挽狂澜于既倒，却选择"一走了之"呢？为什么就不能屈居于文明之中心腹地，而偏要冒险离开这里奔走于穷乡僻壤的戎狄之间呢？

我们推测，周先祖不窋之所以从中原腹地出走于西北边远之地，很可能是中国经典的"小农经济"诞生前夜一个重要的信号。基于几乎同样的土壤、气候等自然禀赋，从上古时期便纷纷涌入中原的采集狩猎部落，在中原肥沃的土壤里培育出第一粒麦穗，这是迟早而必然的事情。中原肥沃的土壤就是内因，缺乏的只是一种关于"由牧转农"的创新意识和"田野灵感"这一外因。在这里，"无意插柳柳成荫"或者"有心栽花也能发"是可能的。在这里，只要有了驯化植物的意识和低成本的试错或实验，成功就会如期而至，只是时间问题。夏作为一个早期驻牧于中原的采集狩猎部落，其"由牧转农"很可能是后来出现人口与资源之矛盾不可调和所导致的。"弃，黎民始饥，尔后稷播时百谷。"① 周先祖后稷很可能就是第一个驯化并培育出谷物的族人，同时也就成了第一个掌握农耕技艺的族人。但是，在部落集体经济甚或是奴隶制经济体制的情况下，主要从事农耕的后稷族人极有可能出现付出与回报不相称的情况。后稷农官最辛苦，农耕收益归酋邦。开阔的大平原上最早产生的农耕收益，农夫自身是无法实现低成本"自保"的，极易被周围游牧族群所掠夺或"盘剥"。也就是说，周先祖不窋很可能是对夏酋邦即"集体农业"下的分配不满才愤而"出夏"的。"夏时期可能是分化的开始，那些处于有利于农业发展环境中的群体，与那些处于不利环境中的群体开始分化，后者本来与前者没有什么区别，但逐渐落伍。"② 这其实与人民公社体制下"包产到户"的破壳而出具有相同的机理。

集体经济的最大问题在于"外部性"问题，既然"小农经济"是

---

① （汉）司马迁：《史记·周本纪》，《史记》卷四，第1册，中华书局2009年版，第112页。
② ［美］拉铁摩尔：《中国的亚洲内陆边疆》，江苏人民出版社2005年版，第194页。

"自给自足的小农经济",那么,其显著的优势就是劳动与收获的相称,完全是"激励相容"的,这可能是上古时期中国第一次出现的一个真正意义上将成本与收益完全内部化的农业制度安排的历史前夜。这就是说,一种当时最为先进的生产力已经潜在地生发出来了,但是生产关系不能适应新型生产力的发展。在采集狩猎部落中产生的"小农经济"无法为其母体即"集体经济"所兼容。"小农经济"即将破壳而出,但却没有孵化它的制度环境。大平原上漫游的牲畜很容易啃食或践踏掉第一棵培育出来的禾苗。只有出夏而逃至政治力量控制薄弱的边缘地区,并完全成为"自由小农"时,才能实现劳动与收获的相称。对此,拉铁摩尔已经洞见到了,"第一个主要发展的地区并不是最肥沃的,而是对文明初期发展阻力最小,并对最简陋的灌溉制度也能给以丰厚回报的地区。"[①] "因此,中国历史的主要中心是黄土地带"[②],是处于渭河流域或关中平原的西北边缘地带,而不是大平原腹地。当然,还可能有一些政治上的原因:随着夏酋邦人口规模扩张、阶层等级出现,极有可能形成具有剥削和压迫性质的奴隶制度。在这种情况下,已经初步掌握了农耕技艺,但又为夏酋邦利用而从事艰苦劳作的不窋族人,显然是很不甘心的,只有出走方能获得自由,进而通过自保而得以自强。拉铁摩尔的研究也证明,"新石器时代的狩猎、采摘及粗耕的混合经济,变成精耕并且专门化的农业经济。一部分人完全在土地上工作,成为农夫或奴隶。另一部分人则成为农夫及土地的所有者或统治者。这些人有闲暇而继续狩猎,因为狩猎技术与战争技术有关,这就是造成贵族封建阶级——武士、猎人、奴隶主、占有土地的氏族首长——的第一步。"[③] 但是,"由于整个社会在经济上的'上升',农业技术的改良及分工,一部分人就要把他们整个的时间用在土地上,这样做是有利的,也是必须的。于是,作为男子传统工作的狩猎与战争,在经济上变得次要,但同时却成为奢侈与较高社会地位的象征。"[④] 其实,当代中国共产党人也是离开腹地远避陕北黄土高原而后崛起的。基本道理也许是相通的——古今中外的诸多制度和技术创新几乎都是在边缘处孕育成熟

---

① [美]拉铁摩尔:《中国的亚洲内陆边疆》,江苏人民出版社2005年版,第26页。
② 同上书,第21页。
③ 同上书,第195页。
④ 同上书,第194页。

的。"三十年河东,三十年河西""失礼而求诸野",也许说的就是中国大历史中的这一"边缘—中心"互动模式。

三 黄土、雨水与耒耜

据史料记载,周先祖率族人出夏以后,向西北方向迁移,"奔戎狄之间",最后在黄土高原的甘肃庆阳庆城一带定居下来。这可能是个偶然的巧合。周人一开始不可能具有先见之明地发现这里的土壤及气候条件极有利于原始农耕。这里的确是一个黄天厚土之地,其潜在的土地禀赋是无与伦比的,这里有厚达200多米的肥厚沙黄土壤,富含多种有机物质,而且还具有"自我加肥"的性能[①],属于较疏松的含沙土壤,这为最低成本的人力垦殖提供了条件。"松软的黄土,可以用石器耕种,促成了从采摘野生植物到早期农耕的转变。"[②]"黄土的堆积也很慢,在增加厚度时,野草能在一层一层的表土上生长。旧表土被覆盖的时候,旧有的草根也随之腐烂,这可以增加土壤的孔隙并由化学作用转变为肥料。……因此,只要有充分的水分,黄土地的肥沃性不必施肥就可以保存。"[③]"现在陕西及山西的许多小渠道虽然都是用铁制工具开挖的,但如果用骨、木或石器来开挖,也并不困难。"[④] 另外,这里恰好处于"15英寸等降雨线"东南侧附近,风调雨顺,日光充足,是"幸运纬度带"上的最佳区域[⑤],具有最低乃至无成本的灌溉条件——雨水灌溉。

经过多次在陇东董志塬上的经验观察,我发现这里的含沙土壤天然就需要雨水灌溉,而不能进行人工排水灌溉,一旦经由人工排水灌溉而形成积水,土壤反而会形成板结,抑制抽苗和作物生长。所以在这里进行任何的人工排水灌溉都是蠢人之举。"因此,我们不必假定灌溉一定与中国农业同时起源。大体说来,第一步的发展很可能是从没有灌溉的

---

① [美]何炳棣:《何炳棣思想制度史论》,台北联经出版公司2014年版,第3页。
② [美]拉铁摩尔:《中国的亚洲内陆边疆》,江苏人民出版社2005年版,第170页。
③ 同上书,第22页。
④ 同上书,第23页。
⑤ 关于"幸运纬度带"和"漫长的夏天",详细论述可参见伊恩·莫里斯《人类的演变——采集者、农夫与大工业时代》,马睿译,中信出版社2016年版,第162页。

图 1　　　　　　　图 2

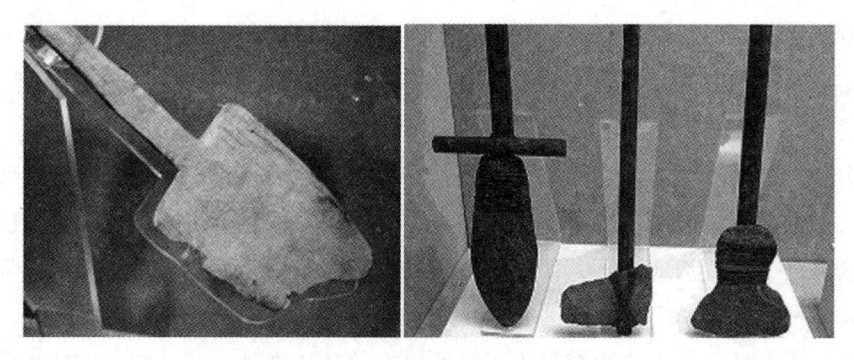

农耕之祖——耒耜（木制、石制与骨制）

原始小块田地中增加收成。"① 在青铜及铁制农具尚未出现以前，这样的土壤气候条件也可以与当时最简陋的石木工具耒耜相结合，从而使成本最低而收益最大化的农耕生产在这里得以可能。这显然是天时地利等各种条件的偶然性集成，而非周人预先筹划的结果。这就可以理解，这里最早的出现的农作方式其实是"浅耕"而非"深耕"，是木石工具辅助下的锄铲耕作，而非后来出现的"牛耕"（在铁犁没有出现情况下的牛耕是否在先周时期已存在，这个问题还需要进一步证实或证伪）。"所以可以肯定中华文明的摇篮是在黄土高原的东南部，这里同黄河下游的大平原几乎毫不相干。"②

四　地利、穴居与自卫

利用黄土、雨水与耒耜，周人大概解决了粮食自给问题。那么，居住与安全防卫又如何实现自给呢？对此，马克思也有这样的担忧：自给自足的小农"只要某个侵略者肯来照顾他们一下，他们就成为这个侵略者的无可奈何的俘虏。"③ 显然，一个安全的外部环境是自给自足的小农经济得以可能的关键条件之一。先周原型小农之所以实现了最低成本的安全自

---

① ［美］拉铁摩尔：《中国的亚洲内陆边疆》，江苏人民出版社 2005 年版，第 201 页。
② ［美］何炳棣：《中国农业的本土起源》，马中译，《农业考古》1984 年第 2 期。
③ ［德］马克思：《不列颠在印度的统治》，载《马克思恩格斯选集》第 2 卷，人民出版社 1972 年版，第 67 页。

卫，这还是要从黄土高原特有的地形、地貌等地质条件入手。黄土高原是典型的沟壑区或丘陵沟壑区，沟谷众多、地面破碎。主要有黄土沟间地、黄土沟谷和独特的黄土潜蚀地貌，其中黄土谷间地包括黄土塬、梁、峁、沟等。如果在塬与沟之间的阳坡处开凿窑洞，这项工作，利用石木工具和人力劳动就能完成，沟边深厚的黄土层可削凿、砍挖、可夯，挖掘出的土壤可直接沿着沟底泻下，而不必专门的人工搬运。这就是史料所记载的周人的"陶复陶穴"，这样的窑洞式民居，在今天陇东和陕北黄土高原一带，还大量可见。沟边窑洞除了可低成本的开凿之外，其冬暖夏凉的天然条件还可以节约燃料，另外，还可起到隐蔽的效果，不易招致附近游牧人群的掠夺和抢劫。"黄土地区易于防守，并且是对外扩张的良好基地。"[①]陇东民间，现在还流行着这样的民间谚语："屋是招牌地是祸，攒下银钱是催命鬼。"这说明本地农民自卫、保守的小农经济意识具有强大的历史惯性。早期的先周族人在塬上不建房，塬上只是任由草木自生，牲畜漫游，不会出现显著的可引起附近游牧人群觊觎的"不动产标识"。塬与沟相接处的坡地种植五谷，既可防塬上狂风吹拂并最大限度吸收阳光，亦可便于主人在窑洞处就近看护。

对此，拉铁摩尔已经敏锐地发现了，"这个地区的土壤与气候特征对于中国文化的起源有着特殊的关系。深厚的黄土层没有石头，可以用最原始的工具来耕作，土壤的垂直节理可以允许在黄土崖边建造冬暖夏凉的窑洞。地势优越的窑洞至今还用来躲避盗匪，其在原始时代躲避敌人的作用应更大。"[②] 利用天然的地利之便来自我防卫，最值得一提的是周人所建的"不窋城"，是周人最早的定居之所，其原址就在今天甘肃省庆城县。这是一个居险自卫的经典范例，也是一个典型的"汭"（一个三角洲之中的核心高地），正所谓"庆城形胜"[③]，这里也孕育了先周以后中国城池建筑设计的经典范本——四周城墙，城墙之外又有护城河，旨在实现双重防卫保险，也即所谓"城郭沟池以为固"（《礼记·礼运》）。史载"不窋末

---

① ［美］拉铁摩尔：《中国的亚洲内陆边疆》，江苏人民出版社2005年版，第198页。
② 同上书，第22页。
③ 古代堪舆学以河流之"汭"为"形胜"，如果凸岸三角地带恰好位于山南水北，则为"形胜"之极致。相关的一个案例研究，可参见王焕林《永顺彭氏土司司治研究》，《吉首大学学报》（社会科学版）2013年第6期。

年，夏后氏政衰，去稷不务，不窋以失其官而奔戎狄之间"，立邦国于北豳（也就是今庆城县城）。这是一个特殊的水绕山环之地：东邻合水，西濒蒲河，两河在东南方位处汇入马莲河。周人选择这里定居，是当时能够实现的最低成本自卫之地。据《庆阳县志》记载，"不窋城"中曾建有鹅池洞，其功能在清邑人贡生刘铣《重修鹅池洞庙记》中就可证实："昔人思患预防之意，依山凿洞，量地为池，水虽在外，内能汲饮，使一城之人遇变故而不以渴为害，其用意至深远也。"其实，丘陵沟壑纵横的黄土高原上有数以百万计的面积大小不等的"塬"（今天多以姓氏命名，如"周塬"、"杨塬"、"张塬"等），都有这样的地理之形胜，只是我们今天所见到的塬边环绕的河流已被深沟所替代（河流水位下降到沟底仅存的一丝溪流了）。这里的每一个塬，其实就是当时的一个"家族式小农"的驻地[①]。

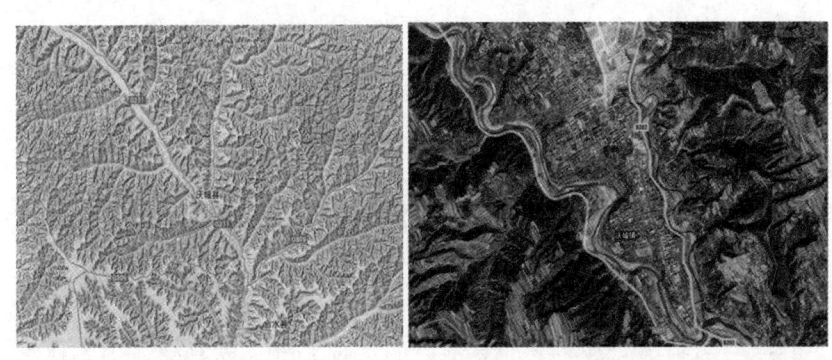

图3　　　　　　　　　图4
水绕山环之周先祖驻地"北豳"（甘肃庆城，上古时期的中央
农业岛——一个经典之"汭"）：东邻合水，西濒蒲河，汇入马莲河

五　半农半牧

史载周先祖传至公刘后，由北豳迁至豳地，但仍然还是介居于戎狄之

[①] 夏禹时代，黄土高原上的黄河重要支流黑水、弱水、泾水、渭水、汭水、漆水、沮水、沣水流域，这些支流汇入黄河的三角洲地带是最容易垦殖农耕的地方，其实可能全部被开垦了。详见徐江伟《"血色曙光——华夏文明与汉字的起源"之三夏商周三代的民族属性》，《社会科学论坛》2012年第3期。

间，类似于民族社会学所说的"大杂居，小聚居"。《诗经·豳风·七月》中有"取彼狐狸，为公子裘"的诗句，描写周人在冬季豳地的牧猎场景。显然，作为原型小农的周族先人是农牧兼营的"农牧民"。"这个地区的旱季，不至于旱得使一切植物都枯死。因此，在刚开始农作的时候，大半还是依赖狩猎及采集野生果蔬为生的原始民族，不至于被迫他迁。"[1] 耕牧兼营或半农半牧，除了充分利用本地不同区域的生存资源外，还可以获得动物皮毛等资料，用于制衣和其他生活所需，从而使穿衣保暖得以自给自足。平时散放于野外的牲畜可"收割"除耕地之外的边缘区域上的各种植物资源，使其转化成极为珍贵的肉奶制品；而休耕时漫游在农田中的牲畜还可以啃食农田中的麦茬并留下粪便肥料，真是一举两得。今日北方农村的春联横批中常有"五谷丰登""六畜兴旺"这样的祈愿性词句，显然是深嵌入农民心目中的一种只有农牧兼营才能带来丰收的历史记忆。"五谷"实为先周族人驯化的粮食作物的统称，主要指黍、稷、麦、菽和麻等，当然，当时实际种植的作物并不止于五种，"百谷""六谷"和"九谷"说的存在就是一个明证。《三字经》上有："马牛羊，鸡犬豕。此六畜，人所饲"。在种植"五谷"的同时，还驯养"六畜"这样的生产结构，在经济学上的含义就是分散风险、冗余保险，不把全部鸡蛋装在一个篮子里。这是自给自足的原型小农得以可能的基本条件。

其实，当地的戎狄也并非是纯粹的游牧人群，而是牧业因素略多一些的农牧兼营的族群，而先周族人则是"穴居北豳，合戎狄俗"。周人与当地的戎狄相互学习或传授农牧知识，即周人"教民稼穑"，而戎狄则教周人驯养牲畜和家禽。当地早期戎狄所居的地坑窑院，很可能是捕猎陷阱意外地兼作居所的结果，是一种"自适应延伸"或"功能变异"的结果。事实上，《太平御览》卷六一八引晋伏滔《北征记》记载："皇天坞北，古时陶穴。晋时有人逐狐入穴，行十里许，得书二千馀卷。"清孙枝蔚《避乱杂述》诗之一："夜行昼仍伏，陶穴暂可处。不道腹中饥，但言行路苦。"这说明，陶穴是最早的捕猎陷阱兼临时居所。据此，我们认为，最早的六畜驯化很可能也是在这里完成的，其基本的过程大致是：采集狩猎民的地坑陷阱→捕猎、避居→待宰→剩余→圈养

---

[1] [美]拉铁摩尔：《中国的亚洲内陆边疆》，江苏人民出版社2005年版，第22页。

→定居→耕作→剩食→驯化。地坑院一方面可方便地用于"执豕于牢"的圈养用牲；另一方面，利用地坑院进行夜间圈羊，可有效防范狼袭。也就是说，黄土高原很可能是中国动植物驯化的最早发源地之一。早期的历史是"从定居走向游牧"，而不是我们今天所看到的"从游牧走向定居"。没有在定居点长期稳定的家畜驯化过程和经验积累，一开始就迈向游牧经济是不可想象的。

图5 地坑院（陶穴）：捕猎陷阱兼作居所及家畜驯化实验室

随之而产生的一个重要的疑问是：最初周人日常生活所需的盐是如何自给的，这在今天看来的确是个问题。通过文献阅读和经验观察，我们发现答案就在于先周原型小农农牧兼营的生产生活方式本身。"上古时期人类通过狩猎，可以从动物的内脏血液获取必要的盐分。一部纪录片中记述，近代鄂伦春猎人仍然保留这一习惯，他们在北部茂林中猎得野兽，第一件事便是趁热将动物内脏生食，以获取必要的多种维生素和盐分。"[①]那么，动物体内尤其是血液中的盐分又从哪来的呢？答案是通过舔舐盐碱土层或从草木灰等替代品中获取。今天西北草原戈壁上的牧民之所以把草场边缘处的盐碱荒滩视为"宝地"，原因就在于此。《礼记·礼运》载："昔者先王未有宫室，冬则居营窟，夏则居橧巢。未有火化，食草木之食，鸟兽之肉，饮其血，茹其毛，未有麻丝，衣其羽皮。"看来，上古时期先民们的"茹毛饮血"习俗还不能单纯以今人的眼光将其视为是野蛮

[①] 陈韶旭：《食盐：曾经关系到国家盛衰》，《文汇报》2014年12月19日。

落后的象征，其深层的原因对于今天的文明人来说几乎是难以理解的。所以，在祈愿"五谷丰登"同时，也希望"六畜兴旺"，其中一个重要的动机就是使周人的食盐得以自给自足①。

六 "队群"（band）而非"农户"

那么，作为原型小农的周族先人，其最小的人口规模应该是多少呢？这是一个重要的问题。如前所述，周人要想在当时的气候地理环境条件下实现几乎完全意义上的自给自足的话，其早期人口规模就不会是我们今天所想象的一个"农户"的规模，而是一个"队群"（band）规模——略小于部落（tribe）或"方国"的几十人的人口规模②。周先祖

---

① 谢晖教授曾经在其微信上提供了一个黄土高原（天水市甘谷县）上农民自制"土盐"的珍贵资料，引用在这里，以资参考：遥忆杂谭（三五）：盐是人类生活的必需品。故乡的人们因日常喜好吃酸饭（浆水面），食盐稍微少些（我至今不喜欢给浆水面里放盐，感觉一放盐浆水面就变得不纯正了），但只要偶尔做些"甜饭"如臊子面、洋芋划bo、洋芋杆杆（土豆丝）等，总是需要些盐的。可有一度时期，家家都没盐吃。不知是供销社没有供应，还是家贫买不起盐。吾国自古以来就有盐铁官营的传统。西汉时，就为此发生了一场决策层面的大辩论，桓宽的《盐铁论》让后人能窥视其大概。这种传统或许一直延续到我们的童时。没有盐总要想办法弄些来，毕竟盐不仅仅是人们生活中的佐料，更是人身体不能或缺的元素。关系一家人生计的大事一般要落在男人身上。面对这种困境，父亲决定制作"土盐"。所谓"土盐"，就是找些"孝土"（碱土，表面白色，或许如人穿白戴孝，故名？），然后在锅里蒸煮熬制，晾干后表面白色的那层权可充盐吃。老人家用心熬制的盐，不知其中还含了些什么成分，总之味道不是很对，和以前吃过的盐不是一个味道。外形上，以前的盐是颗粒状（童时上学，口中无味，不时偷偷拿家里一粒盐，含在口中取味，有时一粒一时含不完，因没口袋就只能捏在手里，以备再含），熬制的盐是粉末状的；以前的盐大体是白色的，熬制的盐是土黑色的。内容上，以前的盐放一点就有味了，熬制的盐放一把还不见味儿；以前的盐很香，熬制的盐不但不香，还有些涩味。不时见到牛马或羊群会到有"孝土"的地方啃土吃，且其表面确实有些咸味儿。父亲或许是受此启发，拿"孝土"来熬制土盐的。我不记得其他人家是否熬制过土盐，但父亲熬制土盐的事儿至今仍记忆弥深，尽管在我看来，并不是很成功。苦难或许让人们变得聪明，但人类需不需要通过这种苦难而通向聪明？

② 贾雷德·戴蒙德在其《昨日之前的世界——我们能从传统社会学到什么？》一书中，将人类社会依规模从小到大分为四大类，即队群（band）、部落（tribe）、酋邦（chiefdom）和国家（state）。详见［美］贾雷德·戴蒙德《昨日之前的世界——我们能从传统社会学到什么？》，廖月娟译，中信出版社2014年版，第12页。这与中国现代考古学家苏秉琦提出的早期国家起源的"三部曲"，即从"古国、方国到帝国"的三个发展阶段的说法，也有重合之处。参见张清俐《探索多元一体的中华文明起源进程》，《中国社会科学报》2015年4月17日。

不窋，也称为"丕窋"，"丕"有"大"的意思，"窋"是"人或动物从洞穴出"之意，因此，"不窋"就是"居于大洞穴"的意思，很可能就是住着小穴的当地戎狄对周人的称呼。可见，先周初期居于不窋城的周族的规模至少应为队群（band）。原型小农作为一个"队群"，其人口规模更接近于今天的一个家族，而不是一个家户或核心家庭。当不窋城的居民后来略有增加时，大概就形成了所谓的"小国寡民"的规模——"有土有人，斯成一邑（国、邦）"。原型小农也同样遵循人口规模经济的原理。先周时期"牛郎织女"的传说，其实是源于日常生活中的"男耕女织"[①]，这体现出先周原型小农内部的最低限度的一种劳动分工。在给定的资源及生产方式的约束之下，除非进行集约化的定居农耕生产，一个"队群"人口规模扩大时，一定是或必须要分离出另一个近亲"队群"（band），并就近拓展生存空间。作为原型小农的周族先人，或者说"第一个队群"，只要解决了人口繁育的问题，这一队群的再生产就会持续进行，并最终形成一个较大地域范围的队群之亲缘网络，这就为以后的以宗法血缘为纽带的农业酋邦或国家的形成创造了人口社会学上的条件。由此我们就能理解，为什么后来逐渐地在面积广袤的黄土高原上的每一个塬上，都布满了能够自给自足的"队群"（band）或部落（tribe）或"方国"。

为了保证婚姻或人口生产在一定时期内的自给自足，原型小农的人口规模问题也就愈加显得重要了。"队群"（band）的规模乃是由近亲婚配的收益和弊害之间的边际均衡点所决定的。从理论上讲，周族先人如果不实行"抢婚"，早期自给自足的原型小农在人口生产或再生产上就不可能，因此，容忍无法避免的近亲婚配可能是早期周族先人不得已的选择。当然，据有限的史料记载，周人先祖在后稷时便世代与西北的姜姓通婚，姜与羌同义，"西戎牧羊人"也，或以经营畜牧见长。看来，早期周人的婚配可能不是问题。据此，可以推测，周先祖不窋率族人出夏后"自窜于戎狄之间"，很可能逆泾水（今日的马莲河段）北上，并有姜姓的"引路"之功。即便周人没有与姜姓通婚的事实，但所谓近亲婚配的问题也需要重新评估。事实上，上古时代的伏羲与女娲兄妹，就是中国人最早的

[①] 赵逵夫：《先周历史与牵牛传说》，《人文杂志》2009年第1期。

近亲婚配记载。在人类的远古时期，近亲结婚是种群繁衍的唯一方式，在宇宙的原始时期，生命的繁衍也是这样的状态。相关的科学研究也发现，亲表兄妹间结婚出现婴儿缺陷的概率在遗传学上根本算不了什么，所以根本无须担心出现遗传方面的问题。也就是说，作为自给自足的周人的最初族群，能够避免的是直系近亲婚姻，但却无法避免表姐弟表兄妹之间的婚恋。不过，问题也许并没有我们想象的那样复杂。

关键的问题是，不能从静态的视角看待所谓的近亲婚配，只要解决了食物资源自给自足的问题，人口的生产会以几何级数增加，同时，随着代际的延续，作为旁系的近亲婚姻在生物学意义上的遗传危害性可能会逐渐降低。随之发生的，可能是"嫁出去的姑娘泼出去的水"。嫁出或娶入也许主要不是作为一种有意识的"交易"或"互惠"行为来实行的，而是意外地发现它的好处——使族人的后代更健壮——而出现的。也许，只要把族内的育龄女性"赶出去"，就能得到意外的好处。当每一个原型小农（这时分布于黄土高原上的原型小农一定是"复数"，而不仅仅是先周族人这个"单数"）都认识到这一点时，人口质量保证和种群繁育的"自给自足"就能通过一种让人难以想象的方式在危害最小化的限度内实现了。"娶"字的本意其实就是"抓取女子"意思，并没有"市场交易"或婚姻的"社会化"的含义。所以，婚配可能不是解释原型小农最终走向历史分化的主要原因。

七 "原型小农"的分殊演化——分别走向农业酋邦和游牧部落

总而言之，作为自由小农的"原型小农"，萌芽于中原腹地的采集狩猎部落之中，却孵化和生长于黄土高原之上。就像鲑鱼，在海洋中肥育成长，性成熟时最终要逆洄游至大陆的淡水溪流中产卵并实现种群的再生产。新生事物的健康生长确实都需要一个相对特殊而安全的环境，这似乎是一个普遍性真理。作为原型小农的周族先人只是在一种特定历史地理条件下形成的。一旦其中的上述任一局限条件发现重大变化，其自身必然会随之发生一种变异性演化。巴林顿·摩尔在《专制与民主的社会起源》一书中提出了一个重要的命题："在两大文明形态起承转合的历史关节点上，分崩离析的传统社会所遗留下来的大量阶级因子，会对未来历史的造型发生强烈影响。"① 这是一个重要的历史制度主义的方法论视角。在文明形态起承转合的历史关节点上，作为中国的原型小农所遗留下来的，不一定都是"阶级因子"，更为重要的乃是规制中国后期历史发展的"制度因子"，这个制度因子的核心内容便是"半农半牧"，或者更准确地说应该是"农牧集成"。"在初期，中国农民与游牧民之间明确的界限还没有建立，汉族自己的一大部分还是以捕猎和牧畜为生。所以对同时代的西北民族，也只能说他们多牧畜少农耕，而中国人多农耕少牧畜而已。当然，牧羊的民族还不是草原上乘马的游牧民族。"② 这便是真正中国社会的历史"母体"和制度原型。这是无可争议的。尽管从大地域范围来看，很可能如张光直所言，当时的中国大地是"万国林立"下的一个"相互作用圈"（"中国相互作用圈"），但这时的先周原型小农尤其是发展到公刘时期的"北豳国"，便是"最初的中国"③。问题的关键在于，是什么原因造成了中国原型小农的"分崩离析"或"分殊演化"？

如前所述，原型小农是在特定的约束条件下孕育和维系的，如果这些约束或局限条件发生重大变化，则原型小农必然会转型发展，或进行适应性变革。我们认为，导致原型小农走向转型或变革之路的几个关键条件是：其一，自给小农扩张导致的人口与资源之间的矛盾，尤其是农牧业对土地资源的竞争性利用的矛盾达到了不可调和的状态。这从周先祖第三代"公刘居豳"和第四代"古公迁岐"时已显现。《诗经》记载的周人"弓矢斯张，干戈戚扬"的场面，可能意味着周人已建立了对抗周边戎狄的武装力量。古公迁岐时，便明确提出要"自贬戎狄之俗"，旨在划清界限，"华夷之辨"已初现端倪；其二，气候干热化导致黄土高原上小规模的原始混合农牧业收益递减。先周时期的气候干热化虽然没有直接的证据，但"后羿射日"的传说却是一个重要的间接

---

① [美]巴林顿·摩尔：《专制与民主的社会起源》，土岜、顾洁译，上海译文出版社2013年版，译者前言第2页。
② [美]拉铁摩尔：《中国的亚洲内陆边疆》，江苏人民出版社2005年版，第39页。
③ 尧都被称为最早的"中国"，也同样可以理解。早期的"中国"（中央之城），并非特指，而是最早兴起于黄土高原上的"中央农业岛"的自称而已。

证据①。"干旱随着耕田而来。"② "蒙古自新石器时代以后也许日渐干旱,也许是一个很迅速的气候变化,使新石器时代的生活方式突然转为游牧生活。"③;其三,部分青铜农具和牛耕的出现。牛耕也许在先周后期出现,先周叔均"始作牛耕"之传说,可作为一个初步证据。当这三个因素或关系出现时,原型小农的制度优势已经达到极限,进行历史性转型和变革已迫在眉睫。这个转型具体就表现为作为半农半牧之"原型小农"的历史分化:"农耕的归农耕,游牧的归游牧",也就是分别走向"专业化农耕"和"专业化游牧"④。这时,周族先人与戎狄互嵌即杂居的局面开始被打破了,"边界激活"不可避免地发生了。随着旧有的均衡被打破,一个新的更大范围和程度上的均衡开始孕育而生。在经济学上,均衡是常态,而非均衡是特例,任何非均衡都不会持久,因此,任何非均衡都是迈向新的均衡的进行时态。

事实上,日本学者宫本一夫的研究也发现,中国的长城地带即黄土高原出现了最早的动植物的驯化,也就是说,这里最早出现了狩猎采集型社会向农牧社会的演化。但是,从西周以后随着寒冷干燥气候的出现,这里又开始了农业与畜牧型农业及其发展型即游牧社会的历史分化。⑤

从今天中国内陆疆域的视角来看,先周原型小农转型为完全意义上的"社会化小农"并不是一蹴而就的过程,而是经历了先周后期、西周和东周战国,最后直至秦帝国统一时才最终完成。"中国农民似乎一直没有铜器时代,而径直从新石器时代进入铁器时代,就像许多其他民族一样。"⑥

---

① [美]狄·约翰、王笑然主编:《气候改变历史》,王笑然译,金城出版社2014年版,第59页。

② Michael H. Glantz eds., *Drought Follows the Plow*, Cambridge: Cambridge University Press, 1994.

③ [美]拉铁摩尔:《中国的亚洲内陆边疆》,江苏人民出版社2005年版,第53页。

④ 王明珂先生对"专业化农耕"和"专业化游牧"的分殊演化已有系统的分析和论证,详细内容可参见王明珂《游牧者的抉择——面对汉帝国的北亚游牧部族》,广西师范大学出版社2008年版。

⑤ [日]宫本一夫:《从神话到历史:神话时代夏王朝》,吴菲译,广西师范大学出版社2014年版,第232—233页。

⑥ [美]拉铁摩尔:《中国的亚洲内陆边疆》,江苏人民出版社2005年版,第175页。

从黄土高原发现"中国"　　　　　　　　　　　　　　　　　79

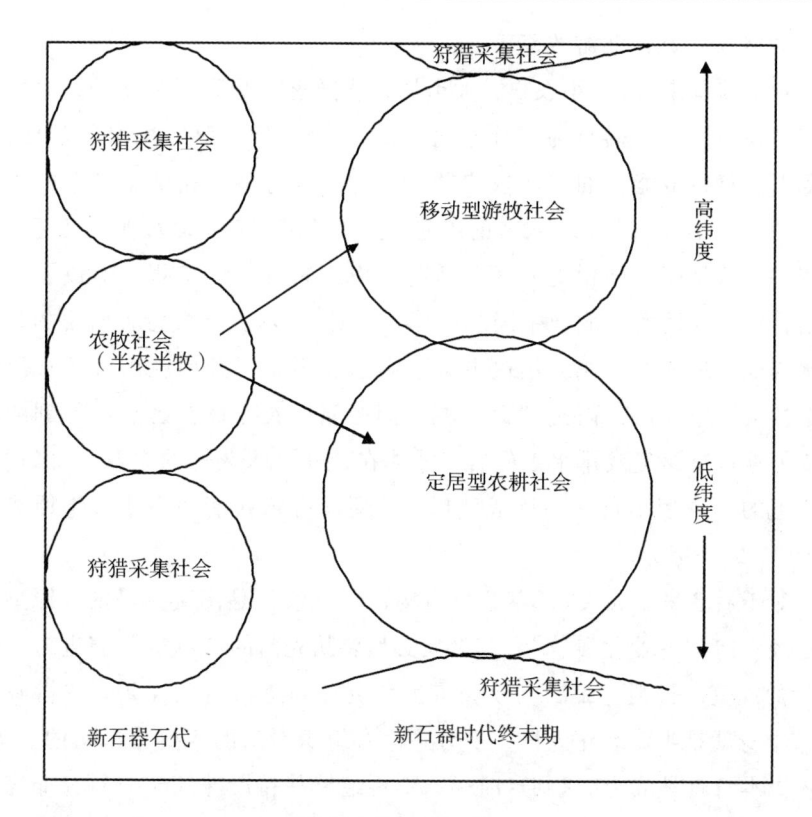

图6　新石器时代的平面社会分支过程

特别需要说明的是，从大历史视野来看，原型小农的转型是从半农半牧或农牧兼营的分化开始的，所以不但要看到其向"中原农耕"扩张的过程，同时还要看到其向"西北游牧"拓展的事实。"草原社会……它们事实上是中国历史的副产品。"① "从公元前3000年至公元前500年期间，草原与中国的差异便逐渐发展，这种发展在一片很广大的地区中进行。"② 秦帝国的统一最终使这一分殊演化的历史逻辑较为清晰地呈现出来了：一个统一的中原农业帝国能够成功地反击它的邻邦，把游牧部落驱逐到黄河大河曲以北并深入南方直到海岸。自此，"北有强胡，南有大汉"的政治地缘格局得以形成。这也就是先周原型小农分化式演进的一个必然结果——中原农业酋邦（国家）中的"社会化小农"（"小农户，大市场，强国

---

① [美]拉铁摩尔：《中国的亚洲内陆边疆》，江苏人民出版社2005年版，第179页。
② 同上书，第38页。

家"的格局)和西北游牧部落。

对于前者来讲,"小农户,大市场,强国家"是高度关联的,原型小农即"队群"一经转型为"社会化小农",则必然需要"国家"的保护,否则,没有自卫能力的"小农户"片刻也不能存活。完全意义上的相对独立的家户小农和大面积农耕的兴起,必须伴随着较大疆域酋邦乃至国家的统一,这是同一硬币的两面。面向"中原农耕"的扩张,形成了人稠地富,广土众民的"农业帝国"政体(单数)。因此,魏特夫所说的基于治水农业而形成的"东方集权主义"国家并不是一开始就出现于黄河中下游的大平原地区,而是"只有在中国的原始农业社会已经成熟到能够大规模地从事筑堤及排水工程后,才能在此建立永久性的农业。"当黄土高原上的"原型小农"历炼成熟后,"便没有东西能够阻止大平原成为'中国'之一部分。"[1]

对于后者来讲,"大部落,小市场,弱国家"是高度关联的,原型小农一经走向"专业化游牧",其规模必然要从先前的"队群"演进为"部落"的规模,否则,无法有效获得生计资源和进行自我保护。"游牧部落"本身就是半武装化人群,平时并没有组织专门的职业化军队的必要,游牧民本身就是战士。"到这时候,不再继续保持既非完全农耕又非完全游牧的草原边缘的民族,开始了完全的草原游牧生涯,他们自己建立了一个活动范围,与中国'开化'的社会范围相分离。"[2] 面向西北游牧地区的拓展,形成了地广人稀,逐草而居的"游牧部落"政体(复数)。"由此产生了一个永恒的矛盾,使在历史上掌握长城边疆的民族和国家——无论是汉族或其他民族——不得不做出一个决定,是选择精耕的农业经济,还是选择粗放的游牧经济。历史上屡次出现试图调和二者的社会或国家,但没有一次能够成功。"[3]

原型小农转型和分化在经济地理学意义上的最终结果是大致沿着"15英寸等降雨线"形成了"长城"这样一条农牧分界线。"长城本身是历代相传的一个伟大政治努力的表现,它要保持一个界线,以求明确

---

[1] [美]拉铁摩尔:《中国的亚洲内陆边疆》,江苏人民出版社2005年版,第24页。
[2] 同上书,第42页。
[3] 同上书,第26页。

从黄土高原发现"中国" 81

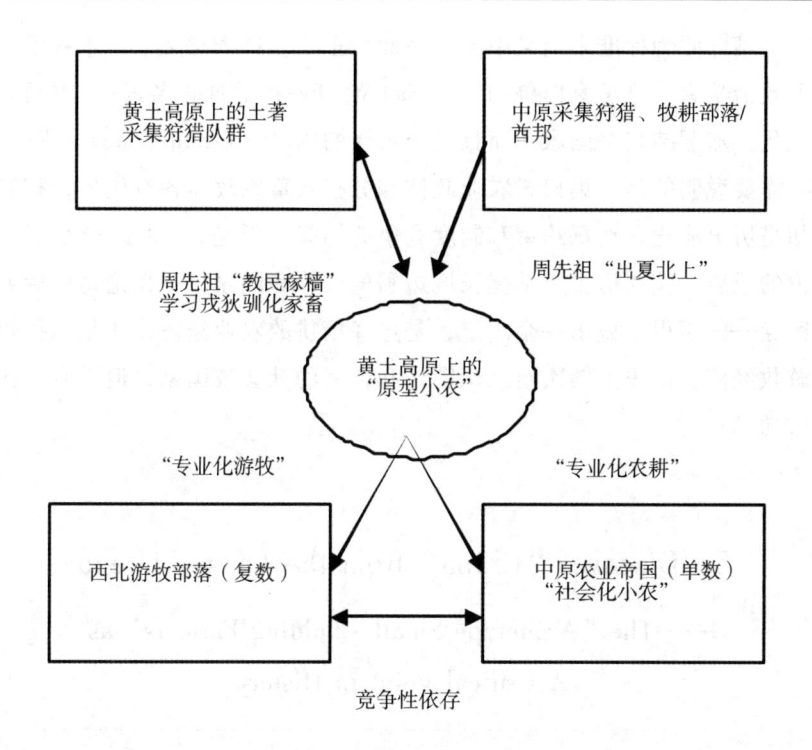

```
┌─────────────────┐         ┌─────────────────┐
│ 黄土高原上的土著 │         │中原采集狩猎、牧耕部落/│
│   采集狩猎队群   │         │       西邦       │
└────────┬────────┘         └────────┬────────┘
         │                           │
  周先祖"教民稼穑"              周先祖"出夏北上"
  学习戎狄驯化家畜                    │
         ↘       ╭──────────╮       ↙
                 │ 黄土高原上的 │
                 │  "原型小农"  │
                 ╰──────┬───╯
        "专业化游牧"    │    "专业化农耕"
         ↙              │              ↘
┌─────────────────┐         ┌─────────────────┐
│ 西北游牧部落（复数）│◄────►│ 中原农业帝国（单数）│
│                 │         │    "社会化小农"   │
└─────────────────┘         └─────────────────┘
                  竞争性依存
```

图 7 作为历史关节点的先周黄土高原之"原型小农"

地分别可以包括在中国'天下'以内的土地与蛮夷之邦。"[①] "中国与草原之间的经济差异并没有形成政治上的隔绝。虽然费了很大的力气将长城造起来，边疆却从来没有一条绝对的界线。"[②] 至此，"中原农业帝国"与"西北游牧部落"这一具有一元双重宪制（constitution）特征、主体性与复合性相结合的东亚文明共同体的历史就展开了，即作为华夏文明原点的先周黄土高原"农牧民"，随着后来农—牧边界的激活，南下中原（东南）方向者专事农耕，北上或西进西北方向者专事游牧。至此，以长城沿线（也即拉铁摩尔所谓的"贮存地"）为锚点的"走口外"和"下口内"的历史序幕也就随之拉开了。这就是大历史视野中的大中国。

当近现代西方的"民族国家"（nation-state）出现时，西方主流学

---

① ［美］拉铁摩尔：《中国的亚洲内陆边疆》，江苏人民出版社 2005 年版，第 238 页。
② 同上书，第 45 页。

者就很难以此为标准来定义中国，因此，正是在这个意义上，才有了美国著名政治学家、汉学家白鲁恂（Lucian W. Pye）的这句名言："中国是一个文化，却假装是个国家，而且是个古怪的国家（Erratic State）。"①

需要说明的是，集权式农业政体和分权式草原政体各有优劣，相互依存却是历史演化、禀赋约束和制度竞争的结果。但是，"由此产生了一个永恒的矛盾，使在历史上掌握长城边疆的民族和国家——无论是汉族或其他民族——不得不做出一个决定，是选择精耕的农业经济，还是选择粗放的游牧经济。历史上屡次出现试图调和二者的社会或国家，但没有一次能够成功。"②

To Discover "China" from the Loess Plateau
——The "Archetype Small‑holding Farmers" as A Critical Point in History

Wang Yong, Lv Jinpeng

Abstract：The archetype small‑holding farmers, which was formed in Loess Plateau in Pre‑zhou through the unexpected combination of history, geography, climate and production technology, was a historical starting point for China's socialized small‑holding farmers. It is a critical point to be familiar with the formation mechanism, constraint condition of archetype small‑holding farmers to understand the unique evolution rule of China. The reason why China

---

① Lucian W. Pye, China: Erratic State, Frustrated Society, Foreign Affairs, Fall, 1990, p.58. 相关的引申性阐释，还可以参见 Dr. bear《"中国"是一个文化，却假装是一个国家？》，http://blog.ifeng.com/article/2780214.html. 关于白鲁恂的原话，在网上还有其他的翻译，比如，"中国是一个伪装成民族国家的文明国家""要理解中国首先是要清楚中国其实不是一个民族国家，而是一个号称民族国家的文明。"其实，这句话之奥妙，颠倒过来也同样有深意："中国是一个伪装成文明国家的民族国家。"

② ［美］拉铁摩尔：《中国的亚洲内陆边疆》，江苏人民出版社2005年版，第26页。

after Pre – zhou was an agricultural empire in Central Plains lies in the archetype small – holding farming in Pre – zhou.

Key words: archetype small – holding farmers; Pre – zhou; Loess Plateau; historical critical point

农村信息化建设与农民政治认同研究

胡继亮　潘高耑　李　栋[*]

【摘要】 信息化是实现农村现代化的制高点，加快社会主义新农村信息化建设，切实构建农村信息化下良好农民政治认同，对"三农"问题的有效解决具有深远影响。本文基于"百村观察"项目调查，通过对农村信息化建设现状的调研分析，从农户了解时事政治途径、对各类媒体传播信任程度和对各级政府满意程度等多个维度出发，重点分析我国农村信息化建设对农民政治认同的影响，结合调研地区实际情况，探讨完善农村信息化建设体制、地方政府明确职能、规范网络信息建设和提高农民信息素质等符合我国发展实际的建议措施，以推动农村信息化建设和农民政治认同问题有效解决。

【关键词】 农村；信息化；互联网；政治认同

一　引　言

随着现代社会不断发展，我国农村信息化建设取得重大成就，以互联网为代表的信息系统的推广进一步满足了农村地区发展需求，特别对农民政治认同产生深远影响。作为信息化建设重点难点地区，农村信息化建设成为乡村振兴战略的又一重要内容，是实现农村产业结构升级、发展农村社会主义事业以及培育高素质新型农民的关键所在。此外，在新的时代背

---

[*] 作者简介：胡继亮，华中师范大学经济学院副教授，博士，硕士生导师；潘高耑，华中师范大学经济学院硕士研究生；李栋，华中师范大学经济学院硕士研究生。

景下，农民政治认同内涵不断丰富，着力解决好农村信息化建设基础上有关农民政治认同的现实问题，加快建立切实可行信息化机制，对提高农民政治认同，促进"三农"问题解决具有重要意义。

"十三五"时期，大力发展农业农村信息化成为全面建成小康社会的迫切需要，《"十三五"国家信息化规划》将对全面推进农业农村信息化作出总体部署。另外，农民稳固的政治认同是实现社会主义新农村建设的基础，对党和国家凝聚社会力量，维护国家政治稳定具有重大意义。随着我国农村信息化建设不断推进和深化，信息传播特别是互联网逐渐成为政治认同构建的重要途径，而信息化带来的双重效应，加之农民在此过程中存在的"信息鸿沟"，将对农民政治认同产生差异化影响。

二 文献综述与研究假说

农民政治认同的构建对党和国家稳定农村地区政治发展，实现社会主义新农村建设具有重要意义。此外，在农村信息化建设的过程中，信息传播机制的影响已经深入农民对党和国家的政治认同之中。针对农民政治认同存在的问题，结合农村信息化建设情况，注重分析互联网等信息传播机制对农民政治认同的影响，对促进我国农村信息化建设下农民政治认同的良好发展意义深远。

当代中国农民的政治认同与其利益的满足息息相关，经济利益、政治利益、文化利益构成一个有机统一的整体，共同对农民的政治认同发挥作用（高斐，2015）。但是，农民在相对剥夺下的贫困、城乡隔离中的低能和民主权利虚化后的弱势在不同程度上违背了农民所要求的社会公正，因而成为新农村建设中影响农民政治认同的主要因素（彭正德，2007）。当前我国农民政治认同主要存在四种弱化倾向：政治不信任、政治疏离、非制度化政治参与以及行为越轨（谢双双，2013），对我国构建良好的政治认同形成较大阻碍。

另外，从新农村建设中的信息化建设方面来看，农村信息化是现代农业发展的重要支撑，是农业现代化水平的重要体现，是农业现代化建设的重要内容，也是实现农业增效、农民增收、农村发展的关键举措，以信息化推进现代农业发展是全国发展农业信息化的重要一步（阮怀军，封文杰，唐研，赵佳，李道亮，2014）。特别地，"互联网+"与农业深度融合为我国农业发展插上了信息化的翅膀，成为打造现代农业升级版的新引擎（杨建利，邢娇阳，2016）。因此，信息化建设也成为政治生活得以有序进行的重要手段之一，信息传播成为政治系统和民众之间尤其是广大农民的重要纽带。没有政治系统与民众之间的信息传播和交流，就不会有二者之间的互动，甚至政治系统本身也无法正常运转（唐玉环，2006）。

我国农村信息化建设和农民政治认同问题会对国家建设产生重大影响，众多学者分析了我国农民政治认同存在的主要问题，并对农村信息化建设重要性进行研究。从现有研究来看，农村信息建设与农民政治认同问题并未实现有机结合，因此，根据以上分析，本文提出如下假说：

假说一：农村信息化的不同渠道和内容对农民的政治认同的效果不同。

假说二：农村信息化对农民的政治认同有显著影响，但农民对不同层级政府的政治认同存在一定差异。

三 总体情况描述

近年来，随着我国社会经济的高速发展，科学技术日益成熟，我国农村信息化建设得到了充分发展。改革开放后，我国农村信息化也取得一定成效，农村信息化基础设施日趋完善，全国农村的各个地区已经逐步稳健推进广播电视工作，宽带工程也进一步加强，大大推进了农村经济、环境、教育、文化、农业生产的发展。近几年来，我国农村地区广播、电视覆盖率呈上升趋势，截至2016年已分别达到97.8%和98.5%，成为农民获取信息的重要渠道。互联网建设方面，全国城乡宽带接入用户数量增长迅速，但城乡差距显著，农村地区"空白地带"仍旧存在，解决好互联网建设等有关问题，是农村信息化建设的又一关键。

基于"百村观察"调研问卷，针对调研地区农户互联网使用和对媒体传播时事政治信任程度的情况统计，对农村信息化建设有较为直观的了解。以2013年为例，在所调查样本中，共涉及农户3993户，其中约76%为男性，受访农户年龄总体偏高，平均年龄52岁；受教育水平方面，农

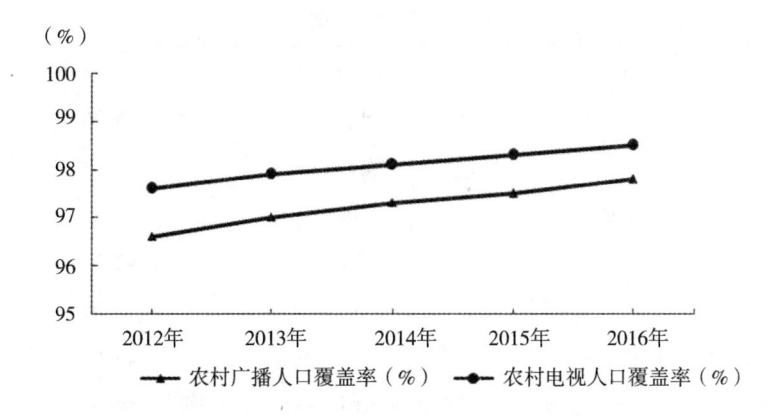

图1 全国农村广播、电视人口覆盖（%）

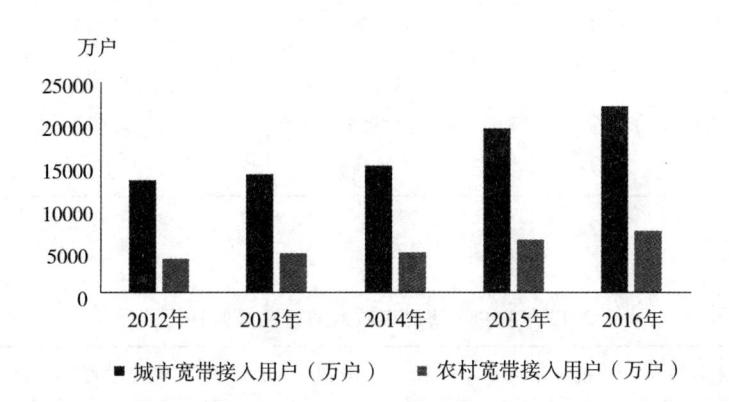

图2 全国城乡宽带接入用户（万户）

户受教育年限普遍不足 10 年，极少数人受过高等教育。此外，受访农户中干部约占 13%，且党员占比也相对较低，大多数农户为普通群众。

由表 2 可知，2013 年农户了解时事政治的主要途径为电视，占比 83.85%，互联网仅占 2.67%，互联网等高科技信息化建设还存在较大空白。在了解时事政治过程中，农户对不同媒体传播的信任程度也不尽相同。其中，农户对报纸杂志和电视的信任程度较高，而对互联网较为信任的程度仅约为 33%，较多农户对互联网持有怀疑或否定态度，农民对信息了解渠道的信任程度间接表明对政治认同的差异化影响。此外，2012年至 2017 年间调研地区中拥有电脑的农户家庭总体占比不足 45%，且增长缓慢，各年间存在一定起伏，现代化信息工具普及率仍有待提高。

表1　农户样本基本特征

统计指标	分类指标	样本比例（%）
农户性别	男	76.36
	女	23.64
农户年龄（岁）	<30	2.70
	[30, 50]	42.22
	>50	55.08
农户教育水平（年）	<7	45.07
	[7, 10]	40.03
	>10	14.90
农户是否为干部	是	13.55
	否	86.45
农户政治面貌	党员	23.13
	非党员	76.87

表2　2013年农户了解时事政治的途径（%）

途径	日常聊天	报纸杂志	广播	电视	互联网	单位学习	其他
比率	6.64	2.62	1.26	83.85	2.67	0.65	2.24

表3　2013年农户对媒体传播时事政治的信任程度（%）

	报纸杂志	电视	互联网	广播
非常相信	12.06	24.32	6.03	9.68
比较相信	44.10	53.48	27.37	38.21
一般	37.07	19.02	47.63	44.86
不太相信	6.42	2.95	17.68	6.69
根本不相信	0.36	0.23	1.23	0.56

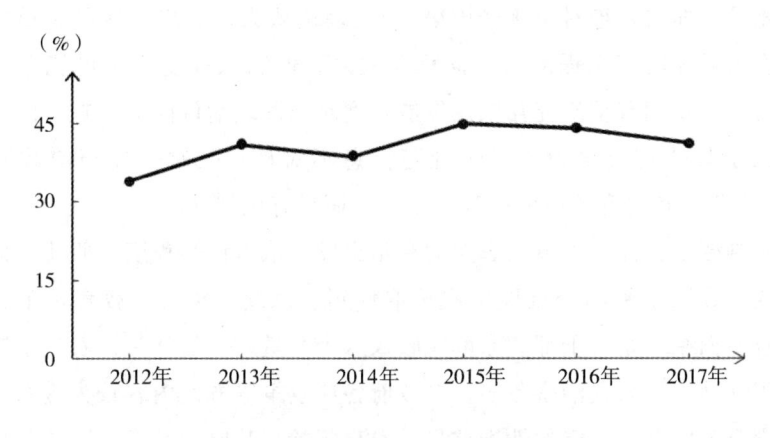

图 3　农户家庭电脑数量占比

四　农户对各级政府满意程度的计量分析

农户对政府满意程度是衡量政府"为人民服务"的重要指标，也是影响国家长治久安的重要因素，然而，农村信息化的不同渠道和内容对农民的政治认同的效果如何？农村信息化对农民的政治认同是否有显著影响？农民对不同层级政府的政治认同差异是否显著？基于上述问题，本节着重探究农村信息化建设与政府满意度之间的关系。

（一）变量选取

本节采用 2013 年华中师范大学中国农村研究院"百村观察"项目组调查数据，涉及甘肃、广西、浙江、辽宁等多个省份，并且通过随机抽样的方式选取受访对象，具有广泛的代表性和科学性，最终经过数据收集和处理，获得 3291 条有效数据。

变量选取方面，被解释变量为农户对政府满意程度（1 = 非常满意；2 = 比较满意；3 = 一般满意；4 = 不太满意；5 = 很不满意），解释变量是农村信息化建设的发展程度，具体通过"农户对互联网、报纸杂志、广播和电视的获得信息信任度"这一指标进行衡量（1 = 非常相信，即农户愿意接受该渠道；2 = 比较相信，即农户比较愿意接受该渠道；3 = 一般，农户的态度比较中立；4 = 不太相信，农户相对不愿意接受该渠道；5 = 根本不相信,即农户绝对不接受该渠道)。理论认为,农户对四种渠道的接受程度与对政府满意程度是正向相关关系,但满意程度大小可能存在差异。另外,我们着重研究互联网发展程度对农民政治认同的影响,因互联网相比于其他传统渠道,对于规避信息不对称、及时传递当前政府的"惠民政策"和提升政府的行政效率等方面具有优越性。

控制变量方面,本节从农户的视角出发,依据认知程度、职业、信息对称性、收入水平四个维度依次选取性别、民族、年龄、教育水平、职业、政治面貌、是否干部和家庭年收入八个变量。一般认为,农户中男性相较于女性,参与政治事务多,对政府各项政策等方面内容较为敏感,故政府满意度中存在一定的性别差异;农户年龄与政府的满意程度是负相关的,因随着年龄的增长,农户受限于精力和认知能力,对新事物的接受能力相对下降,无法及时有效地了解政府的一些政策;而教育水平、政治面貌和是否干部衡量农户获取有效信息的能力,与政府的满意程度都是正相关的。教育水平越高,对新兴事物的好奇心越强,对政策的理解更正确和清晰,对政府的满意程度就会越高;当农户的政治面貌为党员或农户为干部时,需要通过不断学习和接受最新的国家大政方针和政策,且往往有更全面的理解和体会,对政府的评判更加准确和客观;家庭年收入对政府满意程度的影响是不确定的,家庭年收入较高的农户,可能受到政策的扶持和补贴较多,对政府相对较为满意;但家庭年收入较高的农户,可能因为对部分政策的设置、效果存在不满意现象,对政府的满意度就相对较低。

表4　　　　　　　　　　模型变量选取说明及理论预期

变量	变量说明	理论预期
被解释变量		
政府的满意度	1 = 非常满意;2 = 比较满意; 3 = 一般满意;4 = 不太满意;5 = 很不满意	
核心解释变量		
时事政治的渠道信任程度	1 = 非常相信;2 = 比较相信; 3 = 一般;4 = 不太相信;5 = 根本不相信	+
控制变量		

续表

变量	变量说明	理论预期
性别	0=女性；1=男性	+
年龄	年龄	−
民族	0=非汉族；1=汉族	+
受教育程度	接受教育的年限	+
职业	受访农户的职业种类	?
是否为干部	0=不是干部；1=是干部	+
是否为党员	0=不是党员；1=是党员	+
家庭年收入	前一年的家庭收入水平	?

（二）模型设定

由于被解释变量为离散的多元有序变量，因此，本文采用多元有序 Logit 计量模型方法分别对中央政府、省级政府、县级政府、乡镇政府的满意程度进行计量分析。计量软件为 STATA14，假定模型为：

$$sat_i = \alpha_0 + \alpha_1 media + \alpha_2 female + \alpha_3 age + \alpha_4 edu + \alpha_5 work + \alpha_5 officer + \alpha_6 party + \alpha_7 income$$

其中，sta_i 表示对政府的满意程度，media 表示时事政治的渠道信任程度，female、age、edu、work、officer、party、income 分别代表了农户的性别、年龄、教育水平、职业种类、是否干部、是否党员和家庭年收入，ε_i 代表的是误差项。其中，为调整异方差问题，对家庭年收入取对数处理。

（三）实证分析

1. 政府层面

见表5，通过报纸杂志、电视、互联网和广播对中央政府满意程度都有正的显著的影响，但不同渠道之间的系数存在差异，从互联网、广播、报纸杂志到电视，对中央政府满意程度的影响系数依次为 0.107、0.287、0.346、0.714。表明当前人们仍较为信任电视等传统媒体来获取时事政治内容。而互联网作为一种新兴媒体，在及时传递政府政策和方针信息、提

表 5　　　　　　　　模型估计结果（sat = 中央政府）

VARIABLES	(1) 中央政府	(2) 中央政府	(3) 中央政府	(4) 中央政府
报纸杂志	0.346***			
	(0.0450)			
电视		0.714***		
		(0.0501)		
互联网			0.107**	
			(0.0418)	
广播				0.287***
				(0.0456)
性别	0.164**	0.166**	0.182**	0.167**
	(0.0834)	(0.0847)	(0.0828)	(0.0832)
年龄	0.00353	0.00278	0.00306	0.00327
	(0.00332)	(0.00337)	(0.00330)	(0.00331)
民族	-0.163	-0.144	-0.168	-0.186*
	(0.105)	(0.107)	(0.105)	(0.105)
教育水平	-0.00459	-0.00665	-0.00352	-0.00478
	(0.0116)	(0.0118)	(0.0116)	(0.0116)
职业	0.0160	0.0126	0.0150	0.0176
	(0.0128)	(0.0130)	(0.0127)	(0.0128)
是否干部	-0.110	-0.0692	-0.113	-0.0849
	(0.129)	(0.131)	(0.129)	(0.129)
政治面貌	-0.0847	-0.0693	-0.0896	-0.0963
	(0.102)	(0.104)	(0.102)	(0.102)
家庭收入	-0.0105	-0.00818	-0.0117	-0.0147
	(0.0330)	(0.0335)	(0.0327)	(0.0329)
Constant cut1	1.175**	1.783***	0.619	0.986**

续表

VARIABLES	(1) 中央政府	(2) 中央政府	(3) 中央政府	(4) 中央政府
	(0.462)	(0.468)	(0.461)	(0.459)
Constant cut2	3.281***	3.956***	2.706***	3.084***
	(0.466)	(0.472)	(0.464)	(0.463)
Constant cut3	6.663***	7.362***	6.078***	6.463***
	(0.560)	(0.566)	(0.558)	(0.558)
Constant cut4	7.870***	8.569***	7.284***	7.669***
	(0.740)	(0.744)	(0.738)	(0.738)
Observations	3,291	3,291	3,291	3,291
R-squared				

注：***、**、*分别表示 $p<1\%$，$p<5\%$，$p<10\%$

表6　　　　　　　模型估计结果（sat = 省级政府）

VARIABLES	(1) 省级政府	(2) 省级政府	(3) 省级政府	(4) 省级政府
报纸杂志	0.540***			
	(0.0436)			
电视		0.844***		
		(0.0479)		
互联网			0.280***	
			(0.0400)	
广播				0.579***
				(0.0445)
性别	0.198**	0.210***	0.234***	0.205***
	(0.0782)	(0.0788)	(0.0777)	(0.0783)
年龄	-0.00159	-0.00283	-0.00229	-0.00198

续表

VARIABLES	(1)省级政府	(2)省级政府	(3)省级政府	(4)省级政府
	(0.00314)	(0.00316)	(0.00312)	(0.00314)
民族	-0.184*	-0.144	-0.187*	-0.224**
	(0.0977)	(0.0987)	(0.0972)	(0.0982)
教育水平	-0.0102	-0.0122	-0.0101	-0.0127
	(0.0109)	(0.0110)	(0.0109)	(0.0110)
职业	0.0258**	0.0204*	0.0250**	0.0299**
	(0.0121)	(0.0122)	(0.0120)	(0.0121)
是否干部	-0.155	-0.0977	-0.155	-0.100
	(0.121)	(0.123)	(0.121)	(0.122)
政治面貌	-0.0116	0.00989	-0.00717	-0.0242
	(0.0957)	(0.0969)	(0.0954)	(0.0961)
家庭收入	0.0420	0.0389	0.0399	0.0309
	(0.0311)	(0.0314)	(0.0310)	(0.0312)
Constant cut1	1.035**	1.353***	0.508	1.006**
	(0.437)	(0.438)	(0.437)	(0.437)
Constant cut2	3.133***	3.539***	2.554***	3.109***
	(0.440)	(0.442)	(0.439)	(0.440)
Constant cut3	5.601***	6.051***	5.000***	5.584***
	(0.457)	(0.459)	(0.456)	(0.457)
Constant cut4	8.142***	8.600***	7.538***	8.127***
	(0.627)	(0.629)	(0.626)	(0.627)
Observations	3,291	3,291	3,291	3,291
R-squared				

注：***、**、*分别表示 $p<1\%$，$p<5\%$，$p<10\%$

升政府的公开透明性和行政效率等方面虽具有明显优势,但可能由于农户对互联网所传递的信息内容的质量、真实性等鉴别能力较低,以及互联网的普及程度较低,使得互联网传播时事政治信息的信任度对中央政府满意度的影响相对较低。

其他变量表明,性别对中央政府的满意度有正的显著影响,即男性和女性对中央政府的满意度存在明显的差异,受访者多为男性,其更关心时事政治,对中央政府的政策等内容更感兴趣,满意度相对较高。年龄、民族、教育水平、职业、是否为干部、是否为党员对中央政府的满意度没有影响,与理论预期不一致。

表 6 的结果与中央政府的情况较为类似,但人们对四种渠道传播时事政治的信任度对省级政府的满意度更高。报纸杂志、电视、互联网和广播对省级政府满意程度都有正的显著的影响,但是不同的渠道之间的系数存在差异,从互联网、报纸杂志、广播到电视,对省级政府满意程度的影响系数依次为 0.280、0.540、0.579、0.844。

同样的,性别对省级政府的满意度同样有正的显著影响,即男性和女性对省级政府的满意度存在明显的差异;职业种类对省级政府的满意度具有显著的正向影响;而年龄、民族、教育水平、是否为干部、是否为党员对省级政府的满意度没有影响。

表 7　　　　　　　　模型估计结果（sat = 县级政府）

VARIABLES	(1) 县级政府	(2) 县级政府	(3) 县级政府	(4) 县级政府
报纸杂志	0.609***			
	(0.0425)			
电视		0.775***		
		(0.0454)		
互联网			0.382***	
			(0.0396)	
广播				0.751***
				(0.0438)

续表

VARIABLES	(1) 县级政府	(2) 县级政府	(3) 县级政府	(4) 县级政府
性别	0.104	0.111	0.146*	0.114
	(0.0751)	(0.0754)	(0.0749)	(0.0753)
年龄	-0.00548*	-0.00663**	-0.00634**	-0.00610**
	(0.00303)	(0.00304)	(0.00302)	(0.00305)
民族	-0.0163	0.0115	-0.0272	-0.0741
	(0.0938)	(0.0945)	(0.0938)	(0.0943)
教育水平	-0.00151	-0.00319	-0.00310	-0.00510
	(0.0105)	(0.0106)	(0.0105)	(† 0.0106)
职业	0.0268**	0.0215*	0.0272**	0.0307***
	(0.0117)	(0.0117)	(0.0117)	(0.0118)
是否干部	-0.215*	-0.180	-0.211*	-0.130
	(0.116)	(0.117)	(0.117)	(0.117)
政治面貌	-0.0628	-0.0220	-0.0581	-0.0823
	(0.0922)	(0.0925)	(0.0922)	(0.0929)
家庭收入	0.0424	0.0392	0.0400	0.0309
	(0.0298)	(0.0299)	(0.0297)	(0.0300)
Constant cut1	0.306	0.321	-0.110	0.480
	(0.422)	(0.420)	(0.423)	(0.423)
Constant cut2	1.977***	2.022***	1.515***	2.182***
	(0.423)	(0.422)	(0.424)	(0.425)
Constant cut3	3.855***	3.929***	3.353***	4.088***
	(0.427)	(0.426)	(0.427)	(0.429)
Constant cut4	5.984***	6.078***	5.471***	6.235***
	(0.448)	(0.447)	(0.448)	(0.450)
Observations	3,291	3,291	3,291	3,291
R-squared				

注：***、**、*分别表示 p<1%，p<5%，p<10%

见表 7，通过报纸杂志、电视、互联网和广播对县级政府满意程度都有正的显著的影响，但是不同的渠道之间的系数存在差异，从互联网、报纸杂志、广播到电视，对县级政府满意程度的影响系数依次为 0.382、0.609、0.751、0.775。再来看其他变量，性别对县级政府的满意度没有影响，即男性和女性对县级政府的满意度不存在明显的差异；年龄、职业种类和是否干部基本上对县级政府的满意度具有显著的正向影响；而民族、教育水平、是否为党员对县级政府的满意度没有影响。

表 8　　　　　　　　　　模型估计结果（sat = 乡镇政府）

VARIABLES	(1) 乡镇政府	(2) 乡镇政府	(3) 乡镇政府	(4) 乡镇政府
报纸杂志	0.588***			
	(0.0420)			
电视		0.626***		
		(0.0441)		
互联网			0.384***	
			(0.0390)	
广播				0.729***
				(0.0431)
性别	0.0953	0.0983	0.134*	0.0937
	(0.0740)	(0.0742)	(0.0739)	(0.0742)
年龄	-0.00469	-0.00497*	-0.00537*	-0.00474
	(0.00300)	(0.00300)	(0.00299)	(0.00302)
民族	-0.0648	-0.0400	-0.0673	-0.106
	(0.0923)	(0.0924)	(0.0925)	(0.0928)
教育水平	-0.00451	-0.00498	-0.00562	-0.00720
	(0.0105)	(0.0105)	(0.0105)	(0.0105)
职业	0.0230**	0.0186	0.0228**	0.0260**
	(0.0115)	(0.0115)	(0.0115)	(0.0115)

续表

VARIABLES	(1) 乡镇政府	(2) 乡镇政府	(3) 乡镇政府	(4) 乡镇政府
是否干部	-0.165	-0.134	-0.167	-0.101
	(0.115)	(0.115)	(0.115)	(0.115)
政治面貌	-0.0120	0.00864	-0.00520	-0.0206
	(0.0909)	(0.0909)	(0.0908)	(0.0913)
家庭收入	0.0600**	0.0535*	0.0564*	0.0498*
	(0.0295)	(0.0296)	(0.0294)	(0.0297)
Constant cut1	0.266	0.0758	-0.0925	0.491
	(0.418)	(0.416)	(0.420)	(0.419)
Constant cut2	1.769***	1.582***	1.376***	2.022***
	(0.419)	(0.416)	(0.421)	(0.421)
Constant cut3	3.242***	3.052***	2.820***	3.523***
	(0.422)	(0.419)	(0.423)	(0.423)
Constant cut4	4.891***	4.700***	4.453***	5.191***
	(0.428)	(0.425)	(0.429)	(0.430)
Observations	3,291	3,291	3,291	3,291
R-squared				

注：***、**、*分别表示 $p<1\%$，$p<5\%$，$p<10\%$

通过表8，结果与上面的估计情况较为类似，报纸杂志、电视、互联网和广播对乡镇政府满意程度都有正的显著的影响，但是不同的渠道之间的系数存在差异，从互联网、报纸杂志、电视到广播，对乡镇政府满意程度的影响系数依次为0.384、0.588、0.626、0.729。再来看其他变量，家庭年收入对乡镇政府的满意度具有显著的正向影响，年收入越高，对乡镇政府的满意度越高；乡镇政府的满意度存在职业种类差异；性别对乡镇政府的满意度没有影响，即男性和女性对乡镇政府的满意度不存在明显的差异；年龄、民族、教育水平、是否为干部、是否为党员对乡镇政府的满意度没有影响。

2. 传播时事政治的渠道层面

表9　　　　　　　　模型估计结果（media = 广播）

VARIABLES	(1) 中央政府	(2) 省级政府	(3) 县级政府	(4) 乡镇政府
广播	0.287***	0.579***	0.751***	0.729***
	(0.0456)	(0.0445)	(0.0438)	(0.0431)
Observations	3,291	3,291	3,291	3,291
R – squared				

注：***、**、*分别表示 $p<1\%$，$p<5\%$，$p<10\%$

通过表9，农户对广播传播时事政治的信任程度对各级政府的满意度影响具有明显差异，县、乡两级政府的满意度最高，中央政府的满意度最低。主要因为县、乡两级政府利用广播传达最新的时事政治等信息较多，农户获取信息较为及时充分，农户对县、乡两级政府的满意度较高。而有关中央政府的信息，由于时间差等原因，不能及时传递到农户中去。

表10　　　　　　　模型估计结果（media = 报纸杂志）

VARIABLES	(1) 中央政府	(2) 省级政府	(3) 县级政府	(4) 乡镇政府
报纸杂志	0.346***	0.540***	0.609***	0.588***
	(0.0450)	(0.0436)	(0.0425)	(0.0420)
Observations	3,291	3,291	3,291	3,291
R – squared				

注：***、**、*分别表示 $p<1\%$，$p<5\%$，$p<10\%$

通过表10，农户对报纸杂志传播时事政治的信任程度对各级政府的满意度影响具有明显差异，省、县级和乡镇政府的满意度较高，中央政府的满意度较低。主要是因为相比全国性报纸杂志，地方性报纸杂志覆盖范围更广，受众众多，多传递本省本地发生的政治、经济等事件，一般认为，农户也更加关心本地区的信息，故农户对省级、县级、乡镇的政府的满意度较高。

表 11　　　　　　　　模型估计结果（media = 电视）

VARIABLES	（1）中央政府	（2）省级政府	（3）县级政府	（4）乡镇政府
电视	0.714***	0.844***	0.775***	0.626***
	(0.0501)	(0.0479)	(0.0454)	(0.0441)
Observations	3,291	3,291	3,291	3,291
R-squared				

注：***、**、* 分别表示 $p<1\%$，$p<5\%$，$p<10\%$

通过表11，农户对电视传播时事政治的信任程度对政府的满意度的影响明显高于其他渠道，对各级政府的满意度也具有明显差异，省级政府的满意度较高，乡镇政府的满意度相对较低。当前农村地区，农户拥有的电视数量多且覆盖率广，信息传递及时有效，具有相对优势，仍作为农户获取最新的各项政治、经济、社会等事件或信息的最主要渠道。

表 12　　　　　　　　模型估计结果（media = 互联网）

VARIABLES	（1）中央政府	（2）省级政府	（3）县级政府	（4）乡镇政府
互联网	0.107**	0.280***	0.382***	0.384***
	(0.0418)	(0.0400)	(0.0396)	(0.0390)
Observations	3,291	3,291	3,291	3,291
R-squared				

注：***、**、* 分别表示 $p<1\%$，$p<5\%$，$p<10\%$

通过表12，农户对互联网传播时事政治的信任程度对各级政府的满意度影响系数总体较低并具有明显差异，乡镇政府的满意度最高，中央政府的满意度最低仅为0.107。表明当前互联网建设在农村地区取得一定成效，互联网在农民政治认同中开始发挥积极作用，但整体作用有限。农村地区互联网基础设施等有关建设不足，网络信息安全问题突出，各级政府在互联网建设背景下政策传递的真实性和有效性还有待加强。

互联网作为推动社会经济发展的新动力，有利于提升政府的公开透明性和行政效率，进而推动向"服务型政府"转变。但互联网同时作为一种现代化信息传播手段，信息虚假、获取难度大等问题随之出现，加之农村地区的较低普及率，"双刃剑"问题尤为凸显。因此，在农民对互联网信任度不高的情况下，相对于传统信息获取方式，其对各级政府满意程度的影响系数偏低，互联网全面性作用还显不足。从总体上加强以互联网为主的现代信息化建设和网络安全建设，把握互联网下中央到地方政策的连续性和有效性，充分发挥互联网对农民政治认同构建的积极作用。

基于农民对报纸杂志、电视、互联网、广播等信息获取方式信任度与各级政府满意程度的影响分析，可以发现，信息化建设对农民政治认同构建意义显著。报纸杂志、广播和电视作为传统信息获取方式，农民有相对较高信任的基础上，各类方式对各级政府满意程度都有正向显著的影响，有效增强农民政治认同。特别地，电视作为农村地区重要信息获取渠道之一，对各级政府满意程度影响系数均高于其他方式，成为影响农民政治认同的重要一环。而报纸杂志和广播对中央政府满意程度影响系数仅为0.346和0.287，且明显低于省、县、乡一级政府，加强宏观层面政治认同尤为重要。此外，研究表明，性别和年龄是影响农民对政府满意程度的关键因素，农村作为政治文化相对落后地区，受传统观念和素质教育限制，不同性别和年龄对政府满意程度存在差异。进一步加强农村地区信息文化建设，是有效改善农民政治认同的重要举措。

五 结论及建议

基于问卷调查和上述分析，本文得出如下基本结论及建议：

1. 农村信息化的不同渠道和内容对农民的政治认同的效果不同，农村信息化建设体制缺失。现阶段我国农村地区农民的信息来源主要依靠报纸、广播和电视，仍对传统信息化媒介有较高信任程度。但在信息识别及筛选等环节仍存在较大障碍，导致农户对有关政治认同构建存在偏差。大部分农村地区信息化建设过程还处于起步阶段，互联网等先进信息化设备普及率不高，虽其涵盖范围较广，但深度不够。此外，由于农村人口分散，建设成本高，乡镇和村一级信息化建设难以有效深入，农户信息获取仍以传统手段为主，"最后一公里"问题依旧明显。

2. 农村信息化对农民的政治认同有显著影响，但农民对不同层级政府的政治认同存在一定差异。通过传统信息方式以及互联网技术的建设，信息化建设对农民政治认同影响显著。各级政府政策、方针能够以较快速度呈现给农户，有利于农户及时获得准确、有效的信息，促进政策措施的良好实施。由于中央、省级政府政策全局性导向的特点，在信息获取渠道下地方农民对有关政策了解不够全面直观，进而影响农民政治认同。此外，部分县、乡镇一级地方政府为达到工作要求，存在对相关政策信息进行过滤筛选现象，导致农民对政策信息满意度较高而对政府具体工作不满的问题出现，农民信息获取不真实，从而产生对各级政府满意程度存在差异的现象。另外，在我国广大农村地区，农村人口文化水平普遍不高，信息化意识和利用能力还不强，对传统信息获取方式仍有较大依赖。面对复杂的网络信息，农民难以进行准确的判断和识别，加大了获取虚假错误信息的可能，从而对各级政府政策的颁布和实施产生不良影响，导致农民满意程度降低。

通过调研发现，总体上，我国农村信息化建设取得一定成效，农村居民得以享受互联网等信息化建设成果。在我国农村信息化建设取得较快发展的同时，基于自然和历史等方面的因素，其发展仍面临着诸多问题，解决好农村信息化建设下的农民政治认同问题依旧存在巨大挑战。因此，要正视农村信息化建设存在的问题，结合地区发展实际，实事求是、因地制宜解决好农村信息化建设问题，更好促进农民政治认同和信息化的协调发展。基于此，提出以下几方面建议：

1. 完善农村信息化建设体制，提高农民信息素质

第一，建立健全农村信息化服务体系。我国农村信息化建设受自然环境等多种因素影响，难度大且过程复杂，部分工作难以落实。因此，我国在大力推进农村信息化的同时，要注重工作落实情况，加大投资力度，建立健全服务体系。有效改变传统机制下农户信息获取方式，逐步形成以互联网为代表的多元化信息建设机制，有效拓宽农民信息获取渠

道，进一步加强信息化建设深度，保障农民信息获取渠道，切实提高信息服务质量。

第二，规范网络信息建设，提高农民信息素质。在农村信息化建设不断推进的同时，网络安全问题的出现不可避免，错综繁杂的网络信息使农民难以从中获取有效信息，安全隐患长期存在。因此，各级政府应更加注重网络信息安全建设，净化网络环境，通过建立标准化信息机制，使农民能够充分获取所需政策信息，有利于明确政府工作情况，有效加强政治认同。另外，农村地区人口文化素质整体不高对其信息获取能力产生较大阻碍，而提高农民的信息素质是农村信息化建设的关键，也是推进新农村建设的重要途径。各级政府部门应结合地区发展实际情况，因地制宜开展农民信息素质教育培训工作，在推进标准化体制建设的基础上，切实提高农民捕捉信息、辨别信息的能力，具备基本网络信息操作水平，为构建良好政治环境、加强农民政治认同创造条件。

2. 明确地方政府职能，建立有效信息机制

第一，强化政府职能，加强信息化设施建设。在农村地区信息获取方式仍旧相对单一的前提下，地方政府工作公开透明则显得尤为重要，要在源头杜绝信息的过滤筛选。从信息发布到贯彻落实上级政府政策，政府工作程序的公开透明，农民合理的知情权将对各项信息有更为直观的了解和认识，便于农民对地方政府工作的有效监督，提高农民的满意程度，尤其县、乡两级政府必须明确职能，对本地区农村信息化建设承担主要责任。加快基础设施建设，解决好农民信息获取问题，调动农民参与信息化建设积极性，在实际建设过程中了解政府工作情况，对转变农民传统观念，对进一步加强农民政治认同具有现实意义。

第二，各级政府加强管理，提高信息服务质量。在我国农村地区，从中央到地方政府的信息传达和政策落实过程复杂，缺乏高效快捷手段，难以使信息准确传达到位，导致农民难以在现有方式下准确获取有效信息。各级政府部门要充分认识推进农村信息化建设的重要意义，切实增强加强农村信息化建设的紧迫感和责任感，根据地区实际情况，建立规范化统一管理机制，确保农民获取完整正确的信息，为政治认同的良好构建打下坚实基础。

六 结 语

农村信息化建设是政府和广大农村迫切需要解决的一项民生工程，关系到全面建成小康社会的发展步伐，对构建农村地区良好政治认同和提高农村居民生活水平等方面也将产生重要影响。在大力发展乡村振兴战略，构建社会主义和谐社会的大背景下，研究农村信息化建设和农民政治认同问题具有重要现实意义。

我国农村信息化建设取得了一定成效，网络信息化下的农民政治认同问题得到广泛关注。但我国在体系建设、政府职能、农民素质等方面仍存在诸多问题，难以适应新时代背景下全面建成小康社会的发展要求。此外，农村信息化建设对农村地区良好政治认同的构建同样重要，两者相辅相成，需在实际发展中融入新的理念。

参考文献

[1] 孔德永：《政治认同与政治稳定》，《社会主义研究》2012 年第 3 期。

[2] 袁野：《农村信息化需求与供给研究》，博士学位论文，北京邮电大学，2014 年。

[3] 张新红、于凤霞、唐斯斯：《中国农村信息化需求调查研究报告》，《电子政务》2013 年第 2 期。

[4] 秦燕、万海玲：《农民政治认同的影响因素与提升路径》，《中州学刊》2015 第 3 期。

[5] 杨科旗：《"互联网+"背景下农村信息化建设满意度研究》，硕士学位论文，湖南农业大学，2015 年。

[6] 贾鹏：《"互联网+"模式下的辽宁省兴城市农业信息化发展问题研究》，硕士学位论文，吉林大学，2016 年。

[7] 何波：《武汉市互联网与新农村建设的实证研究》，硕士学位论文，华中师范大学，2015 年。

[8] 杨建利、邢娇阳：《"互联网+"与农业深度融合研究》，《中国农业资源与区划》2016 年第 8 期。

[9] 周晓迅、熊春林、李燕凌：《农民视角下的农村信息化建设绩效评价》，《江苏农业科学》2015 年第 6 期。

［10］彭正德：《新农村建设中的农民政治认同：类型、基础与影响因素》，《兰州学刊》2007 年第 3 期。

［11］高斐：《当代中国农民政治认同的利益满足分析》，《廉政文化研究》2015 年第 6 期。

［12］谢双双：《新农村建设背景下的农民政治认同建构》，硕士学位论文，湖南师范大学，2013 年。

［13］阮怀军、封文杰、唐研、赵佳、李道亮：《农业信息化建设的实证研究——以山东省为例》，《中国农业科学》2014 年。

［14］张彩霞：《和谐社会视角下互联网对乡村居民生活的影响研究》，硕士学位论文，华中农业大学，2013 年。

Effectiveness Solution to Rural Informatization Construction and Farmers' Political Identity

Hu Jiliang, Pan Gaozhu, Li Dong

Absrtact: Informatization is the commanding point of realizing rural modernization, speeding up the construction of new socialist rural informatization, and building a good farmers' political identity under rural informatization, which has far-reaching influence on the effective solution of the "three rural" problems. This paper is based on the investigation of the "100 villages observation" project. Through the investigation and analysis of the present situation of rural informatization construction, itstarts from dimensions as farmers' understanding of current affairs and politics, their degree of trust in the dissemination of various media and their satisfaction with governments at all levels, analyzing the impact of Rural Informatization on farmers' political identity in China. According to the actual situation in the area, it discusses the improvement of the construction system of rural informatization, the clear functions of the local government, the standardization of the construction of network information and the improvement of the information quality of farmers, which are in accordance with the actual development of our country, in order to promote the construction of rural information and farmers, political identity and effectively solve the problem.

Key words: Countryside; Informatization; Internet; Political identity

政治计量

网络表达对政府信任的影响

——基于中国社会状况综合调查（CSS）2013 的实证研究[①]

周毅 刘伟[*]

【摘要】 该研究旨在考察网络社会背景下政府信任的影响因素，并将网络表达这一时代因素和动态变量引入解释框架。采用中国社会状况综合调查（CSS）2013 的数据进行分析。层次回归显示，年龄、教育和户籍是显著影响政府信任的变量；民生绩效、法治、信息公开都与政府信任显著正相关；精英主义、威权主义、爱国主义、公平感知等社会价值观和社会心理都对政府信任产生正向影响；网络使用对政府信任产生负效应。网络表达具有双重效应，单因素 ANOVA 均值比较分析显示，在网络使用对政府信任负面影响的基础上，网络表达对政府信任又产生了再抑制效应；LOGISTIC 回归结果显示，网络表达对现实表达存在延续和强化效应。该研究深化了网络时代政府信任影响因素的再认识，为制度决策和应对措施的改进提供证据和启示。

【关键词】 网络表达；政府信任；网络治理

---

① 基金项目：国家社科基金重点项目"公共信息服务的社会共治及其法治化研究"（项目号：16ATQ001）。

* 作者简介：周毅，苏州大学社会学院教授，博士生导师，研究方向：政府信息管理、网络舆情治理；刘伟，苏州大学政治与公共管理学院博士研究生，研究方向：网络空间治理。

一 引 言

政府信任是一个源远流长而又历久弥新的理论和实践问题。早在春秋战国时期，不管是管子倡导的"政之所兴，在顺民心"，还是孟子提出的"民心向背"，都重视民心对获得和维持政权的重要性。历史发展到今天，民心被赋予了新的时代内涵，正如习近平总书记指出的，"民心是最大的政治"。得到民心意味着民众对政府发自内心的支持，民众与政府的关系更加和谐，政府施政时也会遇到较小的阻力。在现代政治学语境中，民心实际上指的就是政府信任。政府信任是剖析公民与政府关系的有效视角，是衡量政治支持的重要主观变量，表明民众对政府过程的认可及遵从的程度，是对政治秩序的内在评价，"具有重要的合法性功能与系统维持功能"[1]。因此，对政府信任开展研究并应用于指导现实十分必要。但是，从新的角度去审视政府信任的现状、生成机理和影响因素时，会遇到网络社会这一时代因素的挑战，迫切需要在当今网络社会的背景下对政府信任进行重新梳理。

伴随着我国改革开放从"摸着石头过河"到迈入"深水区"，局部性、结构性矛盾从深层向浅层浮现，特别是信息技术和网络技术的累积效应不断显现，网络成为社会生活特别是政治生活的不可或缺的组成部分。作为对网络使用的主动和互动表现形式，人们使用网络工具将思想、观点和态度以文字、视频、音频、图片等静动态数字化形式进行网络表达[2]。网络表达改变了现实政治的运作环境和组成要素，也促进现代社会的政治整合。网络表达是网络互动的行为起点，是网络政治的逻辑出发点；网络表达与现实政治互动嵌入，是网络治理的着力点和切入点。阿尔蒙德说过"当某个集团或个人提出一项政治要求时，政治过程就开始了，这种提出

---

[1] 上官酒瑞、程竹汝：《政治信任研究兴起的学理基础与社会背景》，《江苏社会科学》2009年第1期。

[2] 刘伟：《网络表达治理中的政府角色：治理逻辑、现实图景与路径探讨》，《电子政务》2016年第7期。

要求的过程称为利益表达。"① 因此，网络表达是对政治系统的输入，是政治过程的起点，是影响政府信任的时代因素和动态变量。但是，迄今为止，尚未有学者将网络表达这一网络政治的元行动纳入政府信任的解释框架，这不能不说有些遗憾，本研究将进行一些探索。

二 相关理论与文献回顾

（一）政府信任

在马克斯·韦伯的合法性理论中，统治者角度出发的统治的正当性与服从者角度出发的对统治的认同的总和就构成了统治的合法性，而正当性来源于传统型、魅力型和法理型三种权威，政府信任则是认同的内在的政治心理。戴维·伊斯顿则将政府信任分为普通信任与特殊信任，二者是系统支持的隐形变量，政府信任是政治输入的组成部分，起到维护政治系统的运行的作用。张康之认为信任有习俗型、契约型和合作型三种②，程倩则在张康之的观点基础上认为政府信任也可以分为习俗型政府信任、契约型政府信任和合作型政府信任③，她同时强调政府的道德化在政府信任关系中的作用，认为"只有进入道德的境界，政府才能避免信任危机"④。王华则从信任结构的角度将政府信任分为制度信任、政策信任和领导干部信任⑤。也有学者认为，对政府的不信任不完全是一件坏事，反而是政府进行自我革新和制度改革的契机⑥，是公民理性怀疑精神导向"自我实现"的具体体现。尽管学界存在不同理解和界定，但其基本内涵都包含以下三个要素，一是政府信任的评判主体是行政关系中的客体，即公众或

---

① ［美］加布里埃尔·A. 阿尔蒙德等：《比较政治学——体系，过程和政策》，曹沛霖等译，上海译文出版社1987年版。
② 张康之：《在历史的坐标中看信任——论信任的三种历史类型》，《社会科学研究》2005年第1期。
③ 程倩：《政府信任关系的研究路径与缘起》，《社会科学研究》2005年第4期。
④ 程倩：《政府信任关系：概念、现状与重构》，《探索》2004年第3期。
⑤ 王华：《公共危机处置：政府与民众信任关系的构建——"5·12"汶川大地震的领导学思考》，《中国浦东干部学院学报》2008年第4期。
⑥ 王子蕲、江远山：《如何重塑政治信任——"社会转型中的政治信任"理论研讨会综述》，《探索与争鸣》2009年第7期。

民众个体;二是政府信任的指向对象是行政关系中的主体,包括抽象的政府、具体的政府工作人员;三是表现为行政关系客体与行政关系主体之间表现出信念、承诺等期待回应性的主观心理状态。因此政府信任是主观和客观的统一,蕴含了公民对政府信任的倾向性和政府本身值得信任、可以信任的程度。虽然政府信任与政治信任是不同概念,政府信任属于政治信任,是对政府当局、在任官员及政府绩效的特殊型政治信任[1]。但在我国学术界,实质上很多研究在论述政治信任时仅仅阐述了政府信任,或将政府信任扩展到政治信任,存在一定程度上的两者混合使用,或在引用、行文时未进行严格区分。本文认为,政府信任是公众对政府制度与政府行为可以保护其利益的心理预期。以上理论丰富了理解政府信任的视野,为下一步进行政府信任的解释奠定了理论基础。

在当前全球政府信任普遍下降[2]的背景下,我国的政府信任研究受到广泛关注,也取得了较为丰硕的成果。学界普遍认为我国的政府信任结构呈现"央强地弱"[3]"层级差异"[4]等多元化表述,但实质内在类似于有方向的"差序格局"。对我国政府信任度的评测指数研究上,由于采用的研究方法、对象和数据来源的差异,学界也存在不尽一致的研究结论。时间轴上的纵向动态比较上,戴木茅等人认为我国政府信任呈下降趋势[5],肖唐镖等人却得出了政府信任上升的结论[6]。不同国家和地区的横向静态比较上,孟天广认为"中国主要政治机构的信任度总体上居于世界前列"[7],马得勇认为"中国大陆地区的政治信任目前仍处

---

[1] 张会芸:《当社会信任遇见政府信任——西方实证研究成果跟踪》,《华中科技大学学报(社会科学版)》2017年第31期。

[2] 汤志伟、钟宗炬:《基于知识图谱的国内外政府信任研究对比分析》,《情报杂志》2017年第2期。

[3] 谢秋山、许源源:《"央强地弱"政治信任结构与抗争性利益表达方式——基于城乡二元分割结构的定量分析》,《公共管理学报》2012年第9期。

[4] 管玥:《政治信任的层级差异及其解释:一项基于大学生群体的研究》,《公共行政评论》2012年第2期。

[5] 戴木茅:《信任与怀疑之间——中国政治信任研究》,《天府新论》2016年第1期。

[6] 肖唐镖、王欣:《中国农民政治信任的变迁——对五省份60个村的跟踪研究(1999—2008)》,《管理世界》2010年第9期。

[7] 孟天广:《转型期的中国政治信任:实证测量与全貌概览》,《华中师范大学学报(人文社会科学版)》2014年第53期。

于相当高的水平"[1],高巍认为东中西部地区存在政府信任的地区差异[2]。但刘昀献认为"对政府的不满情绪和不信任感有了相当程度的增长"[3],此外"数据上的高、感觉上的低"[4]及"U"型结构背离[5]给政府信任的抽象和具体之间的衔接提出了新的命题,提升政府信任的呼吁不绝于耳。

(二) 政府信任解释框架

学界对于政府信任的影响因素主要围绕政府运作和互动的各链条节点,即政府、社会、民众三个角度及其互动展开。

首先从政府的视角进行探讨。一是政府绩效,政府绩效的表现是多维度的,按照不同的标准可以分为政治绩效、经济绩效、社会绩效,也可以分为医疗卫生、社会保障、义务教育、住房就业等民生绩效,也包括治安绩效、环境绩效、法治绩效,等等。学界普遍认为政府绩效是影响政府信任的关键因素,这是类似于经济学的理性选择流派的观点,一个绩效良好的政府会理所当然的获得较高的政府信任,持这个观点的学者包括 Mishler W. 和 Rose R.[6]、罗爱武[7]、胡荣[8]等,但这一理论也受到了质疑,如有学者认为政府绩效对政府信任的影响较小且是短期的,如 Keele L.[9];二是政府信用,既强调政府主观上的信用诚意和能力,如范柏乃强调民众

---

[1] 马得勇:《政治信任及其起源——对亚洲8个国家和地区的比较研究》,《经济社会体制比较》2007年第5期。

[2] 高巍:《当前中国居民政府信任的区域比较》,《东南大学学报》(哲学社会科学版) 2015年第S2期。

[3] 刘昀献:《当代中国的政治信任及其培育》,《中国浦东干部学院学报》2009年第4期。

[4] 戴木茅:《信任与怀疑之间——中国政治信任研究》,《天府新论》2016年第1期。

[5] 王向民:《"U"型分布:当前中国政治信任的结构性分布》,《中国浦东干部学院学报》2009年第4期。

[6] Mishler W., Rose R., "What Are the Origins of Political Trust?", *Comparative Political Studies*, 2001, No. 2.

[7] 罗爱武:《政治参与和治理绩效对政治信任的影响——基于广东、湖北和贵州三省的实证分析》,《探索》2016年第5期。

[8] 胡荣、池上新:《社会资本、政府绩效与农村居民的政府信任》,《中共天津市委党校学报》2016年第2期。

[9] Keele L., "Social Capital and the Dynamics of Trust in Government", *American Journal of Political Science*, 2007, No. 2.

对政府信用的判断①，一个言出必行、有诺必践、信用良好的政府也会获得较高的政府信任；三是政府行为的合法性、公平性、透明性、提供公共服务的专业化程度、政府工作人员的素质和工作责任也应当被列入考量指标。

其次从社会的视角展开。一是社会资本。按照帕特南的观点，社会资本指的是社会组织的特征，例如信任、规范和网络②，因此社会信任属于社会资本的重要组成部分，具有社会共有而不是个体独有的集体性和整体性。John B. 指出，社会信任与政府信任呈正相关。③ 但由于城市化进程的加快，传统的城乡二元的"熟人社会"被渐渐侵蚀，社会信任对政府信任的影响在我国呈现出新的特征，如胡荣的研究发现，社会信任对基层政府信任具有积极正面的影响，但对高层政府却没有这种效应。④ 二是社会心理，如公平感知、幸福感知。赵泽洪等研究认为，由于现代化进程中的困惑，城乡二元制度的隔离、利益既得者和先富起来的人不是自己等原因，部分群体产生了相对被剥夺感，他们所感知到的"不公平"会恶化对政府的信任⑤；金恒江对女性网民的研究认为，幸福感知是政治信任的中介变量。⑥ 三是文化与价值观。该种理论认为政府信任源于政治之外的历史文化传统和价值观，如马得勇研究认为政治威权主义价值观是影响东亚国家政治信任的重要变量⑦，随后他对本土的一项研究进一步的表明，威权主义观念对政府信任产生显著正向影响。⑧

---

① 范柏乃、张鸣：《国内外政府信用研究述评与展望》，《软科学》2011年第3期。

② [美] 罗伯特·D. 帕特南、杨蓉：《繁荣的社群——社会资本和公共生活》，《马克思主义与现实》1999年第3期。

③ Brehm, John, Rahn, et al, "Individual-Level Evidence for the Causes and Consequences of Social Capital", *American Journal of Political Science*, 1997, No. 3.

④ 胡荣、池上新：《社会资本、政府绩效与农村居民的政府信任》，《中共天津市委党校学报》2016年第2期。

⑤ 赵泽洪、李传香：《近年来国内政府信任问题的心理契约研究综述》，《天府新论》2012年第1期。

⑥ 金恒江、聂静虹：《媒介使用对中国女性政治信任的影响研究——以中国网民为对象的实证研究》，《武汉大学学报（人文科学版）》2017年第2期。

⑦ 马得勇、王正绪：《民主、公正还是绩效？——中国地方政府合法性及其来源分析》，《经济社会体制比较》2012年第3期。

⑧ 马得勇：《政治信任及其起源——对亚洲8个国家和地区的比较研究》，《经济社会体制比较》2007年第5期。

再次从民众及互动角度进行分析。一是相当多的学者研究了人口统计学变量对政府信任的影响,如性别、年龄、收入、教育水平等,由于样本差异和方法不同,结论也较为多样;二是政治参与。一般而言,政治参与指民众为了表达和实现自己的利益而采取的试图对政策输出产生影响的活动,亨廷顿将之分为制度化政治参与和非制度化政治参与,前者指国家法律许可、保护和鼓励的方式,一般以和平方式进行,如参加选举;后者指国家法律禁止、反对的方式,如游行示威,一般掺杂着暴力因素。[①] 但在中国,上访虽然也是被国家法律所认可的政治参与方式,但因为其存在的不稳定因素和个案的反复性,一般将之归于非制度化政治参与。与政治参与紧密联系的是民主体制。西方的研究认为民主体制可以增加政府信任,但马得勇对亚洲的研究显示,西方意义上的民主体制与政府信任并不存在正向相关性。[②] 后来他对本土化的研究表明,经过公推直选这一制度创新下的政治参与瓦解了威权主义对政府信任的显著影响;三是政治效能感。最早研究政治效能感的学者 Campbell A. 等人将政治效能感定义为"个体认为其政治行为能对政治过程产生影响的信念和感觉"[③],后来 Lane E. 将其归为两个维度,即内在政治效能感和外在政治效能感,前者是个人自以为对政府具有影响力,后者表明自以为政府会对自己有所回应。[④] 关于政府信任和政治效能感的关系,对警察这一政府部门人员的人格信任实证研究表明,外在效能感与城乡居民的警察信任呈正相关,内在效能感与城乡居民的警察信任呈负相关[⑤],而李锋等人的研究似乎表明,政治效能感并不是持续影响政治信任的变量,应当区分内在效能感和外在效能感。[⑥]

---

① [美] 塞缪尔·P. 亨廷顿、琼·纳尔逊:《难以抉择——发展中国家的政治参与》,华夏出版社 1989 年版。
② 马得勇:《政治信任及其起源——对亚洲 8 个国家和地区的比较研究》,《经济社会体制比较》2007 年第 5 期。
③ Campbell A., Gurin G., Miller W E., "The voter decides", *American Sociological Review*, 1954, No. 6.
④ Lane R E., "Why People Get Involved in Politics", *Political Life*, Free Press, 1959.
⑤ 胡荣:《中国人的政治效能感、政治参与和警察信任》,《社会学研究》2015 年第 1 期。
⑥ 李锋、孟天广:《政治信任的结构与政治文化起源——基于潜在类别分析》,《北京行政学院学报》2014 年第 6 期。

(三) 传统媒介及网络时代政府信任相关研究

近年来,随着传统媒介对生活和政治领域的融入,媒介使用对政府信任的影响逐渐受到学界的关注。国内外将传统媒介对政府信任的影响分为三大流派,即负向、正向和中立派。负向派的代表人物 Robinson 提出了媒介抑郁论,他认为媒介乐于报道政治人物的丑闻并进行批评,强化了民众对政府的不信任,并容易造成政治冷漠[1];国内李春梅等学者认为,传统媒介充满着假大空的套话,反而使民众产生"虚伪"的感觉,影响政府信任[2]。正向派却给出了相反的观点,O'Keefe G. J 认为阅读报纸和看电视可以增加政府信任[3],李艳霞的研究表明,民众对主流媒体的信任程度较高,主流媒体信任是提高政府信任的显著变量[4],这从侧面说明了政府单向的话语权情境下传统媒介的喉舌作用,是民众政治认知的重要信息来源,对政府信任的提升作用也不难理解。中立派认为媒介是政治资讯的中介工具,媒介是传播的手段和途径,而不是政府信任的直接影响因素,如 Fei S. 等认为,国家认同是媒介和政府信任的调节变量[5];Miller J. 等人则认为,对媒介本身的信任因素是影响政府信任的前提。[6] 因此,由于媒介形式的复杂性和政府信任生成机制的解构尚未清晰,对媒介与政府信任关系的考察更是处于进程中,特别是当今中国的媒介对政府信任的影响,不能简单的下定论,需要进行更加深入细致的考证。

步入网络社会后,已有一些学者注意到网络使用对政府信任的影响。

---

[1] Robinson M. J, "Public Affairs Television and Growth of Political Malaise: The Case of 'The Selling of the Pentagon'", *American Political Science Review*, 1976, No. 2.

[2] 李春梅、牛静、翁林:《政治信任的影响因素:基于媒介研究的视角》,《编辑之友》2014 年第 5 期。

[3] O'Keefe G. J, "Political Malaise and Reliance on Media", *Journalism Quarterly*, 1980, No. 1.

[4] 李艳霞:《何种信任与为何信任?——当代中国公众政治信任现状与来源的实证分析》,《公共管理学报》2014 年第 2 期。

[5] Fei Shen, Zhongshi Steve Guo, "The last refuge of media persuasion: news use, national pride and political trust in China", *Asian Journal of Communication*, 2013, No. 2.

[6] Miller J. M, Krosnick J. A., "News Media Impact on the Ingredients of Presidential Evaluations: Politically Knowledgeable Citizens Are Guided by a Trusted Source", *American Journal of Political Science*, 2000, No. 2.

由于网络实现了信息的多对多的多向度瞬时传播，原有的政府对传统媒体的控制和引导在网络社会似乎显得无法全覆盖，自媒体雨后春笋般发展壮大，网民通过巨量的网络表达使思维和情绪的交锋此起彼伏，对原先的政治过程进行重新编辑，影响了政治生态，网络对政府信任显示出多元化的影响。对网络时代政府信任的影响也脱离不了宏观层面上的政府、社会和民众视角，网络社会除网络因素外其他因素对政府信任的影响不再赘述。就网络本身对政府信任的影响而言，研究的结论并非很多。毫无疑问，政府信任具有时代特点，与前网络时代相比，网络时代的政府信任也存在其共性与个性。与传统的政府信任研究成果相呼应的是，北京师范大学的报告显示，作为网络使用的主体，网民的政府信任呈"中央—省部—地方"三级显著递减，且存在人口统计学的显著差异。[①] 但关于网络对政府信任的方向，学界存在着不同的观点。负向的研究认为，网络使用可以显著降低政府信任，如苏振华认为网络使用的频率会显著降低政治信任[②]，陈虹认为大学生的网络使用时长会显著降低政治信任[③]，章秀英也认为网络使用总体上与政治信任呈负相关。[④] 中性的观点如张明新等人认为，网络使用经历、程度与政治信任无任何关联，但网络的政治性使用对政治信任呈现多元而复杂的影响，网络的政治性使用已威胁到公众对政府的信任状况但远未严重的状态[⑤]；乐观的解读如漆国生等人认为网络参与可以提升政府公信力[⑥]；Chao N 等人认为网络使用时间与政府信任呈显著的正相

[①] 北京师范大学新媒体传播研究中心：《〈中国网民的政府信任度报告〉：网民对地方政府的信任度最低》，《新闻记者》2016 年第 10 期。

[②] 苏振华、黄外斌：《互联网使用对政治信任与价值观的影响：基于 CGSS 数据的实证研究》，《经济社会体制比较》2015 年第 5 期。

[③] 陈虹、郑广嘉、李明哲等：《互联网使用、公共事件关注度、信息公开评价与政府信任度研究》，《新闻大学》2015 年第 3 期。

[④] 章秀英、戴春林：《网络使用对政治信任的影响及其路径——基于 9 省 18 个县（市）的问卷调查》，《浙江社会科学》2014 年第 12 期。

[⑤] 张明新、刘伟：《互联网的政治性使用与我国公众的政治信任——一项经验性研究》，《公共管理学报》2014 年第 1 期。

[⑥] 漆国生、王琳：《网络参与对公共政策公信力提升的影响分析》，《中国行政管理》2010 年第 7 期。

关①。但以上研究关于网络对政府信任的影响具有领域、场景和具体指标的差异性，需要进一步寻求答案。

（四）网络表达的出场

网络表达实现了网络技术基础上政治表达的社会化，既有技术属性，又有政治属性。按照马克思主义的观点，纵观人类历史不同形态的政治表达，都由当时的经济基础决定的，与当时的物质技术条件紧密相关。网络技术的研究、发现、发展和大规模应用，从始至终都伴随着利益群体为表达和实现自身权益而发声的过程。网络是表达与治理的工具，网络作为工具和平台进行网络表达，为民众表达提供了新的渠道，而政府可以依赖网络进行电子治理，给国家治理提供了一个高效便捷的介质。这两种情况下，网络表达给国家和社会进行赋权，这一切都与权力有千丝万缕的联系，正如提出网络民主概念的美国学者马克·斯劳卡所断言的："数字革命在它的深层核心是与权力相关的。"② 但在哈贝马斯看来，由于"生产力变为破坏力"③，技术具有有害性，网络也不例外。因此，网络表达从线上传导到线下，网上网下两个舆论场相互作用，激发着政治参与的热忱，弥补了现有政治参与渠道的部分不足，各利益群体不再仅仅被动的、滞后的接收政府的各项决策，而是可以争相借助网络表达自己的观点和看法，特别是在社会热点事件中，网络成为各方利益诉求和利益博弈的重要场所，是政府搜集民意的重要渠道，网民成为政府决策的前置参与者、影响者、推动者。作为一种"后现代价值"在网络社会的延伸，网络表达不断深入演化，表现在表达主体更加扩大，表达渠道更加扩展，表达内容更加多元，表达动力更加多样，表达反馈更加积极，表达后果更加复杂，不可避免造成了政府与民众的关系重构，在政府在场或不在场的互动中，对政府信任产生影响。根据所表达和讨论的主题是否具有政治性，可以将网络表达分为狭义的网络表达和广义的网络表达，前者指讨论的主题是政

---

① Chao N, Yuan G, Li Y, et al, "The internet ecological perception, political trust and political efficacy of Chinese netizens", *Telematics & Informatics*, 2016.

② ［美］马克·斯劳卡：《大冲突：赛博空间和高科技对现实的威胁》，江西教育出版社1999年版。

③ ［德］哈贝马斯：《哈贝马斯精粹》，曹卫东译，南京大学出版社2004年版，第52页。

治性内容，后者指不具有政治性的笼统表达。为行文方便，若无特殊说明，本文以下所讨论的都是狭义的网络表达，简称网络表达。

（五）研究述评和本文的潜在贡献

从上文的分析可以看出，网络时代政府信任的相关理论和研究成果日益丰硕，为本研究提供了较多基础性依据。但是现有研究存在几个层面的缺陷。一是研究方法上，理论研究和经验研究在数量上呈明显不对称状态，理论研究汗牛充栋，说思路、说观点的多，而经验研究凤毛麟角，有实证、有数据的少。对网络时代政府信任的影响机制探究需要加强深度和广度，在提出论点的同时需要给出论据，在思辨性的同时要注重可信性；二是解释变量上，现有实证研究的解释变量多限于笼统的网络使用如频率时长等，但网络使用是个非常大而化之的概念，在作为工具使用时具有其不同的应用领域和场景，作为讨论平台时涉及不同的主题特征，因此需要细化区分网络使用和网络表达，此外还需要区分网民和非网民进行比较研究；三是数据来源上，现有研究用以分析的数据较多来源于简单抽样、方便抽样或雪球抽样，未使用统计学意义上的科学抽样技术，此外模型的解释力或不足，或未明确标明；四是研究视角上，以往解释的视角较为单一，没有将政府、社会和网民放在一个互动的结构体中进行解读，解释变量相对不全。

基于前文所述的现有研究不足，本研究将网络时代的网络表达进行重点考量，对政府信任进行解释途径和框架的扩展。本文可能的贡献和创新性在于，一是研究方法的可验证性，在数据清洗整理后，将政治性的网络表达纳入政府信任解释框架，采用线性回归和逻辑回归等数理模型进行验证；二是解释框架上，扩展了网络环境下政府信任的影响因素，区分了网络使用和网络表达，首次对网络表达这一动态的、时代的因素进行重点关注，特别是引入调节变量分析了政治性网络表达对政府信任的影响，此外进行了网民和非网民的比较研究、考察了网络表达和现实表达是否存在延续性和强化机制；三是数据来源的权威性，采用了中国社科院社会学研究所2013年中国社会状况综合调查（CSS2013）这一严格意义上学术机构的数据。最后，在网络社会背景下网络表达蓬勃发展情境下，根据实证研究的结论，提出增强政府信任的政策建议，以期为加强和改进网络治理，探索提升网络时代政府信任的实践提供借鉴。

三　研究设计

（一）研究问题和研究假设

本文的研究聚焦于以下核心问题：第一，网络时代影响政府信任的解释变量究竟有哪些？第二，网络表达是否是政府信任的影响因素？如果有影响，其程度和方向究竟如何；第三，在这一解释框架中，网络表达与网络使用、网络表达与现实表达的关系是什么？

基于以上分析，本文共提出以下研究假设：假设1：人口统计学变量、政治参与、政府绩效、社会价值观、社会资本、社会心理、网络使用是政府信任的影响因素。假设2：网络表达是影响政府信任的调节变量。假设3：网络表达与线下表达具有延续和强化效应。

（二）数据

本研究所使用的数据来自于"中国社会状况综合调查"（Chinese Social Survey，CSS），并得到该组织授权。该调查由中国社会科学院社会学研究所组织实施，旨在通过一项全国范围内的、双年度的大型调查，获得经济社会变迁的基础数据，为调查分析和公共决策提供数据依据。为保证样本对母体的解释力，该调查采用连续性长期纵贯概率抽样方法，可以估算出抽样误差来推断母体情况，在社会科学各研究领域获得了较多的关注、应用和认可，本研究采用的是2013年数据，经数据清洗赋值后备用。

（三）变量、测量和描述性统计

1. 因变量。因变量是政府信任。政府信任是一种内在的心理状态，其形成机制和构成要素十分复杂，具有多个维度，对政府信任的测量方法和指标，学界尚未取得一致意见，不同数据来源的政治信任测量值存在较大差异。Blind认为，宏观层面对组织的信任和微观层面对个体的信任成为政府信任的两个构面[1]，上官酒瑞则认为，人格信任和制度信任的前后

---

[1] Blind P. K, *Building Trust in Government in the Twenty-First Century: Review of Literature and Emerging Issues* 2007.

相继,构成了当代政治信任的变迁①。政府信任的测量有直接测量和间接测量两种方式,前者直接询问民众对政府的信任程度并进行打分,后者通过结构化的问卷进行。在间接测量中,政府信任属于潜变量问询,不能被直接观测到,需要借助问卷进行显性指标的测量而展现,本文根据以上思路,选取了以下三个问题来测量政府信任。分别是:您在多大程度上同意下列说法:(1)政府搞建设要拆迁居民住房,老百姓应该搬走;(2)老百姓应该听政府的,下级应该听从上级的;(3)国家大事有政府来管,老百姓就不用多管了。对这三个问题得分进行巴特利球形检验,得到 KMO 值为 0.607,每个题目上的载荷都大于 0.5,三题全部保留,采取三个题目得分的算术平均值来表征政府信任得分。政府信任均值为 2.96,高于中间值 2.5,表明被试群体的政府信任值处于中等偏上水平。标准差为 0.98,说明被试群体之间的政府信任值差异较大,但呈近似正态分布,显现出一定的右偏态,53.5% 的被访者该项得分在 3 分以上。

2. 自变量。关键变量:网络表达,选取"近三年来,您是否在互联网上讨论政治问题"测量政治性网络表达。仅有 6.2% 的受访者选择"是",政治性的网络表达比例尚低,而现实当中讨论政治问题的比例达到 38.8%,这表明网上网下的行为特征和延续性具有明显差异,网络不构成当前讨论政治的主渠道;但是,选择"否"的人群中有 33% 的选择了"愿意进行政治性的网络表达",这与愿意进行现实中网络讨论的比例 39% 较为接近,这表明了群体的潜在倾向性,网民具有非常浓厚的意愿进行政治性网络表达,需要我们给与足够的重视。

个体层面:静态的人口统计学方面,选取了性别、年龄、党员身份、教育、婚姻状况、户籍。性别是虚拟变量,将男性编码为 1,女性编码为 0;年龄是调查时的年龄,是连续变量;党员设置为 1,群众设置为 0,其他作缺失处理;教育程度由低到高分别进行赋值,为有序分类变量;婚姻状况是虚拟变量,未婚设置为 0,已婚设置为 1,离婚、同居等其他状态作缺失处理;户籍也做二分类变量处理,农业户口设置为 1,非农业户口

---

① 上官酒瑞:《从人格信任走向制度信任——当代中国政治信任变迁的基本图式》,《学习与探索》2011 年第 5 期。

设置为0。由于国人在收入问题上回答的沉默性、隐蔽性和前后矛盾性[①]，因此未将收入这一变量纳入解释框架。将性别、年龄、教育、婚姻状况、户籍作为控制变量纳入回归模型，目的在于控制人口统计学因素的影响后，探寻其他因素对政府信任的影响。

动态的政治行为方面，选取"近三年来，您是否参加过上访"测量非制度化政治参与；选取"近三年来，您是否参加过村居委会选举"测量制度化政治参与；这两个题目也是虚拟变量，有过则编码为1，没有则编码为0。结果显示，仅有3.3%的人进行过上访，而参加过村居委会选举的比例为44%，这表明非制度化政治参与并不是当前我国政治生活的主渠道，总体属于可控范围；而参加村居委会选举的比例不算高，考虑到被访者都属于成年人，虽然这一比例离政治冷漠较远，但也表明了被访者政治效能感的缺失。

社会角度，从社会资本、社会心理、价值观三个角度展开。这些指标都采用了李克特五级量表。社会资本维度，选取"在我周围，当前人们的信任状况还是不错的"进行测量，平均值为3.52，表明了较高的社会信任；社会心理维度，选取"总体上的社会公平状况"表征公平感知，平均值为3.25；"总体来说，您对生活的满意度"表征幸福感知，将原十分制改为五分制，得出平均值为3.37；价值观维度，选取"英明的国家领导人比好的法律、制度更能给人以信心"测量威权主义价值观，平均值为3.71，表明民众对好的领导人的期待；"有学问和有能力的人，在政治上应该享有比一般人更多的发言权"测量精英主义价值观，平均值为3.43，表明苏格拉底所倡导的精英主义和我国古代政治权威架构在当今的延续；"如果有下辈子，我还是愿意做中国人"测量爱国主义价值观，平均值为4.33，这表明了"我是中国人"获得了相当高的情感认同。

政府角度，选取政府绩效、信息公开、法治三个维度。这些指标也采用了李克特五级量表。政府绩效选取了"您认为地方政府在下列方面的工作做得好不好"所涉及的医疗卫生、生活保障、义务教育、环境保护、

---

① 江立华、陈文超：《试论问卷调查中的结构性张力及其制约——以2010年CGSS湖北区域调查实践为例》，《河南社会科学》2011年第2期。

发展经济、住房保障、扩大就业等七道问题，取其算术平均值，平均值为3.29；信息公开维度取"政府信息公开，增加政府工作的透明度"这道题的结果，平均值为2.88；法治维度取"依法办事，执法公平"这道题的结果，平均值为2.99。表1对自变量和因变量的描述性进行了分析统计。

表1　自变量和因变量的描述性统计分析

	最小值	最大值	平均数	标准差
性别	0	1	0.4511	0.49763
年龄	18	72	45.4905	13.66938
党员身份	0	1	0.1059	0.30768
教育	0	4	1.0925	0.70081
婚姻状况	0	1	0.8966	0.30452
户籍	0	1	0.6803	0.4664
上访	0	1	0.0329	0.17839
选举	0	1	0.4401	0.49642
网络使用	0	1	0.3157	0.46482
网络表达	0	1	0.062	0.24115
法治	1	5	2.9907	1.12959
信息公开	1	5	2.8783	1.14239
民生绩效	1	5	3.2884	0.69257
精英主义	1	5	3.4303	1.13756
威权主义	1	5	3.7162	1.04717
爱国主义	1	5	4.3276	0.67614
社会信任	1	5	3.5203	0.78461
总体公平	1	5	3.2455	1.04303
生活满意度	0.5	5	3.3723	0.93804
政府信任	1	5	2.9608	0.98291

四 研究方法、过程和发现

(一) 回归方法和回归结果

首先,对共线性指标 VIF 的考察结果显示,大部分变量 VIF 值在 1.5 以下,个别值达到 1.9,可以认为各变量之间不存在线性共变关系,符合建立回归方程的前置要求;其次,对缺失值个案做删除处理,分别建立含有解释变量网络使用和网络表达的方程,采用带有控制变量的多元阶层回归模型,将以上变量代入回归方程,进行逐步回归,考察各变量的回归系数方向和显著性是否始终如一,保证回归结果的稳健性;最后,对网络表达进行重点考察,用交互效应的方差分析检验调节效应是否成立,用网络表达与现实表达的 LOGISTIC 回归考察网络表达和现实表达是否存在延续性和强化机制。表 2 列出了将所有解释变量列入层次回归方程后的回归结果。

表 2　　　　网络时代政府信任的探索性层次回归分析

变量类型	解释变量	模型1:网络使用	模型2:网络表达
		标准化系数	
控制变量	性别	-0.005	-0.007
	年龄	0.137***	0.173***
	党员身份	-0.006	-0.01
	教育	-0.052***	-0.071***
	婚姻状况	0.013	0.015
	户籍	0.027*	0.045***
政治参与	上访	-0.005	-0.005
	选举	0	0.002
时代因素	网络使用	-0.113***	
	网络表达		-0.048***

续表

变量类型	解释变量	模型1：网络使用	模型2：网络表达
		标准化系数	
政府绩效	法治	0.058***	0.06***
	信息公开	0.057***	0.056***
	民生绩效	0.11***	0.111***
社会价值观	精英主义	0.175***	0.18***
	威权主义	0.051***	0.049***
	爱国主义	0.079***	0.084***
社会资本	社会信任均值	0.004	0.006
社会心理	总体公平	0.061***	0.064***
	生活满意度	-0.022*	-0.03**
有效样本数量		7286	7295
R平方		0.224	0.219
调整后R平方		0.222	0.217

注：* $p<0.05$；** $p<0.01$；*** $p<0.001$

（二）探索性回归分析发现

（1）人口统计学变量中，年龄、教育和户籍是显著影响政府信任的变量，年龄越大，政府信任越高，这与现有的部分研究结果一致[1][2]；受教育程度越高，政府信任得分越高，这也与现有的部分研究结果呼应[3]；户籍为农村的民众比户籍为城市的民众政府信任程度高，这也与现有部分研究结果类似[4]。性别并非是政府信任的影响变量；婚姻状况也不是政府

---

[1] 王绍光、刘欣：《信任的基础：一种理性的解释》，《社会学研究》2002年第3期。
[2] 晏艳阳、邓嘉宜：《互联网使用对居民政治信任的影响——基于中国家庭追踪调查（CFPS）的证据》，《湖南商学院学报》2016年第5期。
[3] 晏艳阳、邓嘉宜：《互联网使用对居民政治信任的影响——基于中国家庭追踪调查（CFPS）的证据》，《湖南商学院学报》2016年第5期。
[4] 高学德、翟学伟：《政府信任的城乡比较》，《社会学研究》2013年第2期。

信任的显著影响因素,这与现有的部分研究发现相互印证①;而党员身份也不是政府信任的显著影响因素,这与现有的研究一致②③。简言之,年龄、教育和户籍是网络时代政府信任的预测变量。

(2)政治参与方面,上访对政府信任的影响偏负向,参加村居委会选举对政府信任的影响可以忽略不计,两者都不构成统计学意义上的显著性,这与胡荣对农民群体关于上访与政府信任的研究结论相悖④,与李小勇关于选举与政府信任的研究一致⑤。可能因为其他未知因素的存在掩盖或稀释了两者对政府信任的影响,但其中的机制需要进一步研究讨论。简言之,非制度性政治参与与制度性政治参与都不是影响政府信任的判别因素。

(3)政府绩效方面,民生绩效、法治、信息公开都与政府信任显著相关。这与人们的直觉和常识相符,政府提供的公共产品和公共服务质量越高,法治水平越高,信息公开程度越高,政府信任程度也就越高。政府的信息公开程度是透明性的体现,政府信息公开与政府信任呈正向相关,这与周毅⑥、芮国强⑦、马得勇⑧等人的研究结论是相互印证的。简言之,民生绩效、法治、信息公开都是正向影响政府信任的解释变量。

(4)社会价值观方面,精英主义、威权主义、爱国主义都与政府信任正向相关。精英主义在关注精英与大众的权力关系时认为,精英是掌权的少数派而大众是被统治的少数派,有学问和有能力的人无疑可以归类于

---

① 苏振华、黄外斌:《互联网使用对政治信任与价值观的影响:基于CGSS数据的实证研究》,《经济社会体制比较》2015年第5期。
② 张明新、刘伟:《互联网的政治性使用与我国公众的政治信任——一项经验性研究》,《公共管理学报》2014年第1期。
③ 祁玲玲、赖静萍:《政府行为、政治信任与主观幸福感》,《学术研究》2013年第7期。
④ 胡荣:《农民上访与政治信任的流失》,《社会学研究》2007年第3期。
⑤ 李小勇、谢治菊:《收入分化、选举参与与农村居民对政府的信任》,《中共福建省委党校学报》2017年第3期。
⑥ 周毅:《公共信息服务质量问题研究——基于建立政府与公民信任关系的目标》,《情报理论与实践》2014年第1期。
⑦ 芮国强、宋典:《信息公开影响政府信任的实证研究》,《中国行政管理》2012年第11期。
⑧ 马得勇、孙梦欣:《新媒体时代政府公信力的决定因素——透明性、回应性抑或公关技巧》,《公共管理学报》2014年第1期。

精英范畴，对精英政治的认可导致了较高的政府信任；由于历史的传承和延续，特别是儒家文化的影响，威权主义至今在很多亚洲国家仍然具有较大影响力，回归结果证明对权威的崇拜和向往导向了较高的政府信任；爱国主义和对国家的认同是国家建构过程中的重要问题，表明了对"属于某个国家"的固化于内心、融化于血液的心理感受，回归结果也证明了爱国主义是政府信任的正向影响变量。简言之，精英主义、威权主义、爱国主义都是正向影响政府信任的解释变量。

（5）社会信任方面，回归结果表明，由于不具有统计学上的显著性，社会信任与政府信任没有明显关系。这与国内的主流研究结论[1]并不一致，而与国外的一项研究相佐证[2]。社会信任是一种普遍信任，政府信任是一种特殊信任，社会信任平均值高于政府信任平均值，这一结果表明政府信任和社会信任之间的疏离，需要再次反思两者之间宏观和微观上的适配关系，也契合了帕特南所认为的"社会信任与政治信任也许有关，也许无关"这一论断[3]。简言之，社会信任不是政府信任的显著影响因素。

（6）社会心理方面，回归结果表明，公平感知和生活满意度感知都是明显影响政府信任的变量，只不过二者具有方向性的差异。公平感知与政府信任是正向相关关系，这与张海良的研究结论是一致的[4]；生活满意度感知与政府信任是负向相关关系，这与我们的直觉和生活常识不符，但可以从"公民评定、文化转向和后现代性"假说当中寻找到答案[5]，这一假说认为，经济的发展会导致公民考虑事物顺序的变化，民主和自我表达将取代物质问题的顺位。由于满意度的升高带来的边际效用递减，期望值可能增加而最终导致对政府的批评。简言之，公平感知和生活满意度是政

---

[1] 雷叙川、赵海堂：《中国公众的社会资本与政治信任——基于信任、规范和网络视角的实证分析》，《西南交通大学学报（社会科学版）》2017年第2期。

[2] Claibourn M P, Martin P S, "Trusting and Joining? An Empirical Test of the Reciprocal Nature of Social Capital", *Political Behavior*, 2000, No.4.

[3] 罗伯特·帕特南：《独自打保龄：美国社区的衰落与复兴：the collapse and revival of American community》，北京大学出版社2011年版。

[4] 张海良、许伟：《人际信任、社会公平与政府信任的关系研究——基于数据CGSS2010的实证分析》，《理论与改革》2015年第1期。

[5] 王正绪、苏世军：《亚太六国国民对政府绩效的满意度》，《经济社会体制比较》2011年第1期。

府信任的显著影响因素。

（7）网络使用方面，回归结果表明，网络使用是显著影响政府信任的解释变量，回归系数为负数。这表明，网络使用会显著降低政府信任。虽然报纸、电视等传统媒体在全局上以宣传正面形象和主流内容为主，其思想政治教育和社会的再塑造过程在继续进行，技巧和方法也有了一定的与时俱进，但网络的出现消解弥散了传统的权威，喉舌作用效力减弱；网络具有去中心性和双向互动性，政治信息的传播渠道被垄断的可能性降低，网络时代的政府信任成为一道越来越难解的方程式。

（三）进一步研究发现

（1）网络表达对政府信任的再抑制效应。进行单因素 ANOVA 均值比较分析，可知使用网络组的政府信任均值为 2.51，而不使用网络组的政府信任均值为 3.17；进一步对网络使用组进行分析，网络表达组的政府信任均值为 2.31，未进行网络表达的政府信任均值为 2.55。这表明，在网络使用对政府信任负面影响的基础上，网络表达对政府信任又产生了抑制效应。网络表达的过程是信息传播、交互和再生产的过程，网络的放大器效应也导致了负面影响容易被点燃，情感的宣泄和利益冲突、甚至无利益相关者的看客心态也容易被利用和动员，一旦在情绪化的驱使下获得表面认同，形成群体极化，就会削弱网络的多元性而构筑一个更加封闭的闭环，对政府信任产生更深的再抑制效果。

表 3　　　　　　　　　　网络表达的抑制效应

		政府信任均值	N
网络使用 No		3.1722	6468
网络使用 Yes	网络表达 Yes	2.3122	536
	网络表达 No	2.5468	2417
	网络使用均值	2.5054	2984
	政府信任均值	2.9617	9452

注：组间差异 Sig. = 0.000

（2）网络表达对现实表达的延续和强化。网络上讨论的问题是现实问题的延续，网络在发挥平台作用的同时，是否会强化其聚合和动员作用，最终影响政府信任呢？采用 LOGISTIC 回归进行分析，表 4 的检验给出了我们答案。将网络使用组样本进行分析，网络表达的群体在现实中讨论政治问题的概率是不进行网络表达的群体的 7.03 倍。这表明了网络表达具有强大的议题构建能力和资源整合能力，网络表达在映射现实、延伸现实的同时，会反作用于现实，网络表达与现实表达互相交织彼此深化，涓涓细流可能汇成了江河湖海输入现实政治系统不断自我强化原有的偏见，政府信任面临的挑战将会陡增，必须正确引导。

表 4　　　　　网络表达与现实表达的 LOGISTIC 回归结果

	因变量：现实表达					
METHOD = ENTER	B	S.E.	Wald	df	显著性	Exp（B）
自变量：网络表达	1.951	0.138	200.964	1	0	7.033
常数	0.012	0.041	0.093	1	0.76	1.012

注：$R^2 = 0.123$

五　小结和讨论

（一）研究结论和政策建议

本文在以往研究基础上，结合网络时代特点，本文提出了一个网络时代政府信任的影响因素解释框架，从个体、社会和政府三个层面，即就人口统计学属性、政治参与、政府绩效、社会价值观、社会资本、社会心理等维度进行了模型校验，特别是首次对网络表达进行了调节效应检验，对网络表达对现实表达的延续和强化效应进行了分析，假设 1 得到部分证实，假设 2、假设 3 得到证实。具体而言，根据以下实证研究发现，可以通过以下组合措施来避免和修复政府信任的流失，提高网络时代政府信任。

（1）提高政府绩效对政府信任具有显著积极影响。政府绩效是影响政府信任的最强因素，标准化系数值为 0.11[①]。政府既需要在提供公共产品、公共服务上下工夫，对具体显性的医疗卫生、教育、住房保障、社会

---

① 为行文方便和不同回归方程系数值的统一，标准化系数值保留两位有效数字，下同。

保障、环境保护、发展经济等方面继续发力，做大蛋糕的同时让人民群众分到蛋糕，分享改革发展的成果，又要在隐性的二阶的政府绩效的可持续发展上进行增量增质挖掘。如需要结合网络社会的形势和浪潮，在第一手调研的基础上，科学确定现实社会和网络两个场域中政府绩效的表现和应用，形成结构合理、行之有效的绩效管理指标体系、工具和方法，进行压力传导和动力促进，重视结果运用的导向作用，以制度优化推进政府绩效提高，建设服务型政府，最终提高政府信任。

（2）法治和信息公开对政府信任具有显著积极影响。法治方面，标准化系数值为0.06。需要在立法、执法、司法、守法整个链条上推行法治，以科学立法推动严格执法，以公正司法维护政府守门人的形象，以政府守法带动公民守法，尤其是加大网络社区的法治，政府依法管网、企业依法办网、公民依法上网，在现实和网络两个场域践行和推动法治，增加政府信任。信息公开方面，标准化系数值为0.06。应该将信息公开看做是建设透明政府和政府流程再造背景下，政府为主体进行的网络表达表现形式，也是对网民为主体的网络表达的回应，在平台建设和信息公开渠道、效率等方面发挥网络时代的优势，以信息公开减少公众误解，压挤谣言生存和传播空间，提高政府信任。

（3）精英主义、威权主义、爱国主义、公平感知等社会价值观和社会心理都对政府信任产生正向影响。四者的标准化系数值依次为0.18、0.05、0.08、0.06。借助网络平台，树立"你不去占领，敌人就会去占领"的理念，积极抢占网络平台的话语权。技术训练和人文教育并重，培养现代精英公民；尊重威权文化的历史土壤和文化传统，宣传爱国主义观念，让公平正义入脑入心，增强民众凝聚力。

（4）网络表达对政府信任的双重影响机制。网络表达对政府信任产生再抑制效果，对现实表达存在延续和强化效应。网络时代使用网络的人越容易不信任政府，其接受了蜂拥而至的复杂信息，特别是其主动寻找或者机器算法推送了符合自己兴趣和价值观的信息，而且有部分是负面信息，而自我选择辨别能力却未能同步，信息茧房内自娱自乐，原有的思维定势可能会更加固化。网络表达的组间对比证明网络表达实际上具有抑制效应，也就是表达的过程是观点交锋的过程，多元化的思潮的碰撞给异质化的思维开启了对话的窗口，并更高概率的延续到现实。以上研究结论需要正确看待和从容应对。首先，天下大势浩浩荡荡，网络时代已经到来，批判性公民正在形成，需要主动适应而非简单抗拒；其次从标准化系数的角度而言，网络表达的标准化系数仅为 -0.05，但政府绩效（0.11）、精英主义（0.18）等因素的正影响完全可以抵消掉其负影响，属于可控范围，因此对该因素的负面影响不必大惊失色；再次，要从鲶鱼效应和负熵的角度，做出"和而不同"的解读，在供给侧改革的思路上，以信任削减为契机，政府与社会一起，主动自我转型升级，防止网络表达紊乱，也要防止网络表达冷漠，畅通利益表达机制，引导公民对政府态度更加积极，辨别能力更强，分析问题更加开放、包容和理性，理性思维推动"真理越辩越明"，最终推动民主政治发展。

（二）本文存在的局限性和优化方向

本研究依然存在一些不足，需要在以下途径进行优化。一是数据和技术上，本研究所基于的数据并非专为研究政府信任设计，有些变量的选择存在一定的主观性；采用概率抽样技术，虽然这一抽样技术是当前最完善且有科学依据的抽样方法，虽然经过信度检验，但有些样本进行了误报或谎报；此外可能存在登记或输入误差；并且有些样本未对特定问题进行回答，对这部分缺失数据进行了舍弃处理；该数据属于横截面数据，仅停留于某一时间段。以上缺陷进而有可能影响研究结论的准确性，可以尝试结合历次调查数据，用时间序列模型进行检验；二是概念界定和测度上，政府本身存在多个层级和多个部门，政府信任也就可以进行细分；政府信任及其影响因素涉及的很多概念尚有争议，对其界定存在不同观点；政府信任属于无法直接观察的潜变量，或即使能被观测但仍需要采取其他途径和方法加以综合完善，可以尝试开发结构化量表，以增加该项研究的普遍适用性；三是虽然进行了模型稳健性检验，但政府信任的发生和影响机制十分复杂，且是一个动态的过程；有些变量如政治效能感由于问卷未能涉及，本解释模型也就未能将其纳入解释变量；现有模型各变量之间可能存在相互作用机制或者中介、调节效应，未来需要在测量模型和结构模型方面做相关尝试。尽管如此，本解释模型将宏观上的总体情况与微观上的个体进行统一，模型拟合系数较好，该模型具有一定的解释力和实践指导意义。

Influence of Internet Expression on the Trust in Government
—An Empirical Research Based on the Data of CSS 2013

Zhou Yi, Liu Wei

Abstract: The object of this paper is to investigate the influence factors especially the internet expression on trust in government in the internet widely used context. The CSS 2013 data is used and regression result shows that age, education and place of household registration are the influence factors. Government performance, the rule of the law and information disclosure are the key positive influence factors. The value of elitism, authoritarianism, patriotism and the perception of equality are also the key positive influence factors. Internet expression has the double effects that means firstly it will strengthen the negative affect of internet usage and secondly it will increase the possibility of political discussion in the real world. The study makes a deeper investigation on the influence factors and relevant policy suggestions are given accordingly.

Key words: internet expression; trust in government; internet governance

政府绩效评价结构与公民政治体制支持

吕书鹏*

【摘要】 文章在第三波亚洲民主调查数据中国部分的基础上,实证研究了公民对各类政府绩效的评价是如何影响其对现有政治体制的支持水平的。研究发现,在我国现有的政治制度安排下,由于在政府信任与政治体制支持之间不存在缓冲区间,基于政府绩效的"特定支持"与基于政治价值观念的"普遍支持"之间呈现出一种强相关关系。而具体到不同类型的政府绩效对公民政制支持水平的影响力上,研究发现中央政府绩效较之于地方政府绩效,政府动机评价较之于政府能力评价,宏观经济状况较之于基层政府的公共服务,对政治体制支持水平的影响更大。

【关键词】 政治体制支持;政府绩效;政府信任;政治信任;合法性

一 关键概念及问题的提出

政治体制的合法性长期以来都是政治学研究的核心领域之一。一方面在于它的重要性——关系到政权和政治系统的稳定和存续[2],并且决定着

---

① 基金项目:国家社会科学基金青年项目"中国公民的政制支持研究"(15CZZ010);中国博士后科学基金面上资助项目"我国公民政制支持的生成机制与政治影响研究"(2016M602788);中央高校基本科研业务费专项资金项目"区域经济发展、政制合法性与超额合法性"(SK2017033)。感谢南京大学政府管理学院肖唐镖教授对研究的资助和指导。

* 作者简介:吕书鹏,香港中文大学政治与行政学博士,西安交通大学公共政策与管理学院讲师。

② Weber M. The Nature of Social Action. In W. G. Runciman & E. Mathews (Eds.), *Max Weber: Selections in Translation* (pp. 7-32). Cambridge, UK: Cambridge University Press, 1978.

公民的政治参与行为和方式①；另一方面在于它的难以获得性——不能通过暴力获得，而必须通过某种方式赢得和维系②③。本文要讨论的因变量——政治体制支持（regime support）（以下简称：政制支持）可以看作是政治体制合法性在普通民众心理上的具体投射，这样使得抽象的政体合法性问题可以通过具体的调查问卷来测量。政治体制支持（regime support）这一概念源自伊斯顿在《政治生活的系统分析》中对政治支持（political support）的区分：普遍支持（diffuse support）和特定支持（specific support），前者主要指向政治体制，后者主要指向政治权威④。本研究所关注的政制支持对应的是前者，即人们认为一个国家所创造和维持的现有政治制度最适合当下社会⑤。

关于我国现有政治体制合法性的来源与影响因素，已有的研究发现主要包括传统政治文化⑥，回应性⑦，精英的深度嵌入⑧⑨，权力更迭的有序化⑩，对西方式民主价值的偏好与否⑪，民族主义情感和稳定偏好⑫等。其中国内外文献最多，讨论最为激烈的是政治与经济绩效因素。在韦伯提出合法性这一概念之初，绩效合法性因素并未得到足够的关注，譬如韦伯在

---

① 吕书鹏：《不同政府信任类型对公民政治参与的影响——基于第三波 ABS 数据的实证研究》，《华中师范大学学报（人文社会科学版）》2017 年第 4 期。

② 燕继荣：《论政治合法性的意义和实现途径》，《学海》2004 年第 4 期。

③ Zhao D. The Mandate of Heaven and Performance Legitimation in Historical and Contemporary China. *American Behavioral Scientist*, 2009, 53: 416 – 433.

④ Easton D. A Reassessment of the Concept of Political Support. *British journal of political science*, 1975, 5: 435 – 457.

⑤ Lipset, S. M. *Political Man: The Social Bases of Politics*. Garden City, NY: Doubleday, 1960: 77 – 96.

⑥ Shi T. Cultural Values and Political Trust: A Comparison of the People's Republic of China and Taiwan. *Comparative Politics*, 2001, 33: 401 – 419.

⑦ Nathsn A J. Authoritarian Resilience. *Journal of Democracy*, 2003, 14: 6 – 17.

⑧ Dickson B J. Integrating Wealth and Power in China: The Communist Party's Embrace of the Private Sector. *China Quarterly*, 2007, 192: 827 – 854.

⑨ Mcnally C A, Wright T. Sources of Social Support for China's Current Political Order: The "thick embeddedness" of Private Capital Holders. *Communist and Post – Communist Studies*, 2010, 43: 189 – 198.

⑩ Fewsmith J. *Elite Politics in Contemporary China*. M. E. Sharpe, 2001: 35 – 60.

⑪ Zhong Y, Chen Y. Regime Support in Urban China. *Asian Survey*, 2013, 53: 369 – 392.

⑫ Chen J, Zhong Y, Hillard J W. The Level and Sources of Popular Support for China's Current Political Regime. *Communist and Post – Communist Studies*, 2013, 30: 45 – 64.

区分合法性的来源时,提出了传统型、魅力型和法理型[1],但并未提及政绩合法性。后续有学者开始强调政绩在维持政治体制稳定性中的作用,但是其仍然认为不能将政绩放入到合法性的各种术语中去,因为政绩属于工具性概念,而合法性则是一种评价性概念[2]。与之不同的是赵鼎新在他的论述中大幅提升了政绩在合法性来源中的地位,按照他的分类,他将政绩与意识形态和法制选举并列为合法性的三个来源,而且他认为中国人对政绩的强调最早可以追溯到古代的"天命观"[3]。在毛泽东时代,政治体制的合法性主要来源于意识形态和领袖魅力;而改革开放以后,在缺乏法制选举和意识形态支持的情况下,政治和经济绩效成为中国现有政治体制获得合法性重要的来源[4]。这一点与二战后的以美、日、德为首的西方国家在较长的一段时间内享受着经济快速增长带来的高水平政治支持较为相似[5]。与上述观点不同的是,有学者认为虽然从短期来看,政府绩效确实为现有体制提供了合法性——因为数据显示对政府绩效较高的评价确实有助于提升人们的政治信任,但是从长远来看,经济增长和工业化将会导致更多的人转变为批判性公民(Critical Citizens),这类人更不愿意相信现有政治体制、政府机构和政治权威[6]。这种转变过程在发达国家从20世纪60年代已经开始,其主要特点是主流价值观从物质主义向后物质主义演化,主要表现为:重视政治参与和个人自由,对于边缘群体容忍度更高,支持性别平等,更高水平的人际信任,当然最重要的是对于政治权威不再像以往那样恭维,

---

[1] Weber M. The Nature of Social Action. In W. G. Runciman & E. Mathews (Eds.), *Max Weber: Selections in Translation* (pp. 7 - 32). Cambridge, UK: Cambridge University Press, 1978.

[2] Lipset, S. M. *Political Man: The Social Bases of Politics*. Garden City, NY: Doubleday, 1960: 77 - 96.

[3] Zhao D. The Mandate of Heaven and Performance Legitimation in Historical and Contemporary China. *American Behavioral Scientist*, 2009, 53: 416 - 433.

[4] Chen J, Zhong Y, Hillard J W. The Level and Sources of Popular Support for China's Current Political Regime. *Communist and Post-Communist Studies*, 2013, 30: 45 - 64.

[5] Schlozma N K L. Disaffected Democracies: What's Troubling the Trilateral Countries. *Foreign Affairs*, 2000, 79: 186.

[6] Zhengxu Wang. Before the Emergence of Critical Citizens: Economic Development and Political Trust in China. *International Review of Sociology*, 2005, 15: 155 - 171.

而且在必要时会通过各种抗争行为挑战政府①②。与之类似的是，吕书鹏和朱正威在对政治信任区域差异进行研究时，发现越是经济发达地区的居民越可能倾向于不相信中央政府③，如果将这一静态观察放入动态视角的话，似乎可以作为上述论点在中国的佐证。也就是说，虽然政府在发展经济上的绩效，从短期来看有助于提升人们对现有政府和政体的支持，但是从长远来看有可能降低这种支持。与上述研究不同的是，本研究拟从政府绩效结构这一新的角度分析政绩对于政治体制支持的影响。具体地说，将在问卷数据的基础上对于现有的政绩进行分类，并对各类政绩对政制支持的影响进行比较和排序。

二 变量测量与研究设计

本研究采用第三波亚洲民主调查数据中国部分，抽样范围涵盖了共25个省级行政单位，抽样总体人口覆盖率达到了94.87%。抽取家庭的方法为基于行政单位的分层抽样，抽样家庭内部个体的方法为根据Kish表随机抽样。采取面对面的问卷法作为具体的调研方法。共采集到3473个有效样本个体，其构成情况如表1所示。

表1　　　　　　　　　　　　样本构成情况

项目		频数	有效百分比
性别	男	1815	52.3%
	女	1653	47.7%
户口	农业	2398	69.2%
	非农业	1068	30.8%

---

① Inglehart R. *Modernization and Postmodernization: Cultural, Economic, and Political Change in 43 Societies*. Princeton, NJ: Princeton University Press, 1997: 67-107.

② Wang Z, You Y. The Arrival of Critical Citizens: Decline of Political Trust and Shifting Public Priorities in China. *International Review of Sociology*, 2016, 385: 1-20.

③ 吕书鹏、朱正威:《政府信任区域差异研究——基于对China Survey 2008数据的双层线性回归分析》，《公共行政评论》2015年第2期。

续表

项目		频数	有效百分比
教育水平	文盲或小学辍学	605	17.5%
	小学卒业	590	17.1%
	初级中学辍学	212	6.1%
	初级中学毕业	990	28.7%
	高级中学辍学	73	2.1%
	高级中学、中级专科、技术类学校毕业	628	18.2%
	夜晚大学、职业大学、函授大学或自考类大学	61	1.8%
	全日制大专及本科毕业	277	8.0%
	研究生及以上	19	0.5%
年龄	30 岁及以下	742	21.4%
	31 至 45 岁	988	28.5%
	46 至 60 岁	1107	31.9%
	61 岁及以上	631	18.2%

(一) 因变量测量

本研究在参考已有实证研究研究测量方法的基础上，考虑到亚洲民主调查中已有的问项实际情况，采用以下表 2 中所示四个变量测量居民对政治体制的支持水平[1][2][3]。

---

[1] Chen J, Dickson B J. Allies of the State: Democratic Support and Regime Support among China's Private Enterpreneurs. *China Quarterly*, 2008, 196: 780 - 804.

[2] 吕书鹏:《差序政府信任与政治体制支持》,《西安交通大学学报（社会科学版）》2017 年第 6 期。

[3] Zhong Y, Chen Y. Regime Support in Urban China. *Asian Survey*, 2013, 53: 369 - 392.

表2　　　　　　　政制支持水平各变量的描述性分析

（单位:%）

政制支持各变量	非常同意	同意	不同意	非常不同意	缺失合计
F7 从长久来看，我国的政治制度能够解决我们面临的大部分问题	10.1	65.6	9.1	0.4	14.7
F8 整体上讲，我以我国现有的政治制度为荣	9.6	68.2	9.0	0.4	12.7
F9 就算我国的政治制度有一些个问题，民众也应该支持	7.9	61.2	18.9	0.8	11.2
F10 与其他国家相较，我宁愿生活在我们现有的政治制度之下	10.4	66.8	9.3	0.9	12.6

注：N=3743。

从表2中可以看到，从受访者的表述来看，我国民众的政制支持水平是比较高的。表现在有70%—80%的群众对上述四问项表示"同意"或"非常同意"，表示"不同意"的很少，而表示"非常不同意"的人均未超过1%。对上述四项表述的因子分析结果如表3所示：

表3　　　　　　　政制支持水平各变量的因子分析

原始问项	因子负载	共同度
F8 整体上讲，我以我国现有的政治制度为荣	0.834	0.695
F10 与其他国家相较，我宁愿生活在我们现有的政治制度之下	0.805	0.648
F7 从长久来看，我国的政治制度能够解决我们面临的大部分问题	0.800	0.640
F9 就算我国的政治制度有一些个问题，民众也应该支持	0.712	0.508

注：KMO值=0.777；Bartlett球形度检验显著性水平<0.001；主成分分析提取法；未旋转；特征值=2.49/4.00；信度检验Cronbach's Alpha=0.792。

表3信息显示：（1）上述四问项具有高度的一致性，按照特征值大于1的筛选标准，提取一个公因子；（2）Kaiser－Meyer－Olkin值接近0.8，并且通过了Bartlett球形度检验，说明四变量很适合因子分析；（3）特征值达到了2.49/4.00，解释变异也达到了较高的百分比，说明提取因子有较强的解释力；（4）对应的信度检验Cronbach's Alpha值接近0.8，说明因子分析有较高的信度水平。据此，根据上述因子分析的变量负载，构建本研究的因变量——政制支持水平指数 = F7 * 0.800 + F8 * 0.834 + F9 * 0.712 + F10 * 0.805。

（二）自变量测量

考虑到研究需要和第三波亚洲民主调查的具体问题，本研究拟考察以下五组自变量与因变量之间的关系：（1）受访者对中央和地方政府能力的综合评价；（2）受访者对中央和地方政府动机的认定；（3）受访者对宏观经济状况的感知和对微观公共服务水平的评价；（4）受访者对中央和地方政府腐败程度的评价；（5）受访者对中央和地方政府各自的信任水平。

（1）对中央政府能力的综合评价由以下三问项测量："A34a 您认为中央在促进经济增长上有多大能力；A34b 您认为中央在降低贫富差距上有多大能力；A34c 您认为中央在打击贪污腐败上有多大能力。"而对地方政府的能力综合评价由对应的三变量测量："A34a 您认为地方在促进经济增长上有多大能力；A34b 您认为地方在降低贫富差距上有多大能力；A34c 您认为地方在打击贪污腐败上有多大能力。"受访者被要求从"有完全足够的能力 = 4；有些能力 = 3；没什么能力 = 2；完全没有能力 = 1"四个选项中进行选择。为了避免多重共线问题，这里通过因子分析对各原始变量进行了整合，结果见表4。可以看到表4中的Kaiser－Meyer－Olkin值大于0.7，并且通过了Bartlett球形度检验，说明上述变量适合进行因子分析。信度检验的Cronbach's Alpha值超过了0.8，说明数据具有很高的信度。根据因子分析的结果，分别计算中央和地方政府能力评价指数如下：中央政府能力评价指数 = A34a * 0.810 + A34b * 0.822 + A34c * 0.770；地方政府能力评价指数 = A35a * 0.854 + A35b * 0.877 + A35c * 0.859。

表 4　　　　　　对中央和地方政府能力的综合评价因子分析

原始问项	因子负载		共同度
中央政府绩效评价	因子 1	/	/
A34a 您认为中央在促进经济增长上有多大能力	0.810	0.094	0.666
A34b 您认为中央在降低贫富差距上有多大能力	0.822	0.232	0.730
A34c 您认为中央在打击贪污腐败上有多大能力	0.770	0.309	0.688
地方政府绩效评价	/	因子 2	/
A34a 您认为地方在促进经济增长上有多大能力	0.150	0.854	0.752
A34b 您认为地方在降低贫富差距上有多大能力	0.250	0.877	0.832
A34c 您认为地方在打击贪污腐败上有多大能力	0.242	0.859	0.796

注：KMO 值 = 0.725；Bartlett 球形度检验显著性水平 < 0.001；主成分分析提取法；旋转方法为最大方差法。中央政府能力评价因子的特征值 = 1.16/6.00；地方政府能力评价因子的特征值 = 3.33/6.00。信度分析 Cronbach's Alpha 值 = 0.84。

（2）在受访者对中央和地方政府动机的认定上，分别以如下两问项测量："我们想知道您对下面说法的意见？中央政府的确是想为广大人民谋福祉。完全不同意 = 1；不同意 = 2；同意 = 3；完全同意 = 4。""我们想知道您对下面说法的意见？当地政府的确是想为广大人民谋福祉。完全不同意 = 1；不同意 = 2；同意 = 3；完全同意 = 4"。

（3）在受访者对宏观经济的感知上，由以下三变量测量："A12. 您认为我国目前整体的经济状况如何？非常好 = 5；比较好 = 4；不好不坏 = 3；不太好 = 2；非常不好 = 1；A13 您认为与五年前相比目前我国的经济状况有何变化？好很多 = 5；好一些 = 4；跟以前一样 = 3；差一些 = 2；差很多 = 1；A14 您认为五年后我国的整体经济状况会有何变化？好很多 = 5；好一些 = 4；跟以前一样 = 3；差一些 = 2；差很多 = 1。"同样为了避免多重共线问题，这里通过因子分析对各原始变量进行了整合，并在分析过程中放入了微观层面的测量家庭经济状况的变量，如表 5 所示。表中的 Kaiser - Meyer - Olkin 值大于 0.7，并且通过了 Bartlett 球形度检验，说明上述变量适合进行因子分析。Cronbach's Alpha 值达到了 0.724，说明数据有较高的信度。根据因子分析的结果，计算宏观经济感知指数 = A12 * 0.751 + A13 * 0.827 + A14 * 0.744。

表 5　　　　　　　对中央和地方政府能力的综合评价因子分析

原始问项	因子负载		共同度
宏观经济评价因子	因子 1	/	/
A12 您认为我国目前整体的经济状况如何?	0.751	0.095	0.573
A13 您认为与五年前相比目前我国的经济状况有何变化?	0.827	0.143	0.705
A14 您认为五年后我国的整体经济状况会有何变化?	0.744	0.180	0.585
家庭经济评价因子	/	因子 2	/
A15 您家目前的经济情况怎么样?	-0.011	0.779	0.606
A16 与五年前相比您家的经济情况有什么变化?	0.299	0.737	0.633
A17 您认为五年后您家的经济情况会有什么变化?	0.174	0.686	0.500

注：KMO 值 = 0.725；Bartlett 球形度检验显著性水平 < 0.001；主成分分析提取法；旋转方法为最大方差法。宏观经济评价因子的特征值 = 2.47/6.00；家庭经济评价因子的特征值 = 1.14/6.00。信度分析 Cronbach's Alpha 值 = 0.724。

在本组的另一个变量受访者对基层政府公共服务评价上，由以下四问项测量："您认为在遇到以下事情时和地方政府打交道方便吗？C16a 办理身份证、护照、出生证；C16b 给孩子注册上学；C16c 在周边医院看病或者拿药；C16d 在需要时获取警察的帮助。很困难 = 1；困难 = 2；容易 = 3；非常容易 = 4。"因子分析如表 6 所示。表中的 Kaiser – Meyer – Olkin 值大于 0.7，并且通过了 Bartlett 球形度检验，说明上述变量适合进行因子分析。Cronbach's Alpha 值达到了 0.804，说明数据有很高的信度。根据因子分析的结果，计算基层政府公共服务评价指数 = C16a * 0.760 + C16b * 0.784 + C16 c * 0.766 + C16d * 0.748。

（4）受访者对中央和地方政府腐败程度的评价，分别以如下问项测量："请问您，如下人员中贪污腐化的情况普遍不普遍？E25a 地方政府官员；E25b 中央政府官员。几乎没有 = 1；没有多少人 = 2；相当普遍 = 3；几乎都贪污 = 4。"

（5）受访者对中央和地方政府各自的信任水平，分别以如下问项测量："请问您对于下面这些机构的信任程度怎么样？C17b 中央政府；C17h（城市问）市政府/（农村问）县政府。完全可信 = 6；相当可信 = 5；有点可信 = 4；有点不可信 = 3；相当不可信 = 2；完全不可信 = 1。"

表6　　　　　　　基层政府公共服务评价变量的因子分析

原始问项	因子负载	共同度
C16a 您认为在遇到以下事情时和地方政府打交道方便吗？办理出生证、身份证、护照	0.760	0.577
C16b 您认为在遇到以下事情时和地方政府打交道方便吗？给孩子注册上学	0.784	0.614
C16c 您认为在遇到以下事情时和地方政府打交道方便吗？在周边医院看病或者拿药	0.766	0.587
C16d 您认为在遇到以下事情时和地方政府打交道方便吗？在需要时获取警察的帮助	0.748	0.559

注：KMO 值 = 0.767；Bartlett 球形度检验显著性水平 < 0.001；主成分分析提取法；未旋转。所提取的基层政府公共服务评价因子特征值 = 2.34/4.00。信度分析 Cronbach's Alpha 值 = 0.804。

（三）研究假设

如前文所述，已有的实证研究发现，民众对政府绩效的评价从整体上来说的确会正向影响其对现有政治体制的支持水平[1][2][3]。但是如果将民众的政绩评价对象分为中央政府和地方政府两类，那么可以发现他们对于中央和地方政府政绩评价是不同的，前者明显高于后者[4]。而且由于在我国公民政治概念中，中央政府与政治体制的距离更加接近，譬如部分文化程度低的受访者甚至搞不清楚政府信任和政制支持之间的区别[5]，据此提出研究假设一：政府绩效评价与公民的政制支持之间存在正相关关系，其中中央政府政绩对政制支持水平的影响显著高于地方政府政绩。

---

[1] Zhao D. The Mandate of Heaven and Performance Legitimation in Historical and Contemporary China. *American Behavioral Scientist*, 2009, 53: 416–433.

[2] Zhong Y, Chen Y. Regime Support in Urban China. *Asian Survey*, 2013, 53: 369–392.

[3] Inglehart R. *Modernization and Postmodernization: Cultural, Economic, and Political Change in 43 Societies*. Princeton, NJ: Princeton University Press, 1997: 67–107.

[4] 吕书鹏、肖唐镖：《政府评价层级差异与差序政府信任——基于2011年全国调查数据的实证研究》，《北京行政学院学报》2015年第1期。

[5] 吕书鹏：《差序政府信任：概念、现状及成因——基于三次全国调查数据的实证研究》，《学海》2015年第4期。

李连江曾经指出，在中国大陆老百姓严格区分了政府（尤其是中央政府）的动机和能力，人们相信中央政府在动机上是好的，但是并不相信其能够保证自己制定的政策得到有效地执行，这是导致农民"依法抗争"行为的主要原因[①]。相应地，本研究也将受访者对政府动机和能力评价做了区分。由于许多老百姓对于中央政府的信任主要是源于对其动机而不是能力的信任，因为数据结果显示不少民众在相信政府动机但不相信其能力的情况下仍然选择相信政府，这里提出研究假设二：相较于能力评价，公民对政府在动机上的肯定对于政制支持水平影响更大。

有学者将政府绩效问题区分为两类：一是严重的绩效问题，譬如国民经济的长期停滞，国家安全无法得到保障等，这类绩效问题会影响人们对政府当局乃至整个政治体制丧失信心；二是一般绩效问题，譬如基层官僚效率的低下等，这类绩效问题主要影响地方政府的合法性[②]。相应的，本研究在自变量中将政府绩效区分为宏观经济状况评价和基层政府公共服务评价两类，并分别构建宏观经济感知指数和公共服务评价指数进行测量。研究假设三：相较于对基层政府在公共服务上的评价而言，民众对宏观的国民经济状况的评价对于政制支持水平的影响更大。

三 研究发现

在完成了变量准备和研究假设之后，下面要做的是检验自变量是否对因变量产生显著影响，以及这种影响的方向和强度。这里以前文构建的政制支持指数作为因变量，分别构建 6 个 OLS 回归模型，结果如表 7 所示。其中模型 1 放入了中央和地方政府能力（主要是绩效）评价指数，模型 2 放入了对中央和地方政府动机的评价，模型 3 放入了宏观经济感知指数和公共服务评价指数，模型 4 为包括全部自变量和控制变量的全模型。从统计标准上看，所有模型中的最大 VIF 值均小于 4，且平均 VIF 值没有远大于 1 的情况，说明各模型均不存在多重共线问题。而模型 4 的调整后 R2

[①] Weitzshapiro R. The Local Connection: Local Government Performance and Satisfaction With Democracy in Argentina. *Comparative Political Studies*, 2008, 41: 285 – 308.

[②] Ibid..

达到了24.9%,说明自变量对于因变量有着较好的解释力。

表7　　　　　　　政治体制支持水平的一般线性回归模型

	模型1	模型2	模型3	模型4
	Beta (t)	Beta (t)	Beta (t)	Beta (t)
中央政府能力评价指数	0.184***			0.059**
	(9.994)			(3.230)
地方政府能力评价指数	0.094***			0.026
	(5.115)			(1.386)
中央政府动机评价		0.236***		0.150***
		(14.334)		(8.901)
地方政府动机评价		0.150***		0.043*
		(9.097)		(2.408)
宏观经济感知指数			0.266***	0.123***
			(16.148)	(7.319)
公共服务评价指数			0.082***	0.011
			(5.112)	(0.709)
对中央政府的腐败评价				-0.062***
				(-3.537)
对地方政府的腐败评价				-0.057**
				(-3.140)
对中央政府的信任				0.132***
				(7.212)
对地方政府的信任				0.074***
				(3.993)
非农业户口（参照：0=农业户口）	-0.058***	-0.051**	-0.036*	-0.010
	(-3.335)	(-3.016)	(-2.038)	(-0.605)
男性（参照：0=女性）	-0.007	-0.009	-0.023	-0.018
	(-0.457)	(-0.583)	(-1.411)	(-1.205)

续表

	模型1	模型2	模型3	模型4
年龄（岁）	0.144***	0.121***	0.123***	0.087***
	(7.731)	(6.593)	(6.683)	(4.950)
受教育程度（最低=0，最高=8）	-0.074***	-0.081***	-0.073***	-0.055**
	(-3.690)	(-4.136)	(-3.670)	(-2.929)
少数民族身份（参照组：0=汉族）	0.041*	0.034*	0.040*	0.012
	(2.525)	(2.161)	(2.509)	(0.782)
年家庭收入（万元人民币）	-0.019	-0.014	-0.024	-0.017
	(-1.196)	(-0.921)	(-1.500)	(-1.148)
自评社会地位（1=最低；10=最高）	0.070***	0.074***	0.054***	0.044**
	(4.272)	(4.625)	(3.336)	(2.876)
中国共产党党员（参照组：0=非党员）	0.049**	0.048**	0.054**	0.029+
	(2.869)	(2.883)	(3.190)	(1.812)
有宗教信仰（参照组：0=无宗教信仰）	-0.051**	-0.042**	-0.048**	-0.035*
	(-3.203)	(-2.704)	(-3.042)	(-2.338)
N	3473	3473	3473	3473
R^2	0.130	0.169	0.150	0.253
Adjusted R^2	0.127	0.166	0.147	0.249
Max VIF	1.610	1.610	1.610	1.660
Mean VIF	1.200	1.160	1.160	1.330

注：a. 因变量为政制支持指数，其最小值为3.15，最大值为12.60，均值为9.345，标准差为1.189；b. 回归使用最小二乘方差模型，自变量缺失值以序列平均数替换；c. 单元格内为标准化的回归系数（Beta），括号内为t值，? p<0.10. *p<0.05. **p<0.01. ***p<0.001，双尾检验。

资料来源：作者自制。

（一）控制变量对因变量的影响。在表7中，户口、性别、年龄、受教育程度、民族、年收入、相对社会地位、政治面貌和宗教信仰被作为控制变量放入回归模型。在未放入全部自变量的模型 1-3 中，非农业户口者较之于农业户口者，年长者较之于年轻人，教育水平低者较之于高者，少数民族较之于汉族，相对社会地位低者较之于高者，共产党员较之于非共产党员，无宗教信仰者较之于有宗教信仰者，在对现有政治体制的支持水平上要显著高一些。而在放入全部自变量的全模型 4 中，户口、民族和政治面貌对因变量的影响变得不再显著，其余仍保持显著的变量有年龄、教育程度、社会地位和宗教信仰因素，各变量的标准化系数和测量显著性水平的 t 值绝对值也有一定程度的减小。

（二）解释变量对因变量的影响。在表 7 中，模型 1-3 将各自变量分组依次放入回归模型，可以看到这种情况下所有的自变量对于因变量都有显著的影响。其中，中央政府绩效评价指数对因变量的影响无论在标准化回归系数还是在显著性上均要高于地方政府绩效评价指数，类似的情况也发生在对中央政府动机的评价和地方政府动机评价上，对中央政府的腐败评价和对地方政府的腐败评价，以及对中央政府的信任和对地方政府的信任三对自变量之间。这种情况在全变量模型 4 中依然存在。据此，研究假设一得到数据证实，即政府绩效评价与公民的政制支持之间存在显著的正相关关系，其中中央政府政绩对政制支持水平的影响显著高于地方政府政绩。

比较模型 1 和模型 2 可以看到，无论是中央政府还是地方政府，民众对其动机上的认可与能力的评价相比，对因变量的影响均要明显一些。表现在无论是标准化回归系数还是 t 值，前者均要大于后者。在模型 2 中，民众对中央政府动机评价的标准化回归系数为 0.236，t 值为 14.334，而对应的中央政府能力评价指数的标准化回归系数为 0.184，t 值为 9.994。而民众对地方政府动机评价的标准化回归系数为 0.150，t 值为 9.097，对应的中央政府能力评价指数的标准化回归系数为 0.094，t 值为 5.115。在全变量模型 4 中，这一现象得到了延续，只是各变量的回归系数和 t 值均有所减小，据此研究假设二也得到了数据的支持，相较于能力评价，公民对政府在动机上的肯定对于政制支持水平影响更大。

在模型 3 中，自变量中民众对宏观国民经济状况评价的标准化回归系数达到了 0.266，t 值达到了 16.148，而公民对基层政府在公共服务上评价的标准化回归系数仅有 0.082，t 值为 5.112，这意味着前者对政制支持水平的影响要显著大于后者。同样的对比放到全变量模型4中，结果并未发生改变，虽然前者的标准化回归系数减小到0.123，t值减小到7.319，但后者的标准化回归系数和t值则变得不再显著。据此，研究假设三得到了数据支持，相较于对基层政府在公共服务上的评价而言，民众对宏观国民经济状况的评价对于政制支持水平的影响更大。

四 结 论

以上的多元回归分析表明，在我国目前的政治制度安排下，由于在政府信任与政治体制支持之间不存在缓冲区间，基于政府绩效的"特定支持"与基于长时间积累的政治价值观念的"普遍支持"之间呈现出一种强相关关系。具体到不同类型的政府绩效对公民政制支持水平的影响，存在以下特点：(1)中央政府绩效对于因变量的影响力高于地方政府绩效。无论是在能力、动机、腐败程度上，中央政府所得到的评价与政制支持水平之间的关系都较之于地方政府所得评价更为密切和显著。之所以如此，一方面可能是由于在我国公民的政治概念里，中央政府权威相对于地方政府权威而言与现行的政治体制距离更近一些。另一方面是由于我国现有的自上而下的权力制度安排，将中央政府摆在了政治系统中最为重要的位置；(2)相对于政府能力而言，民众似乎更在意政府的动机。已有的研究已经表明，在对政府能力评价不高的情况下，民众对政府动机认可也足以导致他们选择相信政府[1]。本研究的结果显示，同样的情况在分析政制支持水平时也是适用的，政府动机评价对于政制支持水平的影响要显著高于政府能力评价；(3)宏观经济状况相较于基层政府在公共服务上的表现而言，对政制支持水平影响更大。就目前来看，老百姓似乎更加在乎政府在发展经济上的表现，在不控制其他自变量的情况下，宏观经济状况感知指数对于因变量的标准化回归系数达到了最高的0.266，这一数字甚至高于中央政府信任和中央政府动机评价各自的标准化回归系数。出现这一情况的原因，可能是由于我国目前的发展阶段决定了物质主义价值观仍然压倒后物质主义价值观，主导着人们对政府绩效的评判标准。

---

[1] LI L. Political Trust in Rural China. *Modern China*, 2004, 30: 228-258.

Government Performance Assessment Structure and People's Regime Support in China

Lv Shupeng

Abstract: Based on the data of a national survey, this study tried to find out how the evaluation of different types of government's performance affected people's regime support. Different from the western democracies, current study found that a lack of buffer between government trust and regime support resultes in a strong correlation between the performance – based "specific support" and value – based "diffuse support" in China. Regarding the impact on regime support affected by the various types of government's performance, results show that 1) central government's performance had greater impact than that of local government; 2) the government incentive evaluation had greater impact than government ability evaluation; and 3) the macroeconomic had greater impact than the public service provide by local government.

Key words: regime support; government performance; trust in government; political trust; legitimacy

公共政策分析

中国的农村党支部建设：问题与对策

——基于全国31个（省、区、市）256个村庄的调查与研究

黄振华　刘安宁[*]

【摘要】 十九大报告提出："党的基层组织是确保党的路线方针政策和决策部署贯彻落实的基础。"要以提升组织力为重点，把基层党组织建设成为宣传党的主张、贯彻党的决定、领导基层治理、团结动员群众、推动改革发展的坚强战斗堡垒。本文依托华中师范大学中国农村研究院"百村观察"项目研究，对全国256个基层党支部的现状进行实证调查，着重分析了现阶段我国村级党支部建设过程中存在的党员队伍建设薄弱、活动开展不太稳定以及群众路线动力不足等一系列问题。为进一步促进和完善农村党支部建设，推进农村基层党建工作深入发展，必须针对农村基层党建存在的问题，加强和改进农村党支部建设的全面探索与实践，本文对此提出相应的对策与做法，对进一步加强农村党支部建设提供一定的借鉴意义。

【关键词】 农村党支部；队伍建设；活动开展；党群关系

习近平总书记指出，党的工作最坚实的力量支撑在基层，最突出的矛盾问题也在基层，必须把抓基层打基础作为长远之计和固本之举。农村党支部是团结和领导农民群众进行战斗的堡垒，是领导农民群众建设有中国特色社会主义新农村的核心力量。为深入了解当前我国农村党支部建设的

---

[*] 作者简介：黄振华，华中师范大学政治科学高等研究院/中国农村研究院副教授，博士，硕士生导师；刘安宁，华中师范大学政治科学高等研究院/中国农村研究院硕士研究生。

实际情况,华中师范大学中国农村研究院依托"百村观察"项目组于2017年1月—2月对全国31个省256个村庄的支部书记进行了问卷调查和深入访谈。调查发现,现阶段我国农村党支部建设过程中呈现出队伍建设较为薄弱,民主建设缺乏活力;活动开展不太稳定,组织能力有待提高;党员参与较为积极,群众路线动力不足等一系列问题。为进一步促进和完善农村党支部建设,课题组提出以下建议:一是以结构整合作为队伍建设的目标,提升支部活力;二是以形式创新作为支部活动的基础,优化组织能力;三是以为民服务作为党群关系的基点,扩充参与动力;四是以政治建设作为提升支部的关键,强化政治功能。

一 农村党支部构成及发展现状

(一)党员队伍年龄构成及文化状况

1. 基层党组中老年党员数量较多,中青年党员数量较少

调查发现,在261个有效样本当中,基层党支部中60岁以上的党员有111人,占比42.50%,而30岁以下的党员仅有49人,占比18.80%,在整个基层党支部中的比重不足两成。30—60岁之间各年龄段的党员数量分布较为均匀。由此可见,在基层党组织中,老年党员数量较多,中年党员数量次之,青年党员数量较少。

表1　　　　　　　　基层党支部党员数量　　　　　　　(单位:个;%)

党员人数分组	频率	有效百分比
30岁以下	49	18.80
31—39岁	32	12.30
41—49岁	36	13.80
51—59岁	33	12.60
60岁以上	111	42.50
合计	261	100

注:有效样本:261,缺失值:0。

2. 东部地区中老年党员相对较多，青年党员较少

考察不同地区基层党组织党员数量发现，在261个有效数据中，对于东中西不同地区来说，60岁以上党员数量占比相对较高，分别为57.83%、32.71%、39.44%；在东部地区，30岁以下的党员数量最少，占比仅为14.46%，比重不足两成，而在西部和中部地区，30岁以下的党员数量占比均超过两成。由此可见，在经济发展较好的东部地区，中老年党员较其他地区多，青年党员较其他地区少。

表2　　　　　东中西部地区基层党支部党员数量　　　　（单位：个;%）

东中西地区分组	党员年龄分组					合计
	30岁以下	31—39岁	41—49岁	51—59岁	60岁以上	
东部地区	14.46	3.61	13.26	10.84	57.83	100（83）
中部地区	20.56	18.69	13.09	14.95	32.71	100（107）
西部地区	21.13	12.67	15.49	11.27	39.44	100（71）

注：有效样本：261，缺失值：0，$p = 0.021$。

3. 北方地区中青年党员数量多于南方地区

考察南北方地区基层党支部党员数量。在261个有效样本当中，我们将30岁—40岁年龄段之间的党员定义为中青年党员。则北方地区中青年党员的数量占比之和是37.16%，南方地区的中青年党员数量比重之和为26.35%，低于北方地区10.81%的占比。由此可见，经济较发达的南方地区中青年党员的数量反而低于北方地区。

表3　　　　　南北方地区基层党支部党员数量　　　　（单位：个;%）

南北方分组	党员年龄分组					合计
	30岁以下	31—39岁	41—49岁	51—59岁	60岁以上	
北方	25.66	11.50	15.93	13.28	33.63	100（113）
南方	13.51	12.84	12.16	12.17	49.32	100（148）

注：有效样本：261，缺失值：0，$p = 0.048$。

4. 老年党员与村庄收入呈"V"形增长趋势，青年党员则表现为"倒V"形下降趋势

研究不同收入水平村庄与不同年龄党员数量之间的关系情况。在259

个有效数据中,对于不同收入水平的村庄来说,收入从低收入、中低、中等、中高和高等收入不断升高的过程中,60岁以上的党员占比也分别为 22.00%、41.18%,34.61%,47.17%以及64.15%,呈现出"V形"增长趋势。反之30岁以下的青年党员,随着收入的增高,不同年龄党员的数量占比依次为22.22%、21.57%、30.77%、13.21%、7.55%,表现为倒"V形"降低趋势。由此可见,村庄的收入水平与党员的年龄分布有一定的相关性,随着收入的增加,老年党员的比例相对增加,年轻党员的占比随之减少。

表4　　　　　　　　不同收入村庄的党员年龄体现　　　　　　(单位:个;%)

村庄收入分组	党员年龄分组					合计
	30岁以下	31—39岁	41—49岁	51—59岁	60岁以上	
低收入	22.00	16.00	24.00	16.00	22.00	100 (50)
中低收入	21.57	19.61	9.80	7.84	41.18	100 (21)
中等收入	30.77	11.54	15.38	7.70	34.61	100 (18)
中高收入	13.21	9.41	13.21	17.00	47.17	100 (25)
高收入	7.55	5.66	7.55	15.09	64.15	100 (34)

注:有效样本:259,缺失值:2,$p = 0.004$。

5. 基层党员受教育年限为初中的占比高达六成以上,高知党员较为稀缺

考察基层党员的受教育年限发现,如表5所示,在246个有效样本中,受教育年限是初中的基层党员人数有148人,占比是60.16%;教育年限是高中的党员人数为75人,占比为30.49%,仅次于初中人数的比重;而受教育年限为大学及以上学历的人数占比最少,仅为2.03%。由此可知,基层党员受教育年限主要集中在初高中,大学及以上学历的高知党员数量最少。

表5　　　　　　　　基层党员受教育年限情况　　　　　　(单位:个;%)

教育年限分组	频率	有效百分比
小学	18	7.32
初中	148	60.16
高中	75	30.49
大学及以上	5	2.03
合计	246	100

注:有效样本:246,缺失值:15。

(二) 基层党组人数分布及发展状况

1. 村党小组数量在 5 及以下的村庄占比接近六成

考察不同村庄的党小组数量,如表 6 所示,村党小组数量在 5 及以下的村庄有 94 个,占比 59.87%;6—10 个的村庄有 43 个,占比 27.39%;11—15 个的村庄有 11 个,占比 7.00%;16 个及以上的村庄占比 5.74%。村党小组数量在 5 及以下的村庄占比最高,接近六成,其次为 6—10 个村党小组的村庄占比,两者之和接近九成。

表 6　　　　　　村党小组数量情况　　　　（单位:个;%）

村党小组分组	频率	有效百分比
5 及以下	94	59.87
6—10	43	27.39
11—15	11	7.00
16—20	6	3.83
21—25	1	0.64
26 以上	2	1.27
合计	157	100

注:有效样本:157,缺失值:104。

2. 村党小组的数量随着村庄收入的增加而增加

对不同收入水平村庄的村党小组数量进行对比分析,如表 7 所示,低收入、中低收入、中等收入、中高收入、高收入村庄中,村党小组数量在 5 个以下的占比分别为 77.42%、65.21%、62.07%、60.53%、38.89%。村党小组数量在 6—10 个中,高收入村庄占比最大,为 41.67%;中高次之,占比 26.32%,而中低收入占比为 21.74%;村党小组数量在 16—20 个的,高收入仍然占比最大为 11.11%,中低收入次之为 4.35%,中等收入最少占比 3.45%。由此可见,村党小组的数量与收入水平具有较高的相关性,村党小组的数量随着收入的增加而增加。

表7　　　　　　　　不同收入村庄的村党小组数量　　　　　（单位：个;%）

村庄收入分组	村党小组分组						合计
	5及以下	6—10	11—15	16—20	21—25	26及以上	
低收入	77.42	22.58	0.00	0.00	0.00	0.00	100（310）
中低收入	65.21	21.74	8.70	4.35	0.00	0.00	100（23）
中等收入	62.07	20.69	13.79	3.45	0.00	0.00	100（290）
中高收入	60.53	26.32	10.53	0.00	2.62	0.00	100（38）
高收入	38.89	41.67	2.78	11.11	0.00	5.55	100（36）

注：有效样本：157，缺失值：104，$p = 0.051$。

3. 近六成基层党支部党员在职干部在5人以内

考察基层党员在职干部数量情况，在259个有效样本中，基层党支部党员在职干部数量在5个以内的村庄有151个，占比为58.30%；6—10个的村庄有88个，占比为33.98%；而党员在职干部数量在11个及以上的村庄占比共计为7.72%。由此可见，基层党支部党员在职干部在5人以内的村庄占比接近六成。

表8　　　　　　　　基层党支部党员在职干部数量　　　　　（单位：个;%）

党员在职干部分组	频率	有效百分比
0—5	151	58.30
6—10	88	33.98
11—15	9	3.48
16—20	4	1.54
20以上	7	2.70
合计	259	100

注：有效样本：259，缺失值：2。

4. 近七成村庄基层流动党员人数在10人以下

考察不同村庄基层党组织流动党员人数情况。从表9中可以看出，259个有效样本中，基层流动党员人数在10人及以下的村庄有177个，占比为68.34%；11—20人的有38个，比重为14.67%；21—30人的有29个，占比为11.20%；而41—50人和51人以上的均有3个，比重均为

1.16%。由此可以看出,基层党组织流动党员中流动人数多集中在10人以下。

表9　　　　　　　基层党组织流动党员人数　　　　（单位:个;%）

流动党员人数分组	频率	有效百分比
10及以下	177	68.34
11—20	38	14.67
21—30	29	11.20
31—40	9	3.47
41—50	3	1.16
51以上	3	1.16
合计	259	100

注:有效样本:259,缺失值:2。

5. 南北方地区流出党员数量多在10人以内,南方占比低于北方

对南北地区的村庄流出党员数量进行对比分析,在253个有效样本中,南北方地区流出党员数量在10人及以下的占比分别为82.57%、66.67%,均超过六成;而流出党员人数在11—20人的南北方占比分别为10.09%、15.97%,所占数量相对较少。由此可见,南北方地区流出党员数量多集中在10人以内,北方地区党员流出数量高于南方。

表10　　　　　　南北方地区流出党员数量情况　　　　（单位:个;%）

南北方分组	流出党员分组						合计
	10及以下	11—20	21—30	31—40	41—50	51及以上	
北方	82.57	10.09	4.59	0.92	1.83	0.00	100（109）
南方	66.67	15.97	9.72	5.56	0.69	1.39	100（144）

注:有效样本:253,缺失值:8,$p=0.037$。

(三) 支部基础设施建设及支出状况

1. 近三成村庄没有村部办公大楼

考察村部办公大楼的建设情况,在261个有效的数据中,如表11所示,有村部办公大楼的村庄有191个,占比为73.18%;其中有70个村庄

没有村部办公大楼,比重达到26.82%。可见,近三成的村庄中没有村部办公大楼,农村基础设施建设有待全面普及。

表11　　　　　　　　　村部办公大楼建设情况　　　　　　（单位:个;%)

村部办公大楼	样本数	占比
有	191	73.18
没有	70	26.82
合计	261	100

注:有效样本:261,缺失值:0。

2. 南方地区村庄村部办公大楼建设情况好于北方

就南北不同地区村部办公大楼的建设情况而言,在261个有效数据中,北方地区建有村部办公大楼的村庄占比为53.98%;南方地区建有村部办公大楼的占比为87.84%,南方建有村部办公大楼的比例高出北方三成之多。可见,南方地区村庄村部办公大楼建设情况明显好于北方地区,这可能与南方地区经济发展优于北方有关。

表12　　　　　　南北方地区村部办公大楼的建设情况　　　　（单位:个;%)

地区分组	村部办公大楼 有	村部办公大楼 无	合计
北方	53.98	46.02	100 (113)
南方	87.84	12.16	100 (148)

注:有效样本:261,缺失值:0,p=0.000。

3. 西部地区村部大楼建设情况落后于中东部地区

考察东中西部地区村部办公大楼的建设情况。由表13可知,在261个有效样本中,东部地区和中部地区有村部办公大楼的占比分别为74.70%和75.70%,两者占比十分接近;而西部地区有村部大楼的占比略低,为67.61%,低于东中部地区占比。由此可见,东中部地区村部大楼建设要好于西部地区,说明地区因素对农村基础设施建设具有一定程度的影响,西部地区相比东中部地区发展相对落后。

中国的农村党支部建设：问题与对策　　159

表13　　　　　东中西部地区村部办公大楼建设情况　　　（单位：个;%）

东中西地区	村部办公大楼 有	村部办公大楼 没有	合计
东部地区	74.70	25.30	100（83）
中部地区	75.70	24.30	100（107）
西部地区	67.61	32.39	100（71）

注：有效样本：261，缺失值：0，p=0.457。

4. 随着村庄收入的增加，村部办公大楼的建设情况不断趋于良好

分析不同收入村庄村部办公大楼的建设情况。259个有效数据显示，随着村庄收入从低收入、中低、中等、中高到高收入不断增加的过程，村庄有村部办公大楼的占比分别为68.00%、66.67%、73.08%、77.36%、79.25%（见表14），基本呈现出显著的上升趋势。综合数据可以看出，随着村庄收入的逐步增加，村部办公大楼的建设情况也不断趋于良好。

表14　　　　不同收入村庄对村部办公大楼建设的影响　　　（单位：个;%）

村庄收入	村部办公大楼 有	村部办公大楼 没有	合计
低收入	68.00	32.00	100（59）
中低收入	66.67	33.33	100（51）
中等收入	73.08	26.92	100（52）
中高收入	77.36	22.64	100（53）
高收入	79.25	20.75	100（53）

注：有效样本：259，缺失值：2，p=0.520。

5. 近两成的村庄没有进行现代远程教育系统建设

考察党员干部现代远程教育系统的建设情况。如表15所示，在261个有效数据中，有远程教育系统的村庄有219个，所占比重为83.91%；没有远程教育系统的村庄有42个，占比达到16.02%。可以看出，近两成的村庄没有进行现代远程教育系统建设。

表15　　　　党员干部现代远程教育系统建设情况　　　（单位：个;%）

远程教育	样本数	占比
有	219	83.91
没有	42	16.09
合计	261	100

注：有效样本：261，缺失值：0。

6. 高中等收入的村庄党干远程教育系统建设情况最好

考察不同收入村庄的党干远程教育建设情况。数据显示，高收入村庄有党干远程教育系统的占比最高，为94.34%；其次是中等收入和中高收入的村庄，占比分别为90.38%、86.79%；中低收入和低收入的村庄，有党干远程教育系统的占比相对较低，分别为78.43%、68.00%（见表16）。通过对比看出，随着村庄收入的增加，党干远程教育系统建设总体呈上升趋势，中高等收入村庄的建设情况最好。

表16　　　　不同收入村庄党干远程教育建设情况　　　（单位：个;%）

村庄收入	党干远程教育 有	党干远程教育 没有	合计
低收入	68.00	32.00	100（50）
中低收入	78.43	21.57	100（51）
中等收入	90.38	9.62	100（52）
中高收入	86.79	13.21	100（53）
高收入	94.34	5.66	100（53）

注：有效样本：259，缺失值：2，$p=0.002$。

7. 超过三成的村庄没有党支部建设支出

就党支部建设支出情况而言，据表17显示，在249个有效数据中，2015年没有党支部建设支出费用的村庄为80个，占比达到32.13%；党支部建设支出在0—3万元的村庄所占比重最高，为60.24%；党支部建设支出在3万—6万、6万—9万、9万以上的村庄，占比最低，占比之和不足一成。可见，过半党支部的建设支出集中在0—3万元之间，32.13%的村庄没有党支部建设支出，占比超过三成。

表 17　　　　　　　15 年村庄党支部建设支出情况　　　　（单位：个;%）

党支部建设支出分组	样本数	占比
0	80	32.13
0—3 万	150	60.24
3 万—6 万	10	4.02
6 万—9 万	2	0.80
9 万以上	7	2.81
合计	249	100

注：有效样本：249，缺失值：12。

8. 北方地区党支部建设情况明显落后于南方地区

考察南北方地区的党支部建设支出情况。表 18 显示，在 249 个有效数据中，43.12% 的北方村庄没有党支部建设支出；在南方，这一比重为 23.57%；党支部建设支出在 0—3 万元之间，南方地区的占比为 64.29%，北方为 55.05%，南方高于北方；党支部建设支出为 3 万—6 万、6 万—9 万、9 万以上时，北方村庄所占比重之和仅为 1.84%，而南方地区的占比和为 12.15%。可见，南方地区的村庄党支部建设支出显著高于北方地区，超过四成的北方地区没有党支部建设支出，也说明北方地区经济发展落后于南方。

表 18　　　　　　南北方不同地区的党支部建设支出情况　　　　（单位：个;%）

南北方分组	党支部建设支出分组					合计
	0 元	0—3 万元	3 万—6 万元	6 万—9 万元	9 万元以上	
北方	43.12	55.05	0.92	0.00	0.92	100 (109)
南方	23.57	64.29	6.43	1.43	4.29	100 (140)

注：有效样本：249，缺失值：12，p = 0.107。

二　农村党支部活动及开展情况

(一) 支部民主活动开展情况

1. 党支部换届方式绝大多数为党员选举，极少数由乡镇任命

考察党支部换届方式情况，如表 19 所示，在 260 个有效样本中，党

员选举的村庄样本数为250个，占比96.15%；而乡镇任命的村庄只占极少数，所占比例仅为3.85%。由此可见，几乎绝大多数党支部换届均采取党员选举的形式，只有个别地区采取乡镇任命的方式。

表19　　　　　　　　党支部换届方式情况　　　　　　　（单位：个;%）

换届方式	样本数	占比
党员选举	250	96.15
乡镇任命	10	3.85
合计	260	100

注：有效样本：260，缺失值：1。

2. 支部选举投票参与度较高，委托投票的比重不足三成

如表20所示，考察支部选举委托票情况。在259个有效样本中，支部选举有委托投票的比例为26.64%；支部选举没有委托投票的比例为73.36%。由此可见，没有委托投票的比例是有委托投票比例的近乎三倍之多，大部分地区支部选举投票参与度较高。

表20　　　　　　　　支部选举委托投票情况　　　　　　（单位：个;%）

有无委托	样本数	占比
有	69	26.64
没有	190	73.36
合计	259	100

注：有效样本：259，缺失值：2。

3. 东部地区支部选举投票参与程度最高，西部次之，中部最低

考察东中西部地区支部选举委托票的情况。如表21所示，在259个有效样本中，东部地区有支部选举委托票的比例为14.63%，占比最少；中部地区占37.74%，占比最大；而西部地区为23.94%，介于两者之间。相对应而言，东部地区没有支部选举委托票的比例最大，占85.37%；西部地区次之，为76.06%；中部地区最少，占62.26%。由此可见，对于不同的区域，随着经济的增长，支部会议的参与度随之变化，其中以东部

地区参与程度最高,西部次之,中部最低。

表21　　　　　东中西部地区支部选举委托投票情况　　　（单位:个;%）

地区分组	支部选举委托票 有	支部选举委托票 没有	合计
东部地区	14.63	85.37	100（82）
中部地区	37.74	62.26	100（106）
西部地区	23.94	76.06	100（71）

注:有效样本:259,缺失值:2,p=0.002。

4. 选择口头委托投票的人数较多,占比较大

考察委托投票的不同方式,在68个有效样本中,其中31人为书面投票,占比45.59%,有37人选择口头委托投票方式,占比54.41%。由此可见,两种委托投票方式占比均较大,其中,选择口头委托投票方式略多于书面委托形式,两者相差一成左右。

表22　　　　　书面及口头两种委托投票方式的情况　　　（单位:个;%）

委托投票方式	样本数	百分比
书面	31	45.59
口头	37	54.41
合计	68	100

注:有效样本:68,缺失值:193。

5. 2015年组织党课次数五次以内占比最大,超过六成

对2015年组织党课次数的分析考察发现,261个有效样本中,2015年没有组织过党课的比例为3.06%;组织次数在5次以内占比62.84%;6—10次为11.11%;11—15次为19.16%;16—20次为1.15%;20次以上占比2.68%（见表23）;其中,2015年组织党课次数在5次以内的比例最大,占六成以上。由此可见,绝大多数地区2015年组织党课次数均在5次以内。

表 23	2015 年组织党课的次数情况	（单位：次；%）
2015 年组织党课次数分组	样本数	百分比
0	8	3.06
1—5	164	62.84
6—10	29	11.11
11—15	50	19.16
16—20	3	1.15
20 以上	7	2.68
合计	261	100

注：有效样本：261，缺失值：0。

6. 两委联席会议开展较频繁，多在10次以上

考察两委联席会议情况，如表24所示，在260个有效样本中，两委联席会议在五次以下的占比为23.86%；6—10 次的比例为16.92%；11—15 次占比28.46%；16 次以上为30.76%。由此可见，两委联席会议在10次以上的占比较多，占比总和接近六成。

表 24	两委联席会议开展情况	（单位：次；%）
两委联席会议分组	样本数	百分比
5 以下	62	23.86
6—10	44	16.92
11—15	74	28.46
16 以上	80	30.76
合计	260	100

注：有效样本：260，缺失值：1。

7. 上级党组织来村指导工作的次数在5次以上的占比不足五成

考察上级党组织来村指导工作的次数情况。如表25所示，在255个有效村庄样本中，指导次数在5次以下的村庄有139个，占比为54.51%；有57个村庄，指导次数在6—10 次之间，占比22.35%；而指导次数在11次以上的，共计占比23.14%。总而言之，上级党组织来村指导工作的次数在5次以上的占比不足五成。

表 25　　　　　上级党组织来村指导工作次数情况　　　（单位：次；%）

指导次数分组	频率	有效百分比
5 以下	139	54.51
6—10	57	22.35
11—15	26	10.20
16 以上	33	12.94
合计	255	100

注：有效样本：255，缺失值：6。

（二）支部理论学习开展情况

1. 近七成党支部党员理论学习教育活动举办次数在 5 次以内

调查数据显示，各党支部党员理论学习教育活动举办次数在 5 次以内的占比最高，为 68.35%，接近七成；举办次数 5 次以上的占比总和为 31.65%，不足举办次数在 5 次以内的 1/2。可以看出，绝大部分党支部党员理论学习教育活动举办次数在 5 次以内。

表 26　　　　　党员理论学习教育活动举办次数　　　（单位：次；%）

举办次数	样本数	占比
0—5	162	68.35
6—10	24	10.13
11—15	43	18.14
15 以上	8	3.38
合计	237	100

注：有效样本：237，缺失值：24。

2. 老年党员参与党支部党员理论学习教育人数多在 10 人以内

对各党支部党员理论学习教育 60 岁以上党员参与人数进行考察，调查结果发现，参与人数在 0—10 人之间的样本数有 123 个，占比 55.67%；参与人数在 11—20 人之间占比为 24.43%；参与人数在 21—30 人、31—40 人以及 41 人以上的占比分别是 9.05%、6.33% 和 4.52%。可见，老年党员参与党支部党员理论学习教育人数多在 10 人以内。

表27　　　党员理论学习教育60岁以上党员参与人数　　（单位：人;%）

参与人数	样本数	占比
0—10	123	55.67
11—20	54	24.43
21—30	20	9.05
31—40	14	6.33
41以上	10	4.52
合计	221	100

注：有效样本：221，缺失值：40。

3. 青年和中年党员参与专业技能培训活动的人数集中在11—20人之间

调查发现，各党支部党员专业技能培训活动30—60岁党员参与人数在0—10人之间的样本数有61个，占比26.87%；参与人数在11—20人之间的比重为29.52%；参与人数在21—30人、31—40人、41—50人和50人以上的占比分别是17.18%、9.69%、6.61%和10.13%。由此可见，近三成的党支部党员专业技能培训活动30—60岁党员参与人数在11—20人之间。

表28　　　党员专业技能培训活动30—60岁党员参与人数　　（单位：人;%）

参与人数	样本数	占比
0—10	61	26.87
11—20	67	29.52
21—30	39	17.18
31—40	22	9.69
41—50	15	6.61
50以上	23	10.13
合计	95	100

注：有效样本：227，缺失值：34。

4. 各党支部网上学习教育活动党员参与人数主要在21—40人之间

考察各党支部网上学习教育活动的党员参与人数情况。如表29所示，党员参与人数在21—40人之间的样本占比37.12%，比重最高；其次是参与人数在 0—20 人之间，占比 34.08%；参与人数在 41—60 人及 61 人以上的比重分别 16.67% 和 12.13%，比重最低。由此可见，各党支部网上学习教育活动党员参与人数主要在 21—40 人之间，一成左右的党支部参与人数能够达到 61 人以上。

表29　　　　　网上学习教育活动党员参与人数　　　（单位：人;%）

参与人数	样本数	占比
0—20	45	34.08
21—40	49	37.12
41—60	22	16.67
61 以上	16	12.13
合计	132	100

注：有效样本：132，缺失值：129。

5. 各党支部开展党的理论宣传活动情况较差

对各党支部党的理论宣传活动举办次数情况进行考察。举办次数在 0—2 次的占比为 51.46%，达到一半以上；举办次数在 3—5 次占比是 31.58%，而举办次数在 6 次以上的占比为 16.96%，占比最低。因此，各党支部党的理论宣传活动举办次数多表现为 2 次以内，总体来说举办情况有待提高。

表30　　　　　党的理论宣传活动举办次数　　　（单位：次;%）

举办次数	样本数	占比
0—2	88	51.46
3—5	54	31.58
6 以上	29	16.96
合计	171	100

注：有效样本：171，缺失值：90。

6. 党员参与理论宣传活动人数集中在 40 人以下，且北方占比高于南方

分析南北地区党员参加党的理论宣传活动的参与人数情况。如表31

所示，北方地区党员参与理论宣传活动人数在 0—20 人和 20—40 人之间的百分比别为 40.28%、45.83%；而南方地区这两项占比分别为 37.23% 和 28.72%，均低于北方地区。可见，南北地区党员参与理论宣传活动人数集中在 40 人以下，且北方地区党员参与人数高于南方。

表 31　　　　　南北地区党的理论宣传活动党员参与人数　　（单位：人;%）

南北地区 单位分组	党的理论宣传活动党员参与人数						合计
	0—20	20—40	40—60	60—80	80—100	100 以上	
北方	40.28	45.83	4.17	4.16	2.78	2.78	100 (72)
南方	37.23	28.72	18.09	7.45	3.19	5.32	100 (94)

注：有效样本：166，缺失值：95，$p = 0.045$。

(三) 党员对接服务开展情况

1. 四成以上支部青中年党员参与走访慰问"低保户""五保户"规模在 5 人以内

考察 30—60 岁党员走访慰问"低保户""五保户"的活动情况。参与人数在 0—5 人之间的占比为 41.08%，比重最高；其次是参与人数在 6—10 人之间的占比 30.81%；参与人数在 11 人以上的占比为 28.11%，比重最低。由此可见，各党支部中走访慰问"低保户""五保户"活动 30—60 岁党员参与人数以 5 人以内为主。

表 32　走访慰问"低保户"、"五保户"活动 30—60 岁党员参与人数（单位：人;%）

参与人数	样本数	占比
0—5	76	41.08
6—10	57	30.81
11 以上	52	28.11
合计	185	100

注：有效样本：185，缺失值：76。

2. 八成以上党支部走访慰问老党员、老村干活动举办次数在 2 次以内

考察各党支部走访慰问老党员、老村干活动的情况。在 198 个有效数据中，举办次数在0—2次的样本村庄有166个，占比83.83%；举办次数在6人以上的样本数有14个，占比7.08%；不足举办次数在0—2人占比的十分之一。由此可见，各党支部走访慰问老党员、老村干活动举办次数以2次以内为主。

表33　　　　走访慰问老党员、老村干活动举办次数　　（单位：次；%）

举办次数	样本数	占比
0—2	166	83.83
3—5	18	9.09
6以上	14	7.08
合计	198	100

注：有效样本：198，缺失值：63。

3. 超过半数的村庄党支部卫生清理等公益活动党员参与人数在20人以内

就各党支部村庄卫生清理等公益活动的党员参与人数而言，参与人数在0—20人之间的占比为51.88%，比重最高；参与人数在61—80人之间的占比1.87%（见表34），比重最低。由此可见，超过一半的党支部村庄卫生清理等公益活动党员参与人数在20人以内，参与人数在61人以上的占比不足一成。

表34　　　　村庄卫生清理等公益活动党员参与人数　　（单位：人；%）

参与人数	样本数	占比
0—20	83	51.88
21—40	52	32.50
41—60	9	5.63
61—80	3	1.87
81—100	6	3.75
101以上	7	4.37
合计	160	100

注：有效样本：160，缺失值：101。

4. 南北地区党支部村庄卫生清理等公益活动的党员参与集中在20人以内

考察南北地区各党支部党员参加村庄卫生清理等公益活动的人数情况。如表35所示，160个有效数据中，南北方参加人数在20人以内的占比最高，分别为52.58%和50.79%，占比均超过五成；参与人数在20—40人的占比中，北方地区为42.86%，南方地区为25.77%，比重低于北方。由此可见，南北地区各党支部村庄卫生清理等公益活动的党员参与人数以20人以内为主。

表35　　　　南北地区村庄卫生清理等公益活动党员参与人数　　（单位：人;%）

南北地区单位分组	村庄卫生清理等公益活动党员参与人数						合计
	0—20	20—40	40—60	60—80	80—100	100以上	
北方	50.79	42.86	1.59	0.00	3.17	1.59	100（63）
南方	52.58	25.77	8.25	3.09	4.12	6.19	100（97）

注：有效样本：160，缺失值：101，$p = 0.066$。

5. 党员群众职能的发挥效果整体来说较好，少部分地区效果较弱

考察农村党员服务群众职能的发挥效果。如表36所示，在259个有效样本中，将"非常好"和"比较好"两项占比之和设为认同率。有196个样本对党员服务群众的职能表示认同，认同率达到75.68%，超过七成。由此可见，七成以上村庄党员都能较好的服务群众，当前农村党员服务群众的发挥效果总体较好，也应加强对少部分薄弱地区的带动和引导作用。

表36　　　　　　　党员群众职能的发挥效果　　　　　　（单位：个;%）

配合度	样本数	占比
非常好	46	17.76
比较好	150	57.92
一般	50	19.31
较不好	13	5.01
合计	259	100

注：有效样本：259，缺失值：2。

三 农村党支部领导及评价情况

(一) 基层党员活动参与评价

1. 党员参与支部活动的积极性总体来说较高

从党员参与支部活动的积极性来看，在256个有效受访的村庄党支部中，大部分党支部的党员参与支部活动非常积极和比较积极的占比为22.27%和56.64%，比重之和为78.91%；仅有极少数村庄的党员参与支部活动较不积极，占比为3.12%。可以看出，绝大多数村庄党员都能够积极地参与党支部开展的活动。

表37　党员参与支部活动的积极性　（单位：个;%）

积极性	样本数	占比
非常积极	57	22.27
比较积极	145	56.64
一般积极	46	17.97
较不积极	8	3.12
合计	256	100

注：有效样本：256，缺失值：5。

2. 超七成村庄的党员参与理论学习较为积极

调查党员参与理论学习积极性的情况。如表38所示，在259个有效样本中，认为党员参与理论学习"非常积极"的村庄占比为18.92%，"比较积极"的占比为54.44%，两者共计占比73.36%。可见，超七成村庄认为党员参与理论学习较为积极。

表38　党员参与理论学习的积极性情况　（单位：个;%）

积极性	样本数	占比
非常积极	49	18.92
比较积极	141	54.44
一般积极	59	22.78

续表

积极性	样本数	占比
较不积极	8	3.09
很不积极	2	0.77
合计	259	100

注：有效样本：259，缺失值：2。

3. 北方地区党员参与理论学习积极性高于南方地区

调查发现，在259个有效样本中，北方地区认为党员参与理论学习"非常积极"的占比为20.72%，"比较积极"的占比为55.86%，合计76.58%；南方地区认为党员参与理论学习"非常积极"占比为17.57%，"比较积极"占比为53.38%，两者共计70.95%，低于北方地区的相应占比。由此可以看出，北方地区党员参与理论学习积极性高于南方地区。

表39　　　　　南北地区党员参与理论学习的积极性情况　　　（单位：个;%）

南北分组	理论学习积极性					合计
	非常积极	比较积极	一般积极	较不积极	很不积极	
北方	20.72	55.86	19.82	3.60	0.00	100（111）
南方	17.57	53.38	25.00	2.70	1.35	100（148）

注：有效样本：259，缺失值：2，$p = 0.589$。

4. 随着年龄的增长，党员开展理论学习的积极性呈现"V"形分布趋势

调查不同年龄段党员开展理论学习积极性的情况。在259个有效样本中，将"非常积极"与"比较积极"的占比相加设定为党员的积极性。其中，30岁以下党员的积极性最高，达到87.50%；30—39岁占比78.13%；40—49岁占比是63.89%，占比依次降低；而50—59岁党员开展理论学习的积极性随之升高，占比66.67%；60岁以上达到70.91%，呈现出"V"形增长趋势。可以看出，随着年龄的增长，党员开展理论学习的积极性呈现"V"形分布趋势。

表 40　　　　不同年龄段党员开展理论学习积极性情况　　　（单位：个；%）

年龄分组	党员开展理论学习积极性					合计
	非常积极	比较积极	一般	较不积极	很不积极	
30 岁以下党员	22.92	64.58	12.50	0.00	0.00	100（48）
30—39 岁党员	18.75	59.38	21.87	0.00	0.00	100（32）
40—49 岁党员	16.67	47.22	27.78	2.77	5.56	100（36）
50—59 岁党员	12.12	54.55	27.27	6.06	0.00	100（33）
60 岁以上党员	20.00	50.91	24.55	4.54	0.00	100（110）

注：有效样本：259，缺失值：2，$p=0.123$。

5. 在职干部党员数量在 16—20 人开展理论学习的积极性最高

调查发现，在 258 个有效样本中，将"非常积极"和"比较积极"相加为积极性。在职干部数量在 5 人以下至 20 人以上的党员开展理论学习的积极性占比分别为 70.67%、75.00%、66.67%、100%、73.25%。由此可以看出，在职干部党员数量在 16—20 人内开展理论学习的积极性最高。

表 41　　　不同在职干部党员数量开展理论学习的积极性情况（单位：个；%）

在职干部数量	党员开展理论学习积极性					合计
	非常积极	比较积极	一般	较不积极	很不积极	
5 以下	20.00	50.67	26.67	2.00	0.66	100（150）
6—10	15.91	59.09	18.18	5.68	1.14	100（88）
11—15	0.00	66.67	33.33	0.00	0.00	100（9）
16—20	75.00	25.00	0.00	0.00	0.00	100（4）
20 以上	18.99	54.26	22.87	3.10	0.78	100（258）

注：有效样本：258，缺失值：3，$p=0.252$。

6. 随着党员开会次数的增加，党员开展理论学习积极性也在上升

分析全体党员开会次数与党员开展理论学习积极性的情况。如表42所示，在259个有效样本中，将"非常积极"与"比较积极"占比相加为积极性，全体党员开会次数在5次以下、6—10次、11—15次16次以上时党员开展理论学习积极性的占比依次为71.02%、75.61%、70.77%、100%，随开会次数的增加占比相应升高。可以看出，随着党员开会次数的增加，党员开展理论学习积极性也在上升。

表42　　　　全体党员开会次数与开展理论学习积极性情况　　（单位：个；%）

开会次数	党员开展理论学习积极性					合计
	非常积极	比较积极	一般	较不积极	很不积极	
5以下	21.74	49.28	24.64	3.62	0.72	100（138）
6—10	7.32	68.29	21.95	2.44	0.00	100（41）
11—15	16.92	53.85	24.62	3.08	1.53	100（65）
16以上	33.33	66.67	0.00	0.00	0.00	100（15）

注：有效样本：259，缺失值：2，$p=0.360$。

（二）基层支部领导能力评价

1. 党员对支部工作的配合度整体来说较高

考察党员参与支部工作配合度的情况。如表43所示，在259个有效的村庄数据中，对支部工作十分配合的党员占比32.43%，超过三成；有149个村庄的党员对于支部工作比较配合，占比为57.53%，接近六成；有8.88%的党员对于支部工作一般配合；仅有极少数，占比1.16%的党员对于支部工作较不配合。由此可见，大多数村庄的党员对于支部的工作配合度高，占比接近九成。

表43　　　　　　党员对支部工作的配合度　　　　　（单位：个；%）

配合度	样本数	占比
十分配合	84	32.43
比较配合	149	57.53
一般	23	8.88
较不配合	3	1.16
合计	259	100

注：有效样本：259，缺失值：2。

2. 中青年党员对于支部的工作配合度最高

通过考察党员参与支部工作的配合度情况。将"十分配合"与"比较配合"的占比之和设置为配合率，从表44中可以看出，30岁以下和40—49岁的中青年党员对支部工作的配合率最高，占比依次为91.67%、91.66%；其次为50—59岁的党员，配合率为87.88%；配合率最低的为30—39岁的党员，为84.37%。由此可见，中青年党员对于支部的工作配合度最高。

表44　　　　　不同年龄党员配合支部工作情况　　　　（单位：个；%）

党员分组	配合支部工作				合计
	十分配合	比较配合	一般	较不配合	
30岁以下	29.17	62.50	8.33	0.00	100（48）
30—39岁	34.37	50.00	15.63	0.00	100（32）
40—49岁	36.10	55.56	5.56	2.78	100（36）
50—59岁	36.36	51.52	6.06	6.06	100（33）
60岁以上	30.91	60.00	9.09	0.00	100（110）

注：有效样本：259，缺失值：2，$p=0.319$。

3. 由东向西，党员对支部工作支持逐步降低，且东部地区配合率最高

考察东中西部党员配合支部工作情况，将"十分配合"与"比较配合"之和设置为配合率。如表45所示，东中西部地区党员配合支部工作的占比分别为93.90%、90.57%、84.50%。可见，由东向西，党员对支部工作支持逐步降低，且东部地区配合率最高。

表45　　　　　东中西部党员配合支部工作情况　　　　（单位：个；%）

东中西部分组	配合支部工作				合计
	十分配合	比较配合	一般	较不配合	
东部	34.15	59.75	4.88	1.22	100（82）
中部	31.14	59.43	8.49	0.94	100（106）
西部	32.39	52.11	14.08	1.42	100（71）

注：有效样本：252，缺失值：2，P=0.626。

4. 南方地区党员配合支部工作的占比高于北方地区

在252份村庄有效样本中，考察不同地区村庄党员配合支部工作的情况。由数据可知，把党员"十分配合"与"比较配合"之和设置为配合率，北方地区党员配合支部工作的占比为89.19%；南方地区配合率为90.54%。可见，南北地区党员配合率分别较高，但南方地区党员配合支部工作的比重要略高于北方地区。

表46　　　　　　　南北地区党员配合支部工作情况　　　　　（单位：个;%）

南北分组	十分配合	比较配合	一般	较不配合	合计
北方	32.43	56.76	9.01	1.80	100（110）
南方	32.43	58.11	8.78	0.68	100（148）

注：有效样本：252，缺失值：2，p=0.269。

5. 不同教育程度的党员对支部工作的配合度都达到八成以上，但高知群体占比最低

就不同教育水平党员配合支部工作的情况进行考察，把党员"十分配合"与"比较配合"之和设置为配合率。教育程度为小学、初中、高中、大学及以上的党员配合支部工作率的占比分别为83.34%、90.54%、90.67%以及80.00%；其中，大学及以上学历的高知党员所占比重最低。可见，不同教育程度的党员对支部工作的配合度都达到八成以上，但高知群体党员对支部工作的配合度还有待提高。

表47　　　　　　不同教育水平党员配合支部工作情况　　　　（单位：个;%）

党员分组	十分配合	比较配合	一般	较不配合	合计
小学	27.78	55.56	16.66	0.00	100（18）
初中	29.73	60.81	7.43	2.03	100（148）
高中	34.67	56.00	9.33	0.00	100（75）
大学及以上	40.00	40.00	20.00	0.00	100（5）

注：有效样本：246，缺失值：15，p=0.200。

(三) 基层支部服务能力评价

1. 过半数农村党员带富职能的发挥效果较好

考察党员带富职能的发挥效果，将"非常好"和"比较好"两项设置为认同率。在 259 个有效样本中，139 个样本对党员带富职能较为认同，认同率为达到 53.67%，超过半数。由此可见，半数以上村庄党员都较好地发挥带富职能，但同时也表明当前农村党员带富职能的发挥效果还有待提升。

表 48　　　　　党员带动致富职能发挥的效果　　　　（单位：个；%）

致富职能	样本数	占比
非常好	39	15.06
比较好	100	38.61
一般	87	33.59
较不好	29	11.20
很不好	4	1.54
合计	259	100

注：有效样本：259，缺失值：2。

2. 当党员年龄趋于年轻化时，党员带动致富职能发挥的效果越好

考察不同年龄党员带动致富职能发挥的效果情况。在 259 个有效样本中，将"非常好"和"比较好"合并为"好"。30 岁以下、30—39 岁、40—49 岁、50—59 岁、60 岁以上的村庄中，党员带动致富职能发挥效果为"好"的占比分别为 60.41%、56.26%、47.22%、42.42%、55.45%，大体呈下降趋势；但 60 岁以上的老年党员占比明显提升。可见，党员年龄趋于年轻化时，党员带动致富职能发挥的效果越好，但也不能忽视老年党员带富职能的积极效果。

表49　　　不同年龄的党员带动致富职能发挥的效果　　　（单位：个;%）

党员年龄分组	带富职能发挥					合计
	非常好	比较好	一般	较不好	很不好	
30岁以下	10.41	50.00	29.17	10.42	0.00	100（48）
30—39岁	15.63	40.63	31.24	12.50	0.00	100（32）
40—49岁	11.11	36.11	36.11	16.67	0.00	100（36）
50—59岁	12.12	30.30	36.36	18.18	3.04	100（33）
60岁以上	19.09	36.36	34.55	7.27	2.73	100（110）

注：有效样本：259，缺失值：2，$p=0.669$。

3. 收入越高的村庄党员带富职能发挥效果非常好的比重越大

考察不同收入的村庄党员带富职能的发挥效果情况。如表50数据显示，随着收入的增加，低收入、中低收入、中等收入、中高收入和高收入村庄中党员带富职能非常好的占比分别为14.29%、9.80%、19.23%、16.98%和28.85%，总体随收入逐渐升高。由此可见，村庄收入越高的村庄党员带富职能发挥非常好的占比随之升高。

表50　　　村庄收入对党员带富职能的发挥效果的影响　　　（单位：个;%）

村庄收入分组	带富职能的发挥效果				合计
	非常好	比较好	一般	较不好	
低收入	14.29	61.22	18.37	6.12	100（49）
中低收入	9.80	64.71	17.65	7.84	100（51）
中等收入	19.23	57.69	17.31	5.77	100（52）
中高收入	16.98	58.49	20.76	3.77	100（53）
高收入	28.85	46.15	23.08	1.92	100（52）

注：有效样本：257，缺失值：4，$p=0.590$。

4. 东部地区村庄党员带动致富职能发挥的效果相对最好

对比分析东中西部不同地区党员带动致富职能的发挥效果，在259个有效样本中，将"非常好"和"比较好"合并为"好"。如表51所示，东部地区、中部地区、西部地区的村庄，党员带动致富职能发挥效果为"好"的占比分别为57.31%、54.72%和47.89%，占比逐步降低。可见，东部地区村庄党员带动致富职能发挥的效果最好,自东向西依次减弱,这可能与不同地区经济发展水平的程度有关。

表51　东中西地区分组对党员带动致富职能发挥的效果的影响　　（单位：个;%）

东中西地区分组	带富职能发挥					合计
	非常好	比较好	一般	较不好	很不好	
东部地区	15.85	41.46	30.49	9.76	2.44	100（82）
中部地区	11.32	43.40	32.08	12.26	0.94	100（106）
西部地区	19.72	28.17	39.44	11.26	1.41	100（71）

注：有效样本：259，缺失值：2，$p=0.556$。

5. 北方地区党员带动致富职能发挥效果好于南方地区

考察南北不同地区党员带动致富职能的发挥效果情况,在259个有效样本中,将"非常好"和"比较好"合并为"好"。北方地区和南方地区村庄党员带动致富职能发挥效果"好"的占比分别为57.66%、50.67%,北方地区占比较大。由此可见,北方地区党员带动致富职能发挥的效果要高于南方地区。

表52　　南北地区党员带动致富职能发挥的效果情况　　（单位：个;%）

南北地区分组	带富职能发挥					合计
	非常好	比较好	一般	较不好	很不好	
北方	15.32	42.34	27.93	12.61	1.80	100（111）
南方	14.86	35.81	37.84	10.14	1.35	100（148）

注：有效样本：259，缺失值：2，$p=0.559$。

四　加强和提升农村党支部的对策建议

农村党支部是带动基层农村发展前进的战斗堡垒,当前农村党支部存在党员队伍建设不足,基层活动开展薄弱以及党群关系有待完善等问题,严重影响基层党支部创造力、凝聚力和战斗力的发挥。为此,需要对症下药,立足于基层党组织的特殊地位和外部环境的变化,提出进一步优化农村党支部建设的建议。

（一）以结构整合作为队伍建设的目标，提升支部活力

加强基层党员队伍建设，完善基层民主效能是农村党支部组织力提升的主体支撑。一是优化党员结构，实现党组织先进化。针对当前农村党支部年龄结构分布不均、党员老龄化趋势明显的现状，应当注重和加强对优秀青年党员的培养，调整农村党员年龄结构配置，培育和吸收优秀的青年党员，尤其是加强30岁以下青年党员的发展；二是提升素质能力，开阔党员进步空间。不断优化农村党员队伍的文化层次，加强高中以上学历水平党员的吸收和发展，逐步实现党员队伍从初高中学历层次向大中专学历层次的跨越式提升，完善农村党员队伍的整体素质；三是提供经费保障，促进支部基础建设。农村党支部要坚持因地制宜原则，带动村民发展壮大村集体经济，增加财政收入，扩大基层党建经费的来源。同时完善支部基础设施建设，加强各地区支部办公场所以及远程教育系统的普及，保证农村基层党建工作的顺利开展。

（二）以形式创新作为支部活动的基础，优化组织能力

立足于社会结构的转型和调整，完善和重构自身的组织和活动发展体系，实现组织覆盖与价值嵌入的统一，是农村党支部组织力提升的组织载体。一是创新内容，完善活动频率。严格执行"三会一课"制度，确保基层民主建设活动的公平有效开展。通过完善活动组织和规划方式，合理设置支部活动的内容，利用新媒介、新技术等传播手段和沟通手段，加强组织内部的学习交流，创新活动策划的内容和形式，形成科学稳定的活动开展频率，避免活动开展频率较低的现象；二是加强动员，鼓励党员参与。面对支部活动内容丰富却参与性不高的情况，应当拓宽党员意见表达渠道，依据地方特色开展支部主题活动，鼓励党员参与的积极性。对不同内容的活动进行参与人数的规定和分配，保证参与人数的均衡性，对表现良好的同志进行一定的奖励，树立典型，强调带头模范的作用。

（三）以为民服务作为党群关系的基点，扩充参与动力

立足于社会需求的新变化和新特点，进一步突出服务功能，这是提升农村党支部组织力的现实需要。一是接受群众监督，听取群众的呼声。从

支部党员活动参与积极性的评价来看,参与积极性普遍较高,说明党员整体获得群众的认可度较高。但党支部建设过程中更要时刻接受群众的监督,建立健全开放透明的群众评议机制,把服务成效作为党员干部考核奖惩、选拔任用的重要依据;二是加强党员能力,提升组织凝聚力。农村党支部要发挥好领头羊的作用,加强服务能力,带领党员干部认真落实国家对于群众的各项惠民政策,对党员干部的业务素质和政治素质进行定期考核与培训,建立服务群众的长效机制,为服务群众创造条件、提供动力,优化不同年龄党员带动群众实现共同富裕的能力,提升党员群众的密切联系。

(四) 以政治建设作为提升支部的关键,强化政治功能

加强基层党组织的政治建设,进一步强化政治功能,这是提升农村党支部组织力的基础和关键。首先,加强理论武装,扩大基层民主参与。农村党支部应当准确把握农村基层党组织政治属性与服务功能的内在联系,坚持将教育引导群众工作贯穿于农村基层服务型党组织建设始终,通过强化政治引领、党群互动、力量整合,推动基层党组织更好地服务人民群众。深入开展核心价值教育和政策宣讲活动,创新方式,拓宽活动渠道;其次,建立机制保障,形成党群联动格局。支部应健全完善保障机制,实行民主公开、目标考核,对优秀党支部进行表彰奖励,确定为基层党建示范点,帮助总结经验,打造特色品牌,提升党支部内部动力。同时,凝聚广大群团组织、社会组织和人民群众积极参与,形成队伍整体联动、平台共建共享、活动联合共创的局面。

China's Rural Party Branch Building: Problems and Countermeasures

Huang Zhenhua, Liu Anning

Abstract: the 19th CPC National Congress's report states: "the Party's grass – roots organizations are the basis for ensuring the implementation of the Party's line, policies and decision – making arrangements." We have to focus on improving organizational efficiency to make the grass – roots party organizations into a strong fighting stronghold for propagating the party's propositions and implement the Party's decisions, which will help to lead grass – roots governance and unite and encourage the masses to promote reform and opening up. This paper mainly analyzes the problems in the process of Party Branch Construction such as weak building of the Party members, unstable branch activities and the poor enthusiasm in the masses based on the empirical study on the current situation of 256 grassroots Party branches in China carried out by "observation of 100 villages" project team of Institute for China Rural Studies of Central China normal University. In order to improve the construction and promote the development of the rural Party branch, it is necessary to strengthen the comprehensive exploration and practice of the rural Party branch building in view of these problems. This paper puts forward the corresponding countermeasures and practical methods for reference.

Key words: rural Party branch; team building; activity development; relationship between the Party and the masses

以村民小组为基本单元的村民自治：
形式与成效[①]

——基于对全国303个村庄的调查与研究

胡平江[*]

【摘要】近年来，以村民小组为基本单元开展村民自治已经在广大农村地区开始实践。在实践形式上，存在设立协商议事组织、村务监督组织以及临时性组织等多种灵活形式。在实践需求上，人口规模相对较大以及居住相对分散的村庄其探索相对更为积极。在实践成效上，以村民小组为基本单元开展村民自治有利于提升农民参与村庄协商议事、村务监督的积极性，并倒逼村委会在决策过程中更加注重征求农民意见。但是，这一改革也有其限度，其对行政村一级的民主选举、民主管理、民主监督等制度实施的促进作用相对有限。

【关键词】村民小组；村民自治；形式；成效

自2014年起，中央一号文件连续四年提出"开展以村民小组、自然村为基本单元的村民自治试点工作"。中央的这一提法也引起了学界的广泛讨论。其中，既有学者积极倡导，也有学者表达疑虑。但是，以村民小组为基本单元开展村民自治在农村是否有实际需求，对当前推进基层民主和村民自治发展有何种影响，目前，已有讨论更多的是基于理论推测而非

[①] 基金项目：教育部人文社会科学研究青年基金项目"以村民小组为单位的村民自治实现形式研究"（14YJC810003）。中央高校基本科研业务费项目"多层自治视角下的农村村民小组自治研究"（CCNU17A03341）。

[*] 作者简介：胡平江，华中师范大学中国农村研究院助理研究员，博士。

实际调查得出结论。为对这一改革实践进行客观评估,课题组于2015年2月依托华中师范大学中国农村研究院调查咨询中心"百村观察"平台,在全国抽样303个村庄进行了问卷调查。

样本村庄及农户的选择方式是:在全国范围内抽样选择303个县(市、区),在每个样本县(市、区)随机选择一个乡(镇),再在每个样本乡(镇)中随机选择一个村庄,形成303个样本村庄。在已选定的样本村庄中随机抽取30户,形成样本总量为303个村庄共9090户样本农户。调查时每村一份村庄问卷,共303份村庄问卷,每户一份农户问卷,共9090份农户问卷。经过对问卷的进一步筛选和甄别,最终确定有效村庄问卷303份,村庄问卷回收率100%,有效农户问卷为8114份,农户问卷回收率为89.3%。

一 以村民小组为基本单元的自治现状

根据《中华人民共和国村民委员会组织法》要求,村民委员会可以根据村民居住状况、集体土地所有权关系等分设若干村民小组。但是,在实践过程中,村民小组往往仅一名小组长承担"上传下达"工作,难以有效在村民小组组织村民自治工作,形成的是"村实组虚"的格局。近年来,大量农村地区通过在村民小组建立理事会等村民自治组织,以组为村民自治的支点,使村民小组成为村民自治的组织实体。[1]

(一)村民小组自治组织设置情况

1. 四成村庄在村民小组一级成立了自治组织

组织的设立是自治活动有效开展的重要载体。从调查情况来看,在281个被调查的村庄中,有113个村庄在村民小组一级设立有自治组织,占比为40.21%(见表1)。这表明,全国有四成的村庄已经尝试在村民小组一级设立自治组织。由此也反映出在村民小组一级设立村民自治性质组织已经成为广大农村地区推进基层有效治理的重要选择。

---

[1] 徐勇:《"组为基础,三级联动":村民自治运行的长效机制》,《河北学刊》2011年第5期。

表1　　　　　　　村民小组自治组织成立现状　　　　　（单位：个;%）

是否成立村民小组自治组织	样本量	占比
是	113	40.21
否	168	59.79
合计	281	100.00

注：有效样本：281，缺失值：22。

2. 南方地区村庄在村民小组设立自治组织的比例更高

近年来，以村民小组为基本单元的村民自治实践被认为主要是南方地区的创新行为。从调查情况来看，南方地区在村民小组一级成立有村民自治组织的村庄占比为48.30%，北方地区在村民小组一级成立有村民自治组织的村庄占比为31.34%，南方地区比北方地区高16.96%（见表2）。可见，南方地区和北方地区都存在以村民小组为基本单元开展村民自治的需要，但是南方地区相对更为普遍。

表2　　　　　不同地区村民小组自治组织成立现状　　　　（单位：个;%）

地域分布	是否有村民小组自治组织 是	是否有村民小组自治组织 否	合计
北方	31.34	68.66	100（134）
南方	48.30	51.70	100（147）

注：有效样本：281，缺失值：22，卡方值：0.004。

3. 收入较高村庄在村民小组设立自治组织的比例更高

进一步分析村庄经济发展状况与村民小组一级村民自治关系。从调查情况来看，村民小组一级设立自治组织与村庄经济发展情况密切相关。在村庄收入为低收入、中等收入、高收入的村庄中，村民小组一级成立有自治组织的占比分别为27.71%、45.00%、45.35%（见表3）。也就是说，村庄收入越高的村庄，其在村民小组一级成立自治组织的比例更高。

表3　　　　不同收入水平村庄其村民小组自治组织设立情况　　（单位：个;%）

村庄收入	是否有村民小组自治组织		合计
	是	否	
低收入	27.71	72.29	100（83）
中等收入	45.00	55.00	100（80）
高收入	45.35	54.65	100（86）

注：有效样本：249，缺失值：54，卡方值：0.029。

4. 不同地形区村庄在村民小组设立自治组织的差异并不显著

从调查情况来看，丘陵地区、山区、平原地区，在村民小组一级成立自治组织的村庄占比依次为45.05%、38.98%、34.78%。丘陵地区、山区的这一比例分别比平原地区高了10.17%、4.20%。总体上说，丘陵地区、山区村庄的村民小组自治发展较平原地区好，但不同地形的村庄其村民小组自治组织成立情况差异并不显著（卡方检验值为0.256，大于0.05的显著性水平）。

表4　　　　不同地形村庄的村民小组自治组织成立现状　　（单位：个;%）

村庄地形	是否有村民小组自治组织		合计
	是	否	
平原	34.78	65.22	100（115）
丘陵	45.05	54.95	100（91）
山区	38.98	61.02	100（59）
其他	56.25	43.75	100（16）

注：有效样本：281，缺失值：22，卡方值：0.256。

（二）村民小组自治组织的类型

1. 不到一成村庄在村民小组设立有协商议事组织

协商议事组织是村民自治组织的重要类型。从调查情况来看，在294份有效村庄样本中，有6.12%的村庄在村民小组一级设立有协商议事组织。其中，在南方地区，7.79%的村庄在村民小组一级设立有协商议事组织，比全国平均水平高1.67%。北方地区在村民小组一级设立有协商议事组织的村庄占比4.28%，比全国平均水平低1.84%（见表5）。总的来看，全国村庄中，在村民小组一级设立协商议事组织的村庄占比不足一成，且北方地区与南方地区的差异并不显著（卡方检验值为0.301，大于0.05的显著性水平）。

表5　　　　　　村民小组协商议事组织设立情况　　　　（单位：个;%）

地域分布	是否有村民小组协商议事组织		合计
	是	否	
南方	7.79	92.21	100（154）
北方	4.28	95.72	100（140）
全国	6.12	93.88	100（294）

注：有效样本：294，缺失值：9，卡方值：0.301。

2. 不到一成村庄在村民小组设立有村民监督组织

村民监督组织也是村民自治组织的重要类型。从村民小组一级设立村民监督组织的情况来看，如表6所示，在300份有效村庄样本中，全国有9.67%的村庄在村民小组一级设立村民监督组织，这一比例也高于村民小组协商议事组织的设立情况。其中，在南方地区，成立了村民小组监督组织的村庄占比7.64%，北方地区有村民小组监督组织的村庄占比11.54%，但二者的差异并不显著（卡方检验值为0.458，大于0.05的显著性水平）。

表6　　　　不同地区村庄其村民小组监督组织设立情况　　（单位：个;%）

地域分布	是否有村民小组监督组织		合计
	是	否	
南方	7.64	92.36	100（144）
北方	11.54	88.46	100（156）
全国	9.67	90.33	100（300）

注：有效样本：300，缺失值：3，卡方值：0.458。

3. 近三成村庄在村民小组设立有临时性自治组织

除协商议事组织、村民监督组织外，部分村庄还设立有临时性自治组织。在全国296个有效村庄样本中，在村民小组设立有临时性自治组织的村庄占比达到 26.35%，远高于村民协商议事组织、村民监督组织的占比。这从侧面也表明，以村民小组为基本单元开展村民自治具有多形式性，并不一定局限于村民理事会等正式组织。同时，南方地区在村民小组设立有临时组织的村庄占比为 33.77%，北方地区在村民小组设立有临时组织的村庄占比为 18.31%，南方地区在村民小组设立有临时组织的村庄占比高于北方地区（见表7）。

表7　不同区域村庄村民小组临时组织成立情况　（单位：个;%）

区域	是否有村民小组临时组织 有	无	合计
南方	33.77	66.23	100（154）
北方	18.31	81.69	100（142）
全国	26.35	73.65	100（296）

注：有效样本：296，缺失值：7，卡方值：0.007。

（三）村庄规模与自治组织设置

1. 村庄地域规模与村民小组自治的关系并不明显

当前，以村民小组为基本单元的村民自治实践其重要动因在于行政村治理规模过大导致自治难以落地。但是，这种规模具体指涉地域规模，还是人口规模，则缺乏有效分析。从调查情况来看，如表8所示，村庄地域面积为2平方公里（km²）以下、2—10平方公里（km²）、10平方公里（km²）以上的村庄中，在村民小组一级成立自治组织的占比分别为 30.67%、40.50%、45.16%，差异并不明显（卡方检验值为0.193，大于0.05 的显著性水平）。也就是说，村庄地域规模与村民小组自治的关系可能并不明显。

表8　不同面积村庄其村民小组自治组织设立情况　（单位：个;%）

村庄面积	是否有村民小组自治组织 是	否	合计
2 km² 以下	30.67	69.33	100（75）
2—10 km²	40.50	59.50	100（121）
10 km² 以上	45.16	54.84	100（62）

注：有效样本：258，缺失值：45，卡方值：0.193。

2. 人口较多村庄在村民小组设立自治组织的比例更高

而从村庄人口规模的考察来看，调查发现，村庄人口在 1000 人以下、1000—2000 人、2000—3000 人、3000 人以上的村庄中，在村民小组一级设立有自治组织的占比分别为 26.19%、36.11%、44.62%、51.56%（见表9）。也就是说，村庄人口规模相对较大的村庄，其在村民小组成立自治组织的比例相对更高。由此来看，村民自治受制于人口规模的影响，在人口较多的村庄可能更有需求开展以村民小组为基本单元的村民自治。

表9　　　　不同人口规模村庄其村民小组自治组织设立情况　（单位：个；%）

人口规模	是否有村民小组自治组织 是	是否有村民小组自治组织 否	合计
1000 人以下	26.19	73.81	100（42）
1000—2000 人	36.11	63.89	100（108）
2000—3000 人	44.62	55.38	100（65）
3000 人以上	51.56	48.44	100（64）

注：有效样本：279，缺失值：24，卡方值：0.043。

3. 居住分散村庄在村民小组设立自治组织的比例更高

事实上，治理规模不仅受制于单一的地域空间规模或人口数量规模，还与特定空间内人口的分布形式密切相关。从调查情况来看，村庄居民居住形式为"集中居住""大散居，小聚居""基本散居"的村庄中，在村民小组一级设立有自治组织的占比分别为 33.97%、47.06%、50%（见表10）。可见，居民居住越分散的村庄，其在村民小组一级设立自治组织的占比越大。这也从侧面表明，在居住分散的村庄其开展村民自治可能相对更为困难，因而更加需要在村民小组这些单元内开展村民自治。

表 10　　　　不同居住形式村庄其村民小组自治组织设立情况　　（单位：个；%）

居住分散程度	是否有村民小组自治组织		合计
	是	否	
集中居住	33.97	66.03	100（156）
大散居，小聚居	47.06	52.94	100（68）
基本散居	50.00	50.00	100（56）

注：有效样本：280，缺失值：23，卡方值：0.048。

（四）村民小组自治组织设立动力

当前，中央一号文件提出"开展以村民小组、自然村为基本单元的村民自治试点工作"。这一提法强调因地制宜，即在有实际需要的地方可以开展以村民小组为基本单元的村民自治。

1. 超过四成村庄其村民小组协商组织由上级要求成立

通过对不同区域村庄的村民小组协商组织成立方式进行调查后发现，在全国范围内，村民小组协商组织由"上级要求"成立的占比为44.44%，高于"村两委决定"和"村民呼吁"的成立方式，后两者的占比分别为38.89%、16.67%。在北方地区，50%村庄的村民小组协商组织由"上级要求"成立，而南方地区这一比例为41.67%（见表11）。总的来看，当前在村民小组一级设立协商议事组织在很大程度上源于上级政府的要求，但这也可能与地方政府追求行政管理统一性的实际需要密切相关。

表 11　　　　不同区域的村民小组协商组织成立原因　　　（单位：个；%）

区域	村两委决定	村民呼吁	上级要求	总计
北方	33.33	16.67	50.00	100（6）
南方	41.67	16.67	41.67	100（12）
全国	38.89	16.67	44.44	100（18）

注：有效样本：18，缺失值：285，卡方值：0.935。

2. 超过五成村庄其村民小组监督组织由上级要求成立

对不同区域村民小组监督组织成立方式进行考察，在全国范围内，村民小组监督组织由"上级要求"成立的占比为55.17%,要远远高于"村两委决定"和"村民呼吁"的成立方式,后两者的占比分别为24.14%、20.69%。其中,在南方地区,61.11%的村民小组监督组织由"上级要求"成立。在北方地区,45.45%的村民小组监督组织由"上级要求"成立(见表12)。总的来看,当前超过50%的村庄其设立的村民小组监督组织主要由"上级要求"而成立。

表12　　　　不同区域村庄其村民小组监督组织成立原因　　　(单位:个;%)

区域	村两委决定	村民呼吁	上级要求	总计
北方	27.27	27.27	45.45	100 (11)
南方	22.22	16.67	61.11	100 (18)
全国	24.14	20.69	55.17	100 (29)

注:有效样本:29,缺失值:274,卡方值:0.688。

二　以村民小组为基本单元的自治成效

村民自治包括两方面内容,从村民主体的角度而言,村民自治是村民进行自我管理、自我教育、自我服务的重要形式;从基层治理角度而言,村民自治是民主选举、民主决策、民主管理、民主监督的民主治理形式。因此,考察以村民小组为基本单元开展村民自治成效,同样包含以上两个方面的成效。即对基层治理的影响和对农民自我治理的影响。

(一)村民小组自治对村庄治理的影响

1. 村民小组是否有自治组织对村民参与村委会选举投票的影响并不显著

通过对村民参与村民委员会选举投票情况调查后发现,在村民小组没有设立自治组织和村民小组设立有自治组织的村庄,其受访村民表示参与过村委会选举投票的占比分别为60.67%、59.95%,表示没有参与的受访者的占比分别为39.33%、40.05%(见表13)。总的来看,村民小组是否设立有自治组织对村民是否参与村委会选举投票的影响并不显著(卡方检验值为0.544,大于0.05的显著性水平)。由此可以表明,在村民小组一级开展村民自治可能对提升行政村一级村民民主选举的作用相对有限。

表 13　2014 年村民小组自治与村民参与村委会选举投票情况　（单位：个;%）

村民小组是否有自治组织	是否参与村委会选举投票 否	是否参与村委会选举投票 是	合计
否	39.33	60.67	100（4322）
是	40.05	59.95	100（2849）

注：有效样本：7171，缺失值：883，卡方值：0.544。

2. 村民小组是否有自治组织对村民大会召开的影响并不显著

考察村民小组开展村民自治活动对行政村民主管理的影响。调查表明，在设立有村民小组自治组织和没有设立村民小组自治组织的村庄中，2014 年村民大会召开 1 次以上的村庄占比分别为 45.19%、38.36%（见表 14）。总体来看，村民小组自治组织对村民大会和村民代表会议召开的促进度并不显著（卡方检验值为 0.362，大于 0.05 的显著性水平）。

表 14　　2014 年村民小组自治与村民大会召开情况　　（单位：个;%）

村民小组是否有自治组织	村民大会召开次数 0 次	村民大会召开次数 1 次	村民大会召开次数 1 次以上	合计
否	37.11	24.53	38.36	100（159）
是	28.85	25.96	45.19	100（104）

注：有效样本：263，缺失值：21，卡方值：0.362。

3. 村民小组是否有自治组织对村庄民主评议的影响并不显著

考察村民小组开展村民自治活动对行政村民主监督的影响，通过对全国 211 个有效样本的分析发现，在村民小组设立有自治组织的村庄中有 88.66% 的村庄进行过民主评议，没有在村民小组设立自治组织的村庄中进行过民主评议的村庄占比为 84.21%（见表 15）。尽管村民小组设立有自治组织的村庄其开展民主评议的占比相对更高，但差异并不显著（卡方检验值为 0.350，大于 0.05 的显著性水平）。

表 15　　　村民小组自治组织与村庄民主评议情况　　（单位：个;%）

| 村民小组是否 | 是否进行过民主评议 | | 合计 |
有自治组织	是	否	
是	88.66	11.34	100（97）
否	84.21	15.79	100（114）

注：有效样本：211，缺失值：92，卡方值：0.350。

4. 村民小组是否有自治组织对村庄村务财务公开的影响并不显著

分析村民小组自治组织设立情况对村务财务公开情况的影响，在全国281个有效样本村庄中，在村民小组设立有自治组织的村庄中进行过村务财务公开的占比为93.81%，没有在村民小组设立自治组织的村庄中进行过村务财务公开的占比为88.10%（见表16）。总体上看，在村民小组是否设立有自治组织的村庄中其村务财务公开的差异仍然不太显著（卡方检验值为0.111，大于0.05的显著性水平）。

表 16　　　村民小组自治组织与村务财务公开情况　　（单位：个;%）

| 村民小组是否 | 是否进行过村务财务公开 | | 合计 |
有自治组织	是	否	
是	93.81	6.19	100（113）
否	88.10	11.90	100（168）

注：有效样本：281，缺失值：22，卡方值：0.111。

5. 村民小组有自治组织的村庄其重大事务由村民会议或村民代表会议决定的比例更高

从村民小组内是否有自治组织对村庄决策的影响来看，在全国6993个有效样本中，没有在村民小组设置自治组织的村庄中，由村支两委决定重大事务的占比为50.47%，超过五成；由村民会议或村民代表会议决定的占比为25.49%。而在村民小组有自治组织的样本中，由村支两委决定重大事务的占比为48.30%，由村民会议或村民代表会议的占比超过了三成，达到30.86%（见表17）。由此表明，在村民小组开展村民自治对于促进村庄民主决策能够起到一定的积极作用。

表17　　　　　村民小组自治与村庄重大事务决策情况　　　（单位：个;%）

村民小组是否 有自治组织	重大事务由谁决策			合计
	村民会议或村 民代表会议	村支两委	其他	
否	25.49	50.47	24.05	100（4175）
是	30.86	48.30	20.85	100（2758）

注：有效样本：6993，缺失值：1121，卡方值：0.000。

(二) 村民小组自治对村民参与的影响

"在处于现代化之中的社会，扩大政治参与的一个关键就是将乡村群众引入国家政治。"[1] 村民自治是扩大农民参与基层政治的重要形式，也是基层直接民主的重要体现。但是，行政村的规模过大往往导致农民难以有效参与，从而使村民自治成效受到极大制约。而通过在村民小组这一更小单元设立自治组织，则是为村民参与提供有效平台的一种积极尝试。

1. 村民小组有自治组织的村庄其村民参与村民小组长选举的比例更大

通过对村民小组是否设置有自治组织与村民参与村民小组长选举投票的分析发现，在设置有村民小组自治组织和没有设置村民小组自治的村庄，参与小组长选举投票的占比分别为66.45%、62.45%。也就是说，设置有村民小组自治组织的村庄其村民参与村民小组长选举投票的比例更大，村民参与积极性相对更高（见表18）。

表18　　　村民小组自治与村民参与村民小组长选举投票情况（单位：个;%）

村民小组是否有自治组织	是否参与小组长选举投票		合计
	否	是	
否	37.55	62.45	100（3198）
是	33.55	66.45	100（2194）

注：有效样本：5392，缺失值：2662，卡方值：0.030。

---

[1] 亨廷顿：《变化社会中的政治秩序》，生活·读书·新知三联书店1989年版，第69页。

特别是对于低收入农民而言,以村民小组为基本单元开展村民自治有助于其参与村庄治理。从调查情况来看,在有村民小组自治组织的村庄,低收入受访者的参与小组长选举投票率为69.87%;而在没有村民小组自治组织的村庄中,低收入受访者的参与小组长选举投票率为61.50%,两者相差8.37%。可见,村民小组有无自治组织情况对低收入村民的小组长选举投票影响最大(卡方检验值为0.005,低于0.05的显著性水平)。由此也说明,在村民小组这一相对较小的单元中,低收入农民拥有更高的参与机会。

表19　　　家庭收入水平与村民参与村民小组长选举投票情况(单位:个;%)

家庭收入	村民小组是否有自治组织	是否参与小组长选举投票 否	是否参与小组长选举投票 是	合计
低收入户	否	38.50	61.50	100 (574)
	是	30.13	69.87	100 (468)
中低收入户	否	38.09	61.91	100 (680)
	是	36.41	63.59	100 (423)
中等收入户	否	37.46	62.54	100 (662)
	是	30.90	69.10	100 (411)
中高收入户	否	37.16	62.84	100 (697)
	是	30.27	69.73	100 (413)
高收入户	否	36.59	63.41	100 (574)
	是	39.96	60.04	100 (458)

注:有效样本:5360,缺失值:2694,卡方值:低收入户0.005;中低收入户0.575;中等收入户0.028;中高收入户0.020;高收入户0.268。

2. 村民小组有自治组织的村庄其村民参加村庄协商议事的比例更大

考察村庄是否在村民小组设置有自治组织对农民参与村庄协商治理的影响,在有村民小组自治组织和没有村民小组自治组织的村庄中,其村民参加过村庄协商议事会议占比分别为16.73%、14.14%,前者比后者高2.59%(见表20)。这也从侧面说明,村民小组自治组织的设立在一定程度上能够促进村民参与到村庄的协商议事过程中。

表20　　　　村民小组自治与村民参加村庄协商议事情况　　（单位：个;%）

村民小组是否有自治组织	是否参加过村庄协商议事会议 参加过	是否参加过村庄协商议事会议 没参加过	合计
否	14.14	85.86	100（3217）
是	16.73	83.27	100（2349）

注：有效样本：5566，缺失值：2488，卡方值：0.008。

3. 村民小组有自治组织的村庄其村民对村务财务进行过质疑的比例更大

在有村民小组自治组织的村庄中，9.85%的受访村民表示对公开的村务财务进行过质疑；在没有村民小组自治组织的村庄中，6.30%的受访村民表示对公开的村务财务进行过质疑，相比前者低3.55%（见表21）。由此可见，在设立有村民小组自治组织的村庄中，其村民的监督意识相对更强，从而在一定程度上有利于村庄的民主监督。

表21　　　　村民小组自治组织对村民监督意识的影响　　（单位：个;%）

村民小组是否有自治组织	是否质疑过公开的村务财务 否	是否质疑过公开的村务财务 是	合计
否	93.70	6.30	100（4299）
是	90.15	9.85	100（2811）

注：有效样本：7110，缺失值：944，卡方值：0.000。

4. 村民小组有自治组织的村庄其重大事务征求村民意见的比例更大

如果说有利于农民参与自治活动是以村民小组为基本单元开展村民自治的重要价值之一，那么，以村民小组为基本单元开展村民自治的另一价值则在于倒逼村庄民主的发展。通过对全国7109份有效农民样本的调查发现，在村民小组设置有自治组织的村庄中表示重大事务征求村民意见的农民为43.68%，高于没有自治组织的村民小组中的34.14%（见表22）。可见，在村民小组设置自治组织，村庄重大事务的决策方面更倾向于征求村民意见。

表22 村民小组是否有自治组织对村庄是否征求村民意见的影响（单位：个；%）

| 村民小组是否 | 是否征求意见 | | 合计 |
有自治组织	否	是	
否	65.86	34.14	100（4291）
是	56.32	43.68	100（2818）

注：有效值：7109，缺失值：945，卡方值：0.000。

三 推进以村民小组为基本单元开展村民自治的建议

从调查情况来看，以村民小组为基本单元的村民自治其核心动力在于缩小治理规模，特别是人口规模。因此，对于人口规模相对较大以及村民居住相对分散的村庄，以村民小组为基本单元的村民自治更有其实践的必要性。从实践成效来看，以村民小组为基本单元开展村民自治，不仅能够为提升农民对村民小组事务的参与度，且对于提升农民参与行政村协商议事、村务监督以及行政村公共事务意见表达等积极性方面具有重要的促进作用。

但是，以村民小组为基本单元的村民自治也有其自身的限度。从调查情况来看，村民小组自治对行政村一级的村民委员会选举、村民大会召开、村务公开等治理活动的促进作用有限。同时，因"上级组织要求"仍然是当前开展以村民小组为基本单元的村民自治的重要缘由。因此，当前以村民小组为基本单元的村民自治仍有待进一步完善。具体而言，我们有如下建议：

（一）因地制宜，鼓励试点

一是积极构建村组"两级自治"体系。要积极保障以行政村为基本单元的村民自治的稳定性，减少村民自治现有组织架构和制度设置的变动，避免在探索以村民小组为基本单元的村民自治过程中将行政村村民自治行政化。要进一步探索村民自治有效实现的形式和条件，促进以村民小组、院落、村落等为基本单元的村民自治等有效村民自治形式的发展。可以在不同区域建立若干试验点，开展以村民小组为基本单元的村民自治试点。

二是赋予村民小组组织以法人地位。完善相关的政策法规，特别是完善《村民委员会组织法》中关于村民小组的定位，在法律上允许并承认村民小组能够作为一级村民自治单元。可以探索让村民小组组织成为一级法人单位，并允许村民小组法定自治组织拥有独立的公章，独立行使法人权利。认可村民小组集体土地所有权，以村民小组集体土地发展集体经济的，可以赋予村民小组集体资产独立管理、交易的权利，允许其使用村民小组组织公章签订合作、交易协议。

三是充实村民小组一级村民自治内容。允许村民小组作为独立组织承接来自政府的公共服务、公共建设项目，鼓励以村民小组为单元开展公路建设等自治活动。允许村民小组作为独立组织与社会企业、社会组织开展合作，如与社会企业等进行土地流转，独立签订合作协议等。对于村民小组为实际所有权单位的地方，允许其集体资产可以确权到村民小组，让村民小组能够作为独立主体进行资产经营、管理与分配。

（二）因势利导，多方推动

首先，政府引导，配套跟进。强化政策引导，可以制定"以村民小组为基本单元开展村民自治"的实施细则，对村民小组自治的发展进行规范和引导。提供政策资金支持，可以由中央或省级财政拨付专项资金，对村民小组一级自治组织进行运转经费补贴。以行政村为单元，每年度组织村民代表或村民大会对村民小组自治组织进行评价打分，对工作成效高的村民小组自治组织予以奖励。

其次，项目引导，提供动力。设立配套项目，可以由市县政府设立专项资金、以奖代补项目等，由各村民小组以村民小组为单位进行项目申报。鼓励开展项目牵引型村民小组自治。鼓励以村民小组为基本单元进行公共建设项目的申报、管理与维护，促进村民小组自治。鼓励开展能人牵引型小组自治。积极支持返乡创业的农民工、村庄经济能人等担当村民小组自治组织的带头人，并予以一定的项目奖励。

最后，机制创新，保驾护航。建立分级议事机制，如成立村民议事会、村民理事会等，且明确村民小组议事应该成为行政村议事的基础和前提，部分未在村民小组层级上通过的议事不能提交到行政村村委会一级。

建立评价考核机制。建立多层互动机制。在乡镇、行政村成立乡民理事会、村民理事会等组织，由村民代表、村民小组代表作为理事会成员参与乡镇、行政村的重大事务决策。

（三）组织提升，规范自治

其一，构建多元自治组织。鼓励以村民小组为基本单元建立实体性村民自治组织，作为村民小组一级村民自治的群众性自治组织。积极培育文化娱乐组织，由乡贤能人号召具有共同兴趣爱好的农民组建歌舞演出队、乒乓球俱乐部等文化娱乐组织，并参与村落社会服务。可以针对农民的社会需求，如红白喜事的组织，成立相应社会事务组织。可以以公共服务项目等为基础，要求公共服务项目的实施需要成立相应的社会组织，负责项目的前期规划、实施和监督。

其二，挖掘乡贤能人资源。一是引导返乡创业农民工担任"领头羊"。可以设立返乡创业农民工专项资金，鼓励和支持返乡创业农民工参与村民小组一级村民自治；二是引导经济能人担任"领头羊"。对于积极参与村民小组一级村民自治且带动村民小组产业发展的经济能人，可以对其在农业产业发展过程中提供金融贷款优惠等；三是引导和鼓励村医村教等村庄能人担任村民小组一级自治组织成员。

其三，完善组织激励机制。一是竞争激励。在以村民小组为基本单元开展村民自治的地方，可以以村民小组为单元进行公共建设项目申报，由村民代表对项目进行评审，择取组织基础好的村民小组予以项目奖励；二是荣誉激励。在一定的地区范围内，可以组织开展村民小组自治经验交流活动或村民小组自治绩效评比活动，评选出小组自治做得比较好的村民小组并颁发荣誉证书；三是发展激励。可以试点规定担任村民小组一级自治组织成员的，推荐竞选行政村村委会成员。

Villagers Self – Governance with Villagers' Group as the Basic Unit: Form and Effect
—Based on the Study of 303 Villages in China

Hu Pingjiang

Abstract: In recent years, villagers' self – governance with the villagers group as the basic unit has started to practice in rural areas. In the form of practice, there are various flexible forms, such as the establishment of a consultative organization, village affairs supervision organizations and temporary organizations. In the need of practice, the exploration of villages with relatively large population sizes and relatively scattered settlements is relatively more positive. In terms of practical results, the implementation of villagers' self – government with villagers' groups as a basic unit is conducive to enhancing the enthusiasm of farmers' participation in village consultations and supervision of village affairs, and it forced the village committee to pay more attention to soliciting opinions from farmers in the decision – making process. However, this reform also has its limits. It has a relatively limited role in promoting the implementation of instituions such as democratic elections, democratic management, and democratic supervision at the administrative village level.

Key Words: villagers group; self-government of the villagers; form; effectiveness

学术综述

美国政治与政治学研究的现状与趋势：
领域、议题与方法

——基于《美国政治学研究》的分析（2008—2017）[①]

张大维　黄锐敏[*]

【摘要】 本文以美国政治与政治学研究较具代表性的 SSCI 期刊《美国政治学研究》为例，选择其近十年来发表的论文为样本，分析了该刊在领域热度、作者构成、关注主题、研究方法等方面的现状和趋势，主要表现为：第一，从领域与影响度上看，美国政治是美国政治学的重要分支领域，但近年来该领域的被关注度和影响度受到明显挑战，美国政治学研究有主业领域也呈多元趋势；第二，从作者来源结构上看，美国学者占绝对性主导，发文单位具有集中趋势，多人合作攻关成为主流；第三，从研究主题禀赋上看，研究主题呈现明显非均衡，选举行为成为关注的焦点，民主发展渐趋成为热点，主题多为无资助自主选择；第四，从研究方法使用上看，定量在主导中减弱而定性在低迷中徘徊，计量统计明显降温而形式模型有所回归，质性分析摆中向上但描述阐释逐渐遇冷，实验模拟渐受青睐并在波动中趋向上升，选举主题偏爱计量统计而其他方法相当，民主发展主题多定量研究而少质性分析，定量研究方法在各主题上均有一定使用，定性研究方法仅在有限主题上少量介入。据此对美国政治与政治学研究走向得出了基本结论，并为中国政治与政治学研究提出了主要启示。

[①] 本文的写作得益于徐勇教授、邓大才教授的启发和华中师范大学政治科学高等研究院/中国农村研究院建设政治学世界一流学科的促动，一并致谢。

[*] 作者简介：张大维，华中师范大学政治科学高等研究院/中国农村研究院副教授，博士，硕士生导师；黄锐敏，华中师范大学社会学院硕士研究生。

【关键词】 政治；政治学；美国政治；美国政治学；中国政治学

一 研究问题提出

政治与政治学研究从古希腊缘起后，发展到英国、法国和德国等欧洲国家，19世纪70年代逐渐延伸到美国。约翰·霍普金斯大学（Johns Hopkins University）在1876年创立之初就开设了历史与政治学培训与研究高级课程，[①] 后在1887年，又成立了约翰·霍普金斯"历史与政治学会"。1880年，哥伦比亚大学率先成立了政治学研究院。后在1886年，该院创办了美国第一本政治学研究的杂志《政治学季刊》（Political Science Quarterly）。进入20世纪以后，美国政治和政治学研究加速发展。1903年，美国政治学会成立，并于1906年创办了《美国政治学评论》（American Political Science Review），成为其会刊。自此以后，美国成为政治和政治学研究的最重要阵地。

2017年，全球政治学165种SSCI期刊中，有近50%的期刊由美国主办或发行，其次较多的为英国，只有极少数刊物分别由法国、德国、澳大利亚、西班牙、比利时、挪威、奥地利、墨西哥、瑞典、智利、罗马尼亚、委内瑞拉、荷兰、捷克、斯洛伐克、巴西等国家主办或发行。然而，截至目前，2017科睿唯安（Clarivate Analytics）基于美国科学信息研究所（ISI）收录数据和期刊引用报告（JCR）发布的政治学SSCI期刊分析报告中，暂时还没有中国期刊被纳入。[②] 因此，在着力构建中国特色哲学社会科学和政治学世界一流学科建设的背景下，讲好中国故事、呈现中国特色、传递中国话语、建设学科体系，需要"融通国外资源""洋为中用"和"向外看"。[③]

以美国较具权威的代表性期刊为例，对美国政治和政治学研究进展进

[①] 马国泉：《政治学在美国的开设与发展》，《上海师范大学学报》（哲学社会科学版）2007年第6期。

[②] 2018年3月，创刊于1995年的美国《中国政治学刊》（Journal of Chinese Political Science）入选SSCI期刊。尽管其研究中国政治，但其主要为美国学者主编，刊文也主要是国际学者，由国际出版社施普林格——自然（Springer - Nature）出版发行。当然，因为是新入选，也还没有被纳入JCR期刊引用报告。

[③] 参见习近平《加快构建中国特色哲学社会科学》，《习近平谈治国理政》（第二卷），外文出版社2017年版，第338—348页。

行全面梳理，呈现其演化进展轨迹，预测其发展变化趋势，将对中国政治和政治学研究起到极大借鉴意义。本文的问题意识是，基于"解剖麻雀"的方式，美国政治和政治学研究代表性刊物的基本状况及其涉猎领域、热度走向、刊文数量、作者构成、关注主题、研究方法、交叉关联等方面的现状和趋势如何？对中国的借鉴和启发怎样？

二 样本及其方法

本文选取美国政治学研究中对"美国政治"研究较为权威的SSCI期刊《美国政治学研究》（American Politics Research）作为研究对象。该样本选择主要基于以下考虑：第一，美国政治是美国政治学研究中的最主要议题。政治学研究有多种分支，例如，从交叉学科上可以将其分为政治哲学、政治经济学、政治社会学、政治历史学等，尤其是近年来出现了政治心理学、政治人类学、政治人口学、民族政治学、政治地理学、政治传播学、生物政治学等。[①] 但总体上看，21世纪以来，根据学科研究主题的差异，美国政治学研究仍较多的被传统地细分为美国政治、比较政治、国际关系、[②] 公共政策、政治学理论、政治学方法论、[③] 政治哲学等分支领域，由此看来，美国政治是美国政治学研究中的重要分支；第二，尽管与传统被认为的美国政治学三大刊《美国政治科学杂志》（American Journal of Political Science，缩写AJPS）、《美国政治学评论》（American Political Science Review，缩写APSR）、《政治学杂志》（The Journal of Politics，缩写JOP）相比，《美国政治学研究》的影响因子相对要低，被引频次相对偏少，但这并不影响其是研究"美国政治"的顶级期刊和美国政治学研究的高水平期刊；第三，程同顺等人曾对以上三大综合性期刊从研究方法上

---

① 梁莹：《当代中国政治学研究中的新兴交叉学科：现状与发展展望——以七个发展中的政治学新兴交叉学科为研究个案》，《江苏社会科学》2002年第6期。

② Andrew Bennett, Colin Elman, "Qualitative Methods: The View From The Subfields", Comparative Political Studies, Vol. 40, No. 2, 2007, pp. 111 – 121.

③ American Journal of Political Science 在2018年的刊稿启示中将政治学研究概括为美国政治、比较政治、国际关系、公共政策、政治学理论、政治学方法论等六个主要分支领域；American Political Science Review 在2018年的刊稿启示中也包含六大领域，只是将政治学方法论替换为了公共行政。

做过文献分析和综述研究,而当前学界对美国本土性政治或专门性领域的美国政治研究还较为陌生;第四,《美国政治学研究》的期刊命名与中国《政治学研究》表述相似,而中国《政治学研究》在国内政治学界具有权威地位,通过研究《美国政治学研究》的刊文现状与趋势,可以较好地为中国《政治学研究》办刊及相关学者更好地开展政治学学术研究提供参考借鉴。

《美国政治学研究》创刊于1973年,早于中国1985年创刊的《政治学研究》。2000年以前其为季刊,每年出版4期;2001年开始变为双月刊,每年出版6期;截至目前,共出版了46卷,每年为一卷。46年来,《美国政治学研究》重点关注"美国政治",及其相关政治学研究。作为重要的学术交流平台,服务于传播最新的政治与政治学理论,关注研究和分析美国政治科学,主要发表来自多领域有关美国政治的高水平原创论文。

《美国政治学研究》的研究主题和讨论话题涉及政治和政治学的方方面面,探讨的空间从美国的地方、州,到地区和国家。其重点关注的学术领域包括:选举行为、政治政党、公共选择、外交政策、立法行为、法院程序、法律过程、政策实施、民主问题、公共财政等,以及其他一些适合理解美国政府和政治的话题。其选题基本涉及"美国政治",近十年间,其发表的论文中,只有约10篇涉及拉丁美洲政治、2篇涉及伊拉克战争、1篇涉及美国等几个国家的政治案例比较等,但均与美国政治相关,因此,这些也可纳入到"美国政治"及其政治学研究范畴。在选稿用稿上,《美国政治学研究》不局限于来自政治学学科的作者,社会科学学科的稿件均可。

本研究截取2008—2017年近十年来该刊发表的学术论文为具体样本。这十年间,该刊共发表文章406篇。采用文献研究通行的筛选办法,剔除了其中的10篇新闻报道等,最终确定的研究样本为396篇学术论文。从各年发文情况来看,比较均衡,维持在每年40篇左右,每期7篇左右,其发文总体数量并不多,体现出了一定的竞争性和高难度(见表1)。

表1　　　　　　　　　　　样本刊文结构

年份	2008	2009	2010	2011	2012	2013	2014	2015	2016	2017	合计
篇数	37	44	43	38	37	40	40	40	39	38	396
百分比（%）	9.34	11.11	10.86	9.60	9.34	10.10	10.10	10.10	9.85	9.60	100.00

在分析过程中，本研究对396篇论文的基本情况进行了赋值编码，综合运用了词频分析法、文献分析法、内容分析法等，对期刊本身的基本概况、影响程度、发文数量、涉猎领域等，对发表论文的作者数量、合作状况、国别构成、关注主题、基金资助、研究方法，以及研究主题与研究时间之间的交叉关联、研究主题与研究方法之间的交叉关联等进行了拆分统计，分别建立了独立数据表和整合数据表，形成了小型数据库，在此基础上进行综合研究。

三　领域与影响度

如前所述，美国政治是美国政治学研究的最重要领域之一。《美国政治学研究》以美国政治为特色和优势，由于其主要关注美国政治，囿于其所发论文涉猎的地域范围和研究领域等限制，其在政治学SSCI中的排名并不十分靠前，但其作为美国政治和政治学研究的地位是不容被忽视的。例如，十年以前，其影响因子在全球所有93种政治学领域SSCI期刊中的就能排到33名。近十年间，全球政治学领域SSCI期刊总数变动情况及该刊的影响因子排名、被引总频次情况如下（见表2）。

表2　　　　　　　期刊因子排名（2008—2017）

统计年份	影响因子排名	政治学SSCI期刊总数	当年被引总频次
2008	33	93	131
2009	38	99	235
2010	57	112	284
2011	67	141	334
2012	62	149	404

续表

统计年份	影响因子排名	政治学 SSCI 期刊总数	当年被引总频次
2013	80	157	522
2014	62	157	495
2015	77	161	627
2016	84	163	754
2017	92	165	843

从统计分析可以发现，近十年来，全球政治学 SSCI 期刊数量在不断增加，政治学学术争论和研究成果急剧增加，以美国政治为研究旨趣的《美国政治学研究》办刊显得更加艰难。其变相反映出，美国政治作为政治学研究的分支领域在美国学术界的受关注度和影响力受到一定挤压，而政治学研究的其他分支领域如比较政治、国际关系、公共政策、政治学理论、政治学方法论、公共行政等领域对其产生了竞争之势。

一方面，《美国政治学研究》的影响因子排名在波动中总体呈下滑趋势，从 2008 年处于全球政治学 SSCI 期刊约 1/3 的位置，下降了 2017 年的中等偏下位置；另一方面，年度被引总频次虽在持续上升，但其总量还是偏小，为 843 次，与 2017 年排名第 1 的《美国政治学评论》的被引总频次 11746 次、排名第 2 的《美国政治科学杂志》的被引总频次 9572 次还有较大差距；其被引排位虽然为第 54 位（1/3 前的位置），优于因子排位的第 92 位，但其被引排位并没有明显增加，相对增长速度不及其他类似期刊，甚至有下降趋势。

另外，单从 2017 年政治学 SSCI 期刊收录分析的影响因子排位来看，其不及其他类似综合性期刊和专门性刊物。一方面，其不及部分其他以国别命名的综合性刊物的发展势头，其受关注度、影响程度和增长速度等都显得不足。例如，《美国政治科学杂志》的影响因子排第 1 位、《美国政治学评论》排名第 6 位、《英国政治学杂志》(*British Journal of Political Science*) 与其并列第 6 位、《欧洲政治研究杂志》(*European Journal of Political Research*) 排名第 13 位、《西欧政治学》(*West European Politics*) 排名第 19 位；另一方面，其也不及部分其他以领域命名的专门性期刊发展势头，其被关注度、被引热度和增长幅度等均显得不足。例如，《世界政治》（World Politics）的影响因子排名第 2 位、《国际组织》（International Organization）排名第 4 位、《政治心理学》（Political Psychology）排名第 15 位、《非洲事务》（African Affairs）排名第 18 位、《比较政治研究》（Comparative Political Studies）排名第 20 位、《政治传播》（Political Communication）排名第 21 位、《政治地理学》（Political Geography）排名第 23 位、《政治哲学杂志》（Journal of Political Philosophy）排名第 27 位等；尤其是《监管与治理》（Regulation & Governance），2007 年才创刊，仅仅用了十年的时间就跃居第 12 位。《美国政治学研究》在被关注度和影响度等方面的这一变化，其实也反映出美国政治的研究变化，美国政治的研究热度有所下降；同时也反映出美国政治学研究的变化，综合性刊物的影响力迅速扩大，新的研究领域及其专门性刊物正在崛起，交叉学科的政治学研究迅速发展，对美国政治的研究有萎缩倾向。

四 作者来源结构

学术研究由学者来执行，厘清美国政治与政治学研究现状与趋势的首要议题就是分析哪些学者在对其进行研究，其国别、单位和合作具有怎样的特点。

（一）美国学者占绝对性主导

从论文作者[①]署名国家来看，美国学者占绝对性主导。论文作者署名单位及其归属国家，可以大致反映关注此刊并被采用的作者来源结构，一定程度上可以了解不同国家的学者对于美国政治和政治学的关注程度和分布状况。尽管《美国政治学研究》面向全球征集投稿，并无地域偏向，但其刊发的稿件却以美国学者为主。统计数据显示，在 396 篇论文中，387 篇论文为美国学者所著，所占比例高达 97.73%；论文来自英国、澳大利亚的学者各有 4 篇和 2 篇，分别占 1.01% 和 0.51%；论文来自加拿大、韩国、以色列的学者均只有 1 篇，分别仅占 0.25%；仅此而已，近

---

① 由于每篇论文的作者数量存在一个和多个的差异，在统计作者所在单位，及其作者单位所属国别时，作者均是指第一作者。

十年中并没有出现其他国家的作者（见表2）。

表2　　　　　　　　　　作者国别分布情况

作者国别	美国	英国	澳大利亚	加拿大	韩国	以色列	合计
频数	387	4	2	1	1	1	396
百分比（%）	97.73	1.01	0.51	0.25	0.25	0.25	100.00

由此可见：第一，作者署名单位的归属国家极不均衡，表现为美国独占鳌头，西方发达国家有所涉及，而拉丁美洲和非洲国家没有出现，亚洲国家涉及很少，中国学者没有论文刊发；第二，美国政治的研究主要还是靠美国学者自身研究，其他国家学者对其关注不够或者研究较少或者少被采用；第三，美国学者在《美国政治学研究》上刊文具有压倒性优势，在该期刊上享有绝对的话语权，而其他国家和地区的学者想要在此刊上发声难度较大，加大对美国政治和该刊的关注度和研究度很有必要。

（二）发文单位具有集中趋势

从论文作者署名单位来看，发文单位具有集中趋势。作者所在单位来源结构与美国学者占绝对性主导的结构一致，作者所在单位为美国高校的占绝对优势。近十年来，《美国政治学研究》刊载的全部396论文来自163所高校或科研机构，但作者所在单位排名前10的均来自美国本土高校。[①] 即使在美国高校内部，也分布极不均衡（见表3）。十年间平均每年有1篇论文发表的有两所大学，分别是排名第一的乔治亚大学，发表论文11篇；排名第二的休斯敦大学，发表论文10篇。耶鲁大学、乔治亚州立大学发文数量并列第三，分别为8篇。宾夕法尼亚大学、密西根州立大学、乔治城大学发文数量并列第5，分别为7篇。加州大学圣地亚哥分校位列第8，发文6篇。威斯康星大学麦迪逊分校、北卡莱罗纳大学教堂山分校、马里兰大学帕克分校发文数量并列第9，分别为5篇。

---

① 作者所在单位刊文数量排名前列，原本拟列出前10的单位，但由于有3个单位并列第9位，所以此处将该3个单位均列出，因此前10名共11个单位。

表3　　　　　　　刊文数量排名前十的作者单位　　　　　（单位：篇）

排名	1	2	3	3	5	5	5	8	9	9	9
学校	乔治亚大学	休斯敦大学	耶鲁大学	乔治亚州立大学	宾夕法尼亚大学	密西根州立大学	乔治城大学	加州大学圣地亚哥分校	威斯康星大学麦迪逊分校	北卡莱罗纳大学教堂山分校	马里兰大学帕克分校
频数	11	10	8	8	7	7	7	6	5	5	5

如果将公立大学系统内的学校合并计算，发文数量的结构又有明显变化。其中，加州大学系统（有10所分校）发文遥遥领先，共20篇，排名第1；分别是圣地亚哥分校发文6篇，伯克利分校发文4篇，河滨分校发文3篇，戴维斯分校、欧文分校、圣芭芭拉分校发文各2篇，莫塞德分校发文1篇。威斯康星大学系统（有10所分校）与北卡莱罗纳大学系统（有16所分校）分别发文9篇，并列第4名。威斯康星大学的9篇分别是麦迪逊分校发文5篇、密尔沃基分校发文3篇、绿湾分校发文1篇；北卡莱罗纳大学的9篇分别为教堂山分校发文5篇，夏洛特分校、威明顿分校分别发文2篇；马里兰大学系统（有12所分校）发文7篇，分别是帕克分校发文5篇、巴尔的摩郡分校发文2篇。

表4　　　　　　　刊文数量排名前十的大学（系统）　　　　（单位：篇）

排名	1	2	3	4	4	6	6	8	8	8	8
学校	加州大学	乔治亚大学	休斯敦大学	威斯康星大学	北卡莱罗纳大学	耶鲁大学	乔治亚州立大学	乔治城大学	马里兰大学	宾夕法尼亚大学	密歇根州立大学
频数	20	11	10	9	9	8	8	7	7	7	7

分析发现：第一，发文较多的大学都是世界一流大学和美国著名大学，在美国政治与政治学研究领域具有重要的一席之地。政治与政治学研究的中心在欧洲与美国之间发生位移，美国政治学研究的科学化趋势与精

细化模式，使其逐步在全世界确立了其领军地位。第二，发文出众的大学基本是政治学学科建设和政治学研究起步较早和实力较强的大学。例如，宾夕法尼亚大学、威斯康星大学等均是美国 19 世纪末期以来美国政治学教学和研究起初最早的几个大学之一。还如，目前政治学 SSCI 期刊影响因子排名第一的《美国政治科学杂志》的主编就来自于密西根州立大学。第三，发文实力较为雄厚的主要是公立大学，除了耶鲁大学和乔治城大学外，排名前十的大学均为公立大学。例如，排名前五的加州大学系统、乔治亚大学、休斯敦大学、威斯康星大学系统、北卡罗纳大学系统均是公立大学。还如，乔治亚大学、北卡莱罗纳大学教堂山分校均是美国历史上最早期的公立大学，而加州大学系统作为公立大学系统是美国最具实力的世界一流大学。第四，美国公立大学系统研究美国政治及其政治学并在该刊上发文的表现非凡。例如，加州大学公立大学系统、北卡莱罗纳大学公立大学系统、威斯康星大学公立大学系统、马里兰大学公立大学系统发文数均相对较多，体现了公立大学系统在美国政治研究方面的强劲实力。

（三）多人合作攻关成为主流

第一，从论文作者人数来看，多人合作攻关成为主流。近十年发表的 396 篇论文中，独著论文有 149 篇，独著率 37.64%；合著论文共 247 篇，合著率为 62.37%。其中，两人合著论文 176 篇，合著率为 44.44%；三人及其以上合著论文 71 篇，合著率为 17.93%（见表 5）。两人合作最多的年份是 2009 年、2016 年，分别有 23 篇，最少的年份是 2013 年，有 14 篇；三人合作最多的年份是 2009 年、2010 年和 2014 年，分别有 9 篇，最少的年份是 2008 年有 4 篇。虽然单一作者仍然占有较大比重，但是不难看出，论文合作已经成为当今美国政治与政治学研究的一种不可或缺的重要形式。

第二，从时序上合作变动看，合作有波动但趋势明显。2008—2017 年的十年间，论文合作在每年间的情况有所差别，波动幅度较单篇论文显得更加明显，但总体上看波动范围并不很大，年度合作论文数量均在 24 篇左右波动，大体表现为稳中有升的趋势。其一，在合作篇数上，年度合作论文的最少篇数为 20 篇，分别出现在 2008 年和 2013 年，其余年份合作论文均多于 20 篇；2009 年合作篇数最多，为 32 篇；其次是 2016 年为 29 篇，2010 年也有 28 篇；其二，在合作比例上，年度论文中合作比例均

表5　　　　　　　　论文作者数量及合作情况　　　　　　（单位：篇）

作者数量	1人	2人	3人及以上	发文篇数	合著篇数	合著比例（%）
2008年	17	16	4	37	20	54.05
2009年	12	23	9	44	32	72.73
2010年	15	19	9	43	28	65.12
2011年	16	15	7	38	22	57.89
2012年	13	17	7	37	24	64.86
2013年	20	14	6	40	20	50.00
2014年	16	15	9	40	24	60.00
2015年	16	18	6	40	24	60.00
2016年	10	23	6	39	29	74.36
2017年	14	16	8	38	24	63.16
合计	149	176	71	396	247	62.37
百分比（%）	37.63	44.44	17.93	100.00	62.37	

在50.0%以上，最小的年份为2013年，合作比例为50.0%；其三，在作者数量上，每年均体现出两人合作比例高于三人合作比例，两人合作在2016年出现了峰值，尽管其合作总篇数不及2009年高，但其合作比例最高，为74.36%；三人合作在2014年出现峰值，为22.5%。合作趋势的出现，很大程度上归因于通过合理分工和借助团队力量，可以适当克服研究者在时间、精力和财力等方面的困难。

第三，从校际国际合作来看，校外合作成为主要趋势。论文作者合作，主要分为校内合作与校外合作；其中，校外合作又分为校际合作（指国内校际合作）和国际合作。分析发现：其一，校内合作较少，主要是校外合作，占合作论文总数的76.11%；其二，校际合作多于国际合作，分别为179篇论文和9篇论文，分别占合作论文总数的72.47%、3.64%；其三，三人及以上合作中，校外合作比例高达90.14%，远远高于校内合作，也高于两人中校外合作的比例70.45%。由此看来，校外合作是论文合作选择的最主要方式，三人及其以上的合作基本选择校外合作，已经具有了一定数量的国际合作。

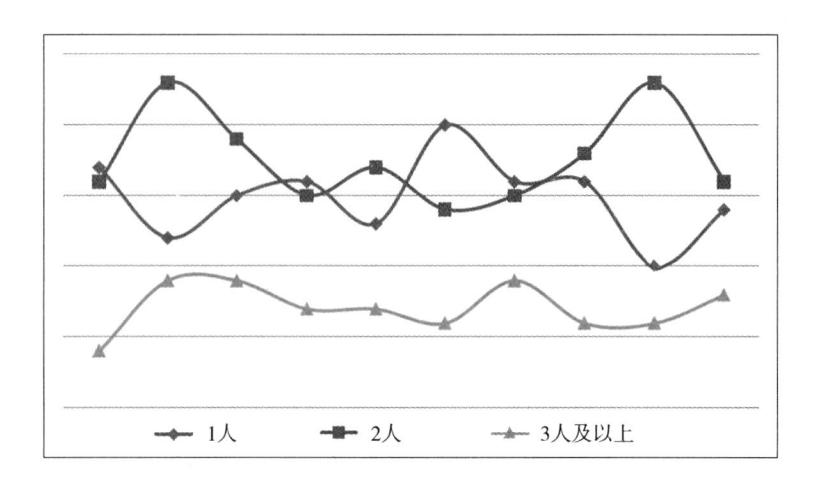

图 1　作者在时序上的合作波动情况

表 6　　　　　　　　　校际合作与国际合作情况　　　　　　　（单位：篇）

合作人数	校际合作数	国际合作数	校外合作数	合作总数	校外合作比例
2人	118	6	124	176	70.45
3人及以上	61	3	64	71	90.14
总计	179	9	188	247	76.11

第四，从方法与合著关联看，各方法中合作均占主导。其一，使用计量统计方法的论文有 181 篇，其中，独著仅 68 篇，占 37.57%；合著有 113 篇，占 62.47%；其二，使用形式模型方法的论文有 66 篇，其中，独著 30 篇，占 45.45%；合著 36 篇，占 54.56%；其三，使用实验模拟方法的论文有 54 篇，独著 17 篇，占 31.48%；合著 37 篇，占 68.52%；其四，使用质性分析方法的论文有 30 篇，独著 9 篇，占 30.0%；合著 21 篇，占 70.0%；其五，运用描述阐释方法的论文有 56 篇，其中，独著 20 篇，占 35.71%；合著 36 篇，占 64.29%。由此可见，就研究方法而言，无论使用哪种研究方法，合作研究均已成为主流。合作率都超过 50.0%，使用计量统计、实验模拟、质性分析、描述阐释的合作率均超过了 60.0%，质性分析的合作率达到了 70.0%。

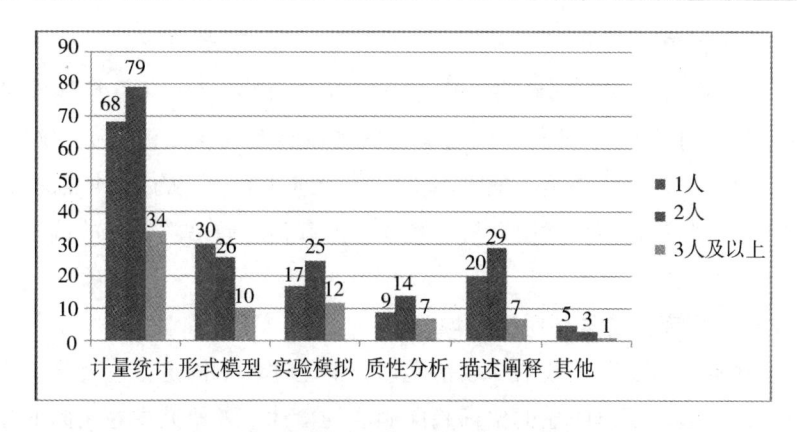

图2　各种研究方法与作者数量之间的关系

五　研究主题禀赋

美国政治与政治学研究主题较多，但也可以大致聚焦到一些重点领域。例如，程同顺等人曾从研究方法的角度将美国政治学研究主题分为十五个类型，分别为政党制度和组织、选举和投票行为、公共政策、公共舆论和态度、方法论、立法事务、政治经济学、利益集团和社会运动、民主和发展、行政和官僚机构、政治精英、规范性理论、国际关系、联邦和地方政府，以及法院、司法和宪法等。[1]

本文根据《美国政治学研究》的投稿指南和征稿启事所重点关注的学术领域，结合近十年来该刊发文情况，借鉴已有分类，从理想类型的角度将其研究主题大致分为以下十三类，按频次多少依次为：选举行为（含投票行为等）、民主发展（既包括民主问题，也包括发展问题；含次主题为外来移民、国际关系、国际政治等少数选题等）、法院司法（含法院程序、法律过程、宪法维护等）、舆论传媒（含公共舆论、公众态度、社交传媒等）、立法行为（含立法事务等）、公共政策（含公共选择、外交政策、政策实施等）、利益集团（含压力集团、政治社团、社会运动等）、政治理论（含规范理论等）、政党政治（含政党制度、政党组织

---

[1]　程同顺、邝利芬、孙迪：《美国政治学研究方法的最新进展——基于美国政治学三种期刊的研究（2001—2012）》，《政治学研究》2015年第2期。

等)、行政官僚(含相关机构等)、公共财政(含政府经济、政治经济等)、央地政府(含联邦政府、地方政府等)、种族移民(直接涉及种族问题、移民问题等)。此外,还有零星的其他类型(含政治精英、政治专家、政治心理、政治环境、地方治理、老龄问题等)。从近十年来该刊发文的研究主题禀赋结构状况,可以窥视美国政治与政治学研究的偏好。

(一) 研究主题呈现明显非均衡

就样本而言,美国政治与政治学研究的主题相对固定,主要集中在十三个方面,但表现出明显的偏好趋向和非均衡性,各研究主题之间的热度和被关注度有明显的区隔,大体分为三种趋向和三个区间。一是高热度主题与活跃区间。高热度主题主要包括选举行为、民主发展、法院司法、舆论传媒等,近十年发文篇数少的有40篇,多的有123篇;主题所占比例的活跃区间在10.0%(十分之一)至33.3%(三分之一)之间;二是中关注主题与常温区间。中关注主题主要包括立法行为、公共政策、利益集团、政治理论、行政官僚和公共财政等,近十年发文篇数少的有11篇,多的有19篇;主题所占比例的常温区间在2.0%至5.0%之间;三是低密度主题与稀疏区间。低密度主题主要包括央地政府、种族移民等,近十年发文篇数均在3篇及其以下;主题所占比例的稀疏区间在1.0%以下。

表7　　　　　　　　　研究主题的总体分布　　　　　　　(单位:篇)

主题	选举行为	民主发展	法院司法	舆论传媒	立法行为	公共政策	利益集团	政治理论	政党政治	行政官僚	公共财政	央地政府	种族移民	其他
频数(篇)	123	72	40	40	19	18	18	17	15	11	11	3	3	6
百分比(%)	31.06	18.18	10.10	10.10	4.80	4.55	4.55	4.29	3.79	2.78	2.78	0.76	0.76	1.52

(二) 选举行为成为关注的焦点

一方面,从总体上看,选举行为是美国政治与政治学研究的最为热门话题,占绝对主导地位。在所有研究主题中,近十年来选举行为(含投票行为)的主题论文有123篇,占总篇数的31.06%,远远多于其他主题频数，比处于第二位的民主发展主题还多将近一倍，是央地政府主题、种族移民主题等发文篇数的 41 倍（见图 3）。由此可见，选举政治是美国政治与政治学研究的中心话题，这不仅因为其与该学科的"权力""国家""利益"等核心议题密切相关，更凸显了选举投票等对美国政治生活的影响程度。就政治生态和政治生活来讲，选举行为（含投票行为）牵一发而动全身，其首先涉及社交媒体造势、公众态度测评；再而关系到利益集团施压、政治精英展演；进而推及到党派较量斗争、国家权力更迭，直接影响到公共财政走向、公共政策施行，以及行政立法司法和民主发展问题等，这也充分体现了美国政治的特殊性和过程性，也成为其被高度关注的重要因素。

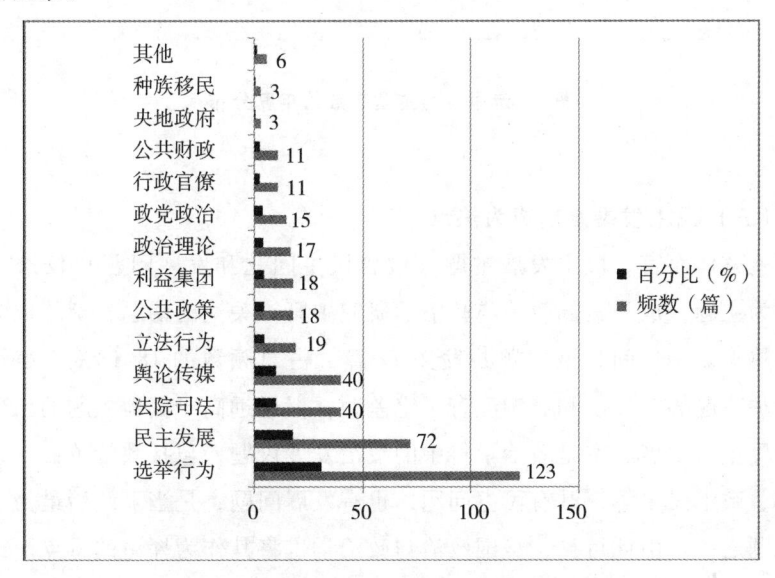

图 3　选举行为主题与其他主题频数对比

另一方面，从年度上看，选举行为在近十年各个年份的研究主题中也占有明显优势，但也呈现出了波动式、缓下滑的趋势。总体上，选举行为（含投票行为）在近十年每年都保持 10 篇左右的发文频数，最高的是 2010 年，发文 22 篇；最少的是 2017 年，发文 6 篇（见图 4）。从整体趋势来看，呈现波动较大和热度降低的趋势。一是波动大，尤其是 2009—2011 年期间的波动幅度最大；二是缓下滑，尤其是 2012 年以来，发文频数总体上呈下降趋势。当然，尽管学者对选举行为主题的热情虽有所下降,但相对于其他研究主题而言,其依然是美国政治与政治学学研究的焦点。

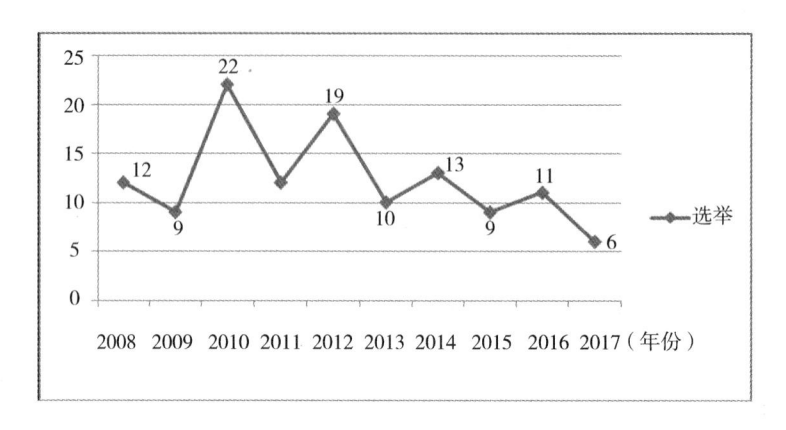

图4 选举行为主题频数的年度分布

(三) 民主发展渐趋成为热点

就整体而言,民主发展主题(内含民主问题和发展问题)仅次于选举行为主题,成为美国政治与政治学研究中第二关注的话题,渐趋成为研究的热点。十年间,该主题共发文72篇,占总频数的18.18%。尽管其与选举主题的关注度和影响度有一定差距,但远远高于其他主题的出现频率。民主与发展,本是政治学科中的政治发展议题,包括政治革命、政治改革、政治民主等,既有民主问题,也有发展问题,是当下政治最为重要的议题之一。由此可见,美国政治与政治学也将其作为探讨的重点。

就年度而言,民主发展在近十年各个年份的研究主题中也占有较大比例,但也表现出了大幅波动期和平稳增长期两个阶段。2011年以前是大幅波动期,主要表现为2009年是峰值,发文8篇,但是前后的2008年、2010年和2011年均只发文2篇。2012年以后是平稳增长期,尽管有波动,但相对平稳,每年都保持了7篇至10篇的发文频数,最近一年比上年度增长了1篇,从十年跨度来看,总体上还是呈增长趋势。

(四) 主题多为无资助自主选择

从研究主题的基金资助偏好看,论文受基金资助的很少,受政府基金

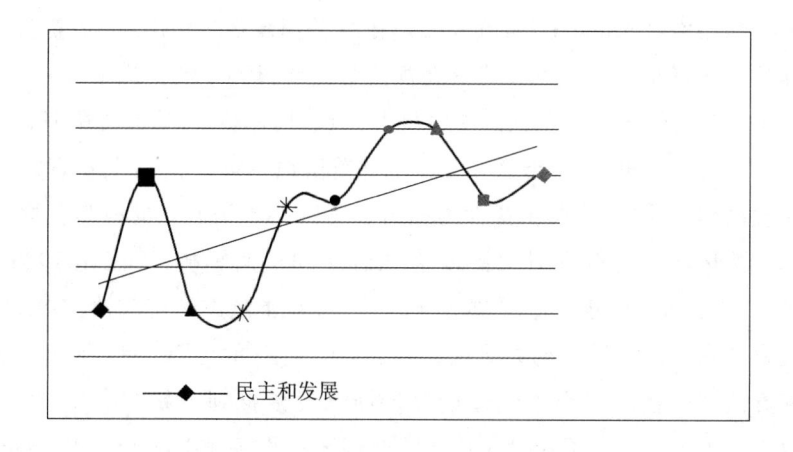

图 5 民主发展主题频数的年度分布

资助的更少。本次统计的 396 篇论文中，有 323 篇论文无资助，占 81.57%，另还有 7 篇论文没有标注是否获得资助。近十年共有 66 篇论文获得基金资助，占 16.67%。获得政府基金资助的只有 28 篇，占 7.07%；其中，获得国家级基金资助的有 24 篇，占 6.06%；获得州级基金资助的有 4 篇，占 1.01%。获得其他基金资助的有 38 篇，占 9.60%；其中，获得校级基金资助的有 32 篇，占 8.08%；获得基金会等资助的有 6 篇，占 1.52%（见表 8）。

表 8　　　　　　　　　论文受基金资助情况　　　　　　（单位：篇）

资助情况	无标明	无资助	国家级基金	州级基金	校级基金	基金会	合计
频率	7	323	24	4	32	6	396
百分比（%）	1.77	81.57	6.06	1.01	8.08	1.52	100.00

六　研究方法使用

社会科学关于研究方法的分类各异，政治学研究方法自 20 世纪中后期以来也逐渐多元化，尤其是近代数十年来美国政治学界关于其讨论也渐趋增多，关键性的节点和代表性的论著有如下几个。一是 1969 年，阿瑟·卡勒伯格（Arthur L. Kalleberg）在《美国政治学评论》（最新影响因子排政治学第6位）上发表的《在规范和经验研究中的概念形成》，其提出了美国政治学方法论争论的历时性和持续性问题；① 二是同在1969年，谢尔登·沃林（Sheldon S. Wolin）在《美国政治学评论》上发表的《将政治理论作为使命》，其担忧性的提出了美国政治学研究的科学化取向和研究方法选择上的偏好对美国政治学研究的负面影响；② 三是1990年，加里·金（Gary King）在《政治分析》（最新影响因子排政治学第5位）上发表的在《关于政治的方法论》，其指出了20世纪70—80年代，定量研究方法在政治学研究中经过借鉴创新已经被推到了新的高度；③ 四是1994年，加里·金（Gary King）、罗伯特·基欧汉（Robert O. Keohane）、西德尼·维伯（Sidney Verba）合作（学界将此三位作者简称为KKV），由普林斯顿大学出版社出版的著作《设计社会调查》问世，④ 其被认为是将定量研究方法全面纳入美国政治学主流研究方法的标志，也被看作是政治学研究方法历程中定性研究方法与定量研究方法争论以来具有分水岭意义的著作；五是2004年，亨利·布雷迪（Henry E. Brady）、大卫·科利尔（David Collier）等人汇集了当今美国政治学界重量级学者方法论论文而成的著作《重新审视社会调查》出版，其对定量研究的主流地位发起了挑战，对量化研究提出了尖锐批判，主张政治学研究中方法论的多元化；⑤ 六是2007年，安德鲁·班纳特（Andrew Bennett）、柯林·阿勒曼（Colin Elman）领衔在《比较政治研究》（最新影响因子排政治学第20位）上专期发表了一组定性研究方法的5篇论文，分别是二人从分支学

---

① Arthur L. Kalleberg, "Conception Formation in Normative and Empirical Studies", *The American Political Science Review*, Vol. 63, No. 1, 1969, pp. 26 – 39.

② Sheldon S. Wolin, "Political Theory as A Vocation", *The American Political Science Review*, Vol. 63, No. 4, 1969, pp. 1062 – 1082.

③ Gary King, "On Political Methodology", *Political Analysis*, Vol. 2, No. 1, 1990, pp. 1 – 29.

④ G. King, R. Keohane & S. Verba, *Designing Social Inquiry: Scientific Inference in Qualitative Research*, Princeton: Princeton University Press, 1994.

⑤ Henry E. Brady & David Collier (Eds.), *Rethinking Social Inquiry: Diverse Tools, Shared Standards*, Lanham, MD: Rowman & Littlefield Publishers, 2004.

科视角对定性研究方法的总论[1]、詹姆斯·马奥尼（James Mahoney）关于比较政治中的定性方法论[2]、保罗·皮尔森（Paul Pierson）关于美国政治中的定性研究方法的讨论[3]、安德鲁·班纳特（Andrew Bennett）和柯林·阿勒曼（Colin Elman）关于国际关系中的个案研究方法[4]、杰克·列维（Jack S. Levy）关于政治学中定性与交叉方法的对话[5]等，全方面阐释了定性研究方法的回归论；七是2009年，罗伯特·基欧汉（Robert O. Keohane）在《国际政治经济学评论》（最新影响因子排政治学第3位）发表了《国际政治经济学的前世与今生》，反思了定量研究的局限，其承认在展示变量与自变量的因果关系方面，案例式定性分析和叙事性描述分析有着更胜一筹的优势；[6] 八是2010年，詹姆斯·马奥尼（James Mahoney）在《世界政治》（最新影响因子排政治学第2位）上发表的《后KKV时代：定性研究的新方法论》，讨论了1994年KKV三人合著出版《设计社会调查》以后定性方法论的新发展和前沿问题，并从三个领域对定性方法和定量方法进行了论辩式探讨；[7] 九是2016年，加里·金（Gary King）在《美国政治科学杂志》（最新影响因子排政治学第1位）上发表了《因果推理的匹配方法中平衡样本大小的边界》，再次深入探讨了定量研究遇到的相关问题。[8]

---

[1] Andrew Bennett, Colin Elman, "Qualitative methods: the view from the Subfields", *Comparative Political Studies*, Vol. 40, No. 2, 2007, pp. 111 – 121.

[2] James Mahoney, "Qualitative Methodology and Comparative Politics", *Comparative Political Studies*, Vol. 40, No. 2, 2007, pp. 122 – 144.

[3] Paul Pierson, "The Costs of Marginalization Qualitative Methods in the Study of American Politics", *Comparative Political Studies*, Vol. 40, No. 2, 2007, pp. 146 – 169.

[4] Andrew Bennett, Colin Elman, "Case Study Methods in the International Relations Subfield", *Comparative Political Studies*, Vol. 40, No. 2, 2007, pp. 170 – 195.

[5] Jack S. Levy, "Qualitative Methods and Cross - Method Dialogue in Political Science", *Comparative Political Studies*, Vol. 40, No. 2, 2007, pp. 196 – 214.

[6] Robert Keohane, "The Old IPE and the New", *Review of International Political Economy*, Vol. 16, No. 1, 2009, pp. 34 – 46.

[7] James Mahoney, "After KKV: The New Methodology of Qualitative Research", *World Politics*, Vol. 62, No. 1, 2010, pp. 120 – 147.

[8] Gary King, Christopher Lucas & Richard A. Nielsen, "The Balance—Sample Size Frontier in Matching? Methods? for Causal Inference", *American Journal of Political Science*, Vol. 61, No. 2, 2016, pp. 473 – 489.

近年来，中国学者也对美国等境外政治学研究方法展开了讨论。例如，臧雷振对美国政治学研究的4种重要期刊（APSR、AJPS、JOP、PS）在21世纪初的发文情况进行了分析，重点对政治学研究方法变化进行了讨论。① 之后，臧雷振还就4种重要期刊（APSR、AJPS、JOP）发文情况进行分析，对政治学研究中的实验方法进行了探讨。② 王金水等也对3种政治学期刊（APSR、AJPS、JOP）1990—2007年发表的实验研究类文献进行了分析。③ 程同顺等人也对3种美国政治学期刊（APSR、AJPS、JOP）在2001—2012年间发文情况做了比较研究，分析了21世纪以来美国政治学在研究方法上的特点，不同研究方法在各主要领域的分布、发展趋势，以及作者来源构成等。④ 张春满还专门就比较政治学领域中的嵌套分析方法等混合分析方法进行了研究，对其内涵外延、演进历程、应用价值、使用条件、主要缺陷、实际运用等方面进行了探讨。⑤ 此外，祁玲玲还从政治学研究方法的二分法视角，对定量研究方法和定性研究方法展开了讨论，其呈现了美国近30年来围绕定量定性方法论的争辩缩影，客观呈现了定量与定性研究方法的优劣，探讨分析了当前二者融合趋势，提出了审慎运用定量研究方法的建议。⑥

综观已有研究，根据研究需要和视角维度不同，对政治学研究方法的分类也有所不同。例如，臧雷振将其分为数理建模、定量分析、数理建模与定量结合、小样本、概念阐述、定性（经验分析）6种类型和其他。⑦ 程同顺等人将其分为统计、定性/案例、形式模型、实验与模拟、描述性

---

① 臧雷振：《美国政治学研究方法发展现状及趋势——新世纪初的新争论、挑战与反思》，《政治学研究》2014年第4期。
② 臧雷振：《政治学研究中的实验方法——近年来的应用进展及研究议题分布》，《国外理论动态》2016年第5期。
③ 王金水、胡华杰：《境外政治学实验研究的发展及其对于中国政治学研究的价值》，《中国人民大学学报》2016年第3期。
④ 程同顺、邝利芬、孙迪：《美国政治学研究方法的最新进展——基于美国政治学三种期刊的研究（2001—2012）》，《政治学研究》2015年第2期。
⑤ 张春满：《比较政治学中的混合分析方法》，《学术月刊》2017年第9期。
⑥ 祁玲玲：《定量与定性之辩：美国政治学研究方法的融合趋势》，《国外社会科学》2016年第4期。
⑦ 臧雷振：《政治学研究方法：议题前沿与发展前瞻》，中国社会科学出版社2016年版，第6—7页。

分析五种类型和其他。[①] 祁玲玲则直接将其分为定性研究方法和定量研究方法两种类型。根据样本的刊文特点,结合美国的研究实际,借鉴已有的相关研究,本文将研究方法分为计量统计、形式模型、实验模拟、质性分析、描述阐释五种类型和其他。其中,将计量统计、形式模型归为定量研究方法,将质性分析、描述阐释归分为定性研究方法,实验模拟方法作为新兴的研究方法单独列出。当然,也出现了嵌套方法、交叉方法等混合方法,本文则根据其侧重归属五种类型的一种而纳入其中。

(一)定量在主导中减弱而定性在低迷中徘徊

从总体上看,定量研究方法占绝对主导地位,但有明显减弱趋势;定性研究方法仍然不能忽视,在低迷中有徘徊重生的趋势;实验研究方法也成为重要的分析工具,在波动挣扎中渐趋走向上升。具体来看,近十年刊发的396篇论文中,有247篇论文使用的定量研究方法,占62.37%,具有明显的优势;有86篇论文使用的定性研究方法,占21.72%,依然具有一定的市场;有54篇论文使用的实验研究方法,占13.64%,占有一定的份额,逐渐受到青睐,近年来有赶超定性研究方法的趋势(见表9)。

表9　　　　定量方法、定性方法与实验方法的分布　　　　(单位:篇)

年份	2008	2009	2010	2011	2012	2013	2014	2015	2016	2017	总计	比例
定量研究方法	23	28	26	20	23	31	28	27	21	20	247	62.37
定性研究方法	8	8	12	16	8	4	6	7	9	7	86	21.72
实验研究方法	5	7	4	1	6	3	5	5	8	10	54	13.64
其他	1	0	1	1	0	2	1	1	1	1	9	2.27

从年度上看,定量研究方法、定性研究方法和实验研究方法近十年来都有一定的波动,并不是直线上升或直线下滑的趋势,呈现出了几种方法

[①] 程同顺、邝利芬、孙迪:《美国政治学研究方法的最新进展——基于美国政治学三种期刊的研究(2001—2012)》,《政治学研究》2015年第2期。

间的激烈较量（见图6）。在定量研究方法方面，每年刊文中均有20篇以上使用定量研究方法，每年都超过50.0%；其中，2013年是峰值31篇，从此之后，定量研究方法的论文数量出现了明显的下滑，2017年降到了近十年来的最低点20篇。在定性研究方法方面，2008年至2011年间，其呈现出了短暂的上升趋势，2011年达到峰值16篇，之后骤降并处于较低水平的平缓状态。在实验研究方法方面，十年前其就发文5篇，但到2011年出现低谷，只发文1篇，近五年来出现了明显的增长趋势，到2017年出现了峰值，发文10篇，呈现出了强劲势头。

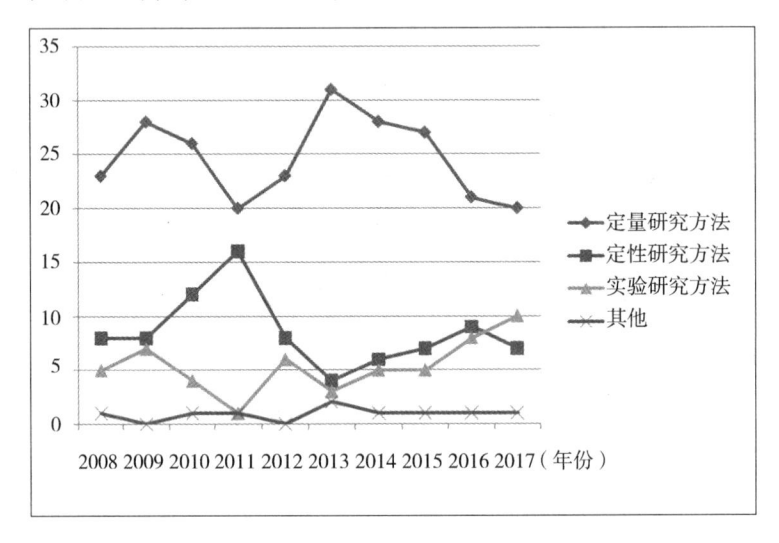

图6 定量方法、定性方法与实验方法的趋势

（二）计量统计明显降温而形式模型有所回归

定量方法使用的下降，主要表现在计量统计方法使用的明显下降，而形式模型方法使用却处于上升趋势。近年来，使用计量统计的论文虽然仍占绝对主导，但已明显降温。十年间刊发的396篇论文中有181篇使用了计量统计方法，占45.71%，2013年和2014年两年达到最高，均为23篇，之后逐年下降，2017年达到最低，为12篇（见表10）。而形式模型方法以66篇的总量在所有研究方法中位列第二，占16.67%，甚至一度在2009年的44篇文章中，有11篇文章使用了形式模型方法，占2009年的25.0%；在2009—2013年间出现了相对较大的波动，但之后又所有回

归，总体上呈现了缓慢的增长趋势。

表 10　　　　计量统计与形式模型方法的分布　　　　（单位：篇）

年份	2008	2009	2010	2011	2012	2013	2014	2015	2016	2017	合计
计量统计	15	17	20	18	19	23	23	21	13	12	181
形式模型	8	11	6	2	4	8	5	6	8	8	66

（三）质性分析摆中向上但描述阐释逐渐遇冷

质性分析方法是近十年使用最少的研究方法，在低水平线上挣扎，上下波动摇摆，但近几年具有上升趋势。描述阐释方法在近十年来的使用多于质性分析方法，次于计量统计方法和形式模型方法，但近几年逐渐遇冷。具体来看，质性分析方法共 30 篇，占 7.58%；有四个年份均只有 1 篇论文发表，年度发表最多的也只有 5 篇，但 2014 年以来保持了增长趋势，2016 年和 2017 年均维持了 5 篇。描述阐释方法共 56 篇，占 14.14%；尽管总数较多，但主要集中在前五年，有 41 篇，占十年中的 73.21%，尤其是 2011 年竟发表了 12 篇；其近五年发文较少，每年只有 2—4 篇，2017 年跌到了最低点，只有 2 篇，遇冷趋势明显（见表 11）。

表 11　　　质性分析、描述阐释与实验方法的分布　　　（单位：篇）

年份	2008	2009	2010	2011	2012	2013	2014	2015	2016	2017	合计
质性分析	1	1	5	4	1	1	3	4	5	5	30
描述阐释	7	8	1	12	7	3	3	3	4	2	56
实验模拟	5	7	4	1	6	3	5	5	8	10	54
其他	1	0	1	1	0	2	1	1	1	1	9

(四) 实验模拟渐受青睐但在波动中趋向上升

实验模拟方法起步较早但近年来才渐被青睐，总体上在波动中趋向上升。具体来看，近十年来使用实验模拟方法的论文有 54 篇，占 13.64%，多于质性分析方法，略低于描述阐释方法和形式模型方法。其中，2011 年出现了最低值，仅 1 篇论文发表，也拉低了平均水平。在此之后，较之其他方法，实验模拟方法显现出明显的上升态势（见图 7），在 2017 年达至 10 篇。本研究其在 2008—2017 年的 10 年间，仅在《美国政治学研究》上年均就有 5.4 篇使用实验模拟方法的论文发表；而罗斯·麦克德莫特（Rose McDermott）曾研究其在 1920S—1970S 间，共计只有 13 篇使用实验模拟方法的论文发表，而在 1926—2000 年的 75 年间，在所有美国著名政治学期刊上也只有 105 篇使用实验模拟方法的论文发表，[①] 年均只有 1.4 篇。由此可见，实验模拟方法起步较早，但发展艰难，进入 21 世纪以后，尤其是近年来，其才逐步被研究者所接受，到 2017 年其已成为发文第二多的方法，仅比计量统计少 2 篇。其艰难历程与该方法的技术难度相关，而其近来热度与该方法的科学精度相关。

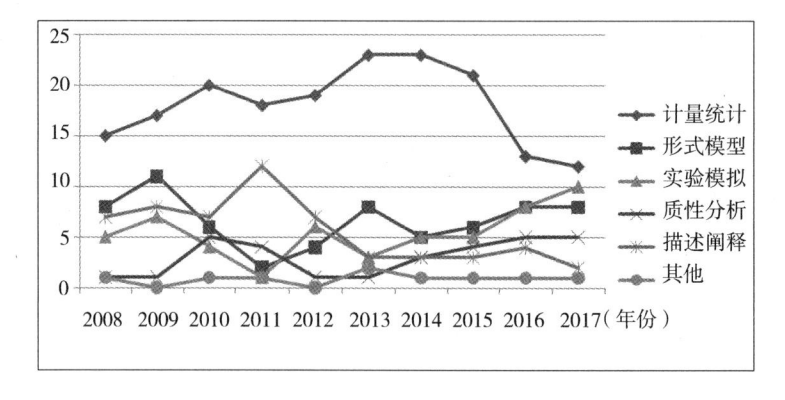

图 7　不同研究方法的年度分布及趋势

[①] Rose McDermott, "Experimental Methods in Political Science", *Annual Review of Political Science*, Vol. 5, No. 1, 2002, pp. 31 – 61.

(五) 选举主题偏爱计量统计而其他方法相当

不同的主题会选择不同的研究方法，此处选择发文较多的两大主题对其进行与方法的关联分析。其中，选举行为作为第一大主题，发表的 123 篇论文中，有 55 篇使用计量统计方法，占 44.72%；也就是说，将近一半的选举行为主题论文采用的计量统计方法。此外，其使用其他研究方法较为均衡，分别在 13—19 篇之间，使用实验模拟方法与使用描述阐释方法均为 19 篇，使用质性分析方法的稍微少些，为 13 篇（见图 8）。选举行为主题偏爱计量统计方法，充分反映出不仅美国的选举政治仍较兴盛，而且对美国大选等进行民意测验以判断民众意向已成为政治生活的常态，而民意测验和趋势预测等常借助于计量统计方法，通过大数据对选举和投票等政治行为进行综合分析，以为相关部门提供决策依据和理论参考。

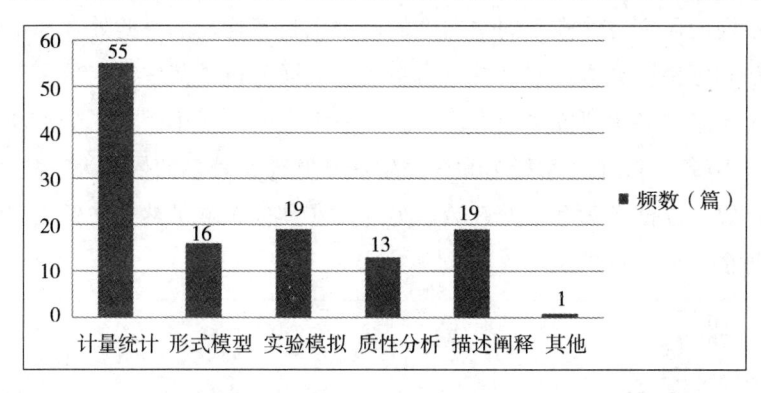

图 8 选举行为主题与不同研究方法间的关系

(六) 民主发展主题多定量研究少质性分析

民主发展作为第二大主题，发表的 72 篇论文中，有 45 篇使用定量研究方法，占 62.5%；也就是说，超过六成的民主发展主题论文采用的定量研究方法。在定量研究方法中，又以计量统计方法为主，但形式模型方法也不容忽视，占了将近四分之一，共 11 篇，与描述阐释方法、实验模拟方法发文篇数相等。但该主题中使用质性分析方法较少，仅 4 篇（见图 9）。

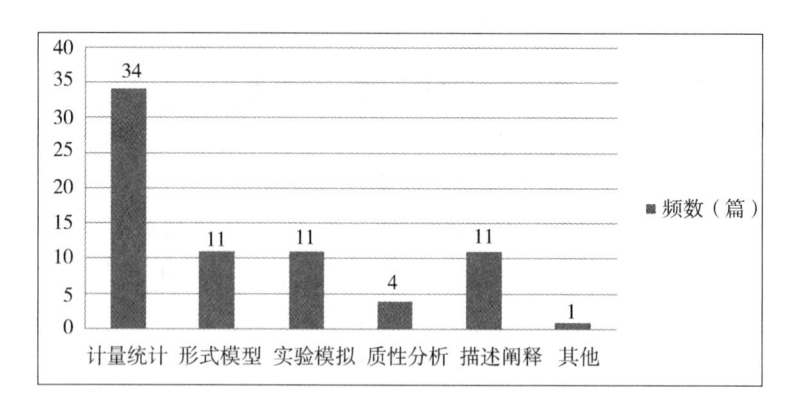

图9 民主发展主题与不同研究方法的关系

（七）定量研究方法在各主题上均有一定使用

不同的研究方法在不同主题上的使用也是不均衡的，此处选择定量研究方法和定性研究方法对其进行与主题的关联分析。其中，定量研究方法在近十年来在各大研究主题上均得到了一定程度的使用，在7个主题上发文超过10篇，除了选举行为和民主发展主题外，较多的依次为法院司法、舆论传媒、立法行为和公共政策。另外，在其他领域虽然发文低于10篇，但在每个领域均有发文。

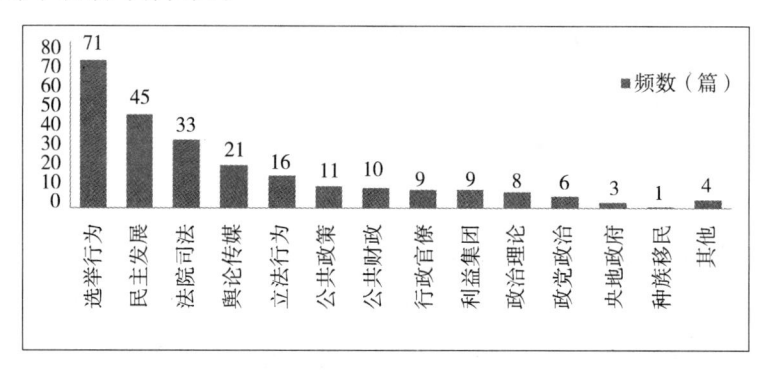

图10 定量研究方法与研究主题之间的关系

（八）定性研究方法仅在有限主题上少量介入

由于使用定性研究方法发表的论文在近十年来仅占五分之一，因此使用定性研究方法的论文在各大主题上也显得不多，除了选举行为和民主发展两大主题外，均少于 10 篇。其中，央地政府主题没有论文发表，法院司法、立法行为、公共财政和种族移民主题均只有 1 篇，利益集团主题也只有 3 篇，行政官僚主题只有 1 篇。

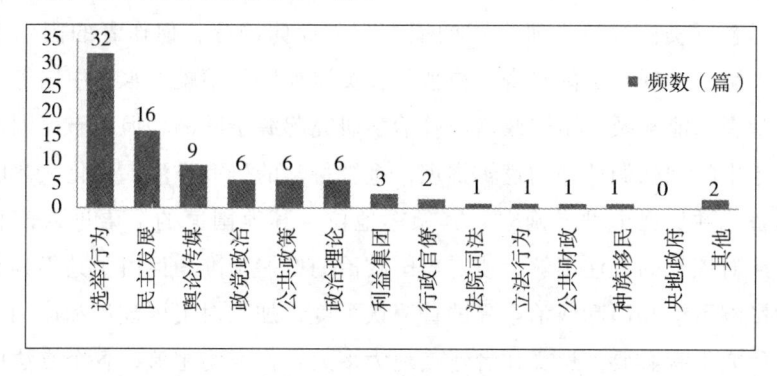

图中数据：选举行为 32，民主发展 16，舆论传媒 9，政党政治 6，公共政策 6，政治理论 6，利益集团 3，行政官僚 2，法院司法 1，立法行为 1，公共财政 1，种族移民 1，央地政府 0，其他 2。

图 11　定性研究方法与研究主题之间的关系

七　结论及其启示

通过以上对美国政治与政治学研究的现状和趋势进行研究，可以得出一些基本判断和主要结论，以增进对美国政治与政治学研究的了解，加强对政治与政治学国际前沿的把握。与此同时，还可以从中得出启示，以对中国政治与政治学研究和学科建设提供借鉴。

（一）基本结论

第一，美国政治是美国政治学的重要分支领域，但该领域的被关注度和影响度受明显挑战，美国政治学研究有主业领域也呈多元趋势。由于近年来世界政治学 SSCI 刊物数量增加较快，政治学研究议题和成果发表不断增多，以美国政治研究为业的《美国政治学研究》受关注度和影响力明显降低。尽管较难判断对美国政治研究的萎缩程度有多大，也难轻易判断美国政治作为政治学分支领域在美国学术界的关注度和影响力下降幅度有大多，但从样本反映的情况看，《美国政治学研究》办刊受到一些挤压，综合性刊物的影响力拓展迅速，新的研究领域及其专门性刊物正在崛起，交叉学科的政治学研究迅速发展，美国政治学的分支虽有主导领域，但并没有简单固化，呈现出了多元化态势。

第二，美国政治与政治学研究中美国学者占绝对性主导，发文单位向美国著名大学和世界一流大学集中，多人合作攻关尤其是校外合作成为主流。尽管《美国政治学研究》的征文刊文面向国际，但作者的国别来源明显失衡，表现为美国自身一枝独秀，英澳加以韩蜻蜓点水，中国等其他国家学者未能触及。虽然政治与政治学研究起源于欧洲，但由于美国近代数十年来特别强调严谨的逻辑推理，重视科学的研究方法，强化人才的培养储备，逐步在全世界确立了其领军地位。其他国家的话语进入该刊较难，或对该刊的关注不够，或对美国政治的把握不准，但由于其仍具有较高的影响因子和国际政治学界的普遍认可度，加大对美国政治和该刊的关注和研究很有必要。论文作者还表现为多人合作成为主流，各个方法中合作均占主导，从时序上合作变动看，合作有波动但趋势明显。

第三，美国政治与政治学研究的主题多样但有明显偏好，选举行为成为关注的焦点，民主发展渐趋成为热点，多数为无资助的自主选择。总体来看，研究主题依次集中在选举行为、民主发展、法院司法、舆论传媒、立法行为、公共政策、利益集团、政治理论、政党政治、行政官僚、公共财政、央地政府、种族移民等方面。以上研究主题的偏好趋向和非均衡性表现为各主题间的热度有明显区隔，大体分为三种趋向和三个区间，一是高热度主题与活跃区间，二是中关注主题与常温区间，三是低密度主题与稀疏区间。其中，选举行为是美国政治与政治学研究的最为热门话题，占绝对主导地位；民主发展主题位居第二，也远远高于并列第三的法院司法和舆论传媒，渐趋成为研究的热点。值得注意的是，美国政治与政治学的研究主题和论文，受基金资助的很少，受政府基金资助的更少。

第四，美国政治与政治学研究在研究方法的使用上呈现出诸多特点。其一，定量在主导中减弱而定性在低迷中徘徊。从总体上看，定量研究方法占绝对主导地位，但有明显减弱趋势；定性研究方法仍要受到重视，在争论中有挣扎重生的趋势；其二，计量统计明显降温而形式模型有所回归；其三，质性分析摆中向上但描述阐释逐渐遇冷。质性分析方法虽使用最少，长波段看总是上下摇摆，但近几年具有上升趋势。描述阐释方法使用少于形式模型方法多于实验模拟方法，但近几年逐渐遇冷；其四，实验模拟渐受青睐但在波动中趋向上升。其虽起步较早但近年来才渐被青睐，总体上在波动中趋向上升。另外，选举主题偏爱计量统计而其他方法相当，民主发展主题多定量研究而少质性分析；定量研究方法在各主题上均有一定使用，定性研究方法仅在有限主题上少量介入。

第五，美国政治与政治学研究中的定性定量方法之争具有阶段性，而大致三阶段的形成又是由美国政治与政治学研究的科学化趋势与传统性回归之间的论辩所致，其总体又趋向融合。定量研究方法与定性研究方法之争，大致呈现为三个阶段：一是从20世纪60年代开始，以阿瑟·卡勒伯格（Arthur L. Kalleberg）、谢尔登·沃林（Sheldon S. Wolin）等为代表的学者提出对定性研究方法的担忧；二是20世纪90年代以来，以加里·金（Gary King）、西德尼·维伯（Sidney Verba）等为代表的学者将定量研究方法推向顶端；三是进入21世纪以后，以亨利·布雷迪（Henry E. Brady）、安德鲁·班纳特（Andrew Bennett）、罗伯特·基欧汉（Robert O. Keohane）、詹姆斯·马奥尼（James Mahoney）等为代表的学者对定量研究方法的反思和对定性研究方法的捍卫。研究方法使用上呈现的这一特点是由美国政治与政治学研究的科学化趋势与传统性回归之间的论辩导致的。一方面，美国政治与政治学研究出现了科学化趋势。20世纪50年代以来，伴随着行为主义革命和研究方法行为主义取向的争论，美国开始出现了政治科学研究的趋势，当前政治学SSCI期刊影响因子排名世界第一的《美国政治科学杂志》（AJPS）就创办于1957年；而在这一趋势下，另一种政治学重要刊物《政治科学与政治学》（PS）也在1968年创刊。政治科学研究将自然科学中的计量统计方法、形式模型方法、实验模拟方法等科学研究方法引入，拓展或挤压了传统的个案研究方法、现象分析方法、描述阐释方法等定性研究方法。尽管近年来其总体发展有减弱趋势，但基于大数据的定量研究方法仍然占据主导；另一方面，美国政治与政治学研究呼吁了传统性回归。21世纪以来，大量学者开始对定量研究产生质疑，认为其在推理判断上优于定性，但在逻辑解释上不如定性，从而产生了定量与定性的争论，呼吁并逐渐引起了定性方法回归。加之近年来又出现了三角交叉检视法、嵌套研究方法、混合研究方法等多元方法，[①] 定

---

① Evan S. Lieberman, "Nested Analysis as a Mixed – method Strategy for Comparative Research", *American Political Science Review*, Vol. 99, No. 1, 2005, pp. 35 – 52.

量和定性在总体上又有融合的趋势。

(二) 主要启示

第一,中国只有建设好政治学世界一流学科,才能在世界上更好的进行政治学学术对话,而政治学世界一流学科建设就必须加大对美国政治与政治学期刊杂志的了解,加深对其研究主题和研究方法等的认知。高水平学术期刊是学科话语体系的重要载体,美国政治与政治学高水平学术期刊,是了解美国政治与政治学研究的发展现状和未来走向的重要途径,是增加对其了解的主要载体,也是借鉴其经验教训的主要方式。在扬弃吸纳美国政治与政治学研究的同时,要加大对中国政治与政治学的研究,在学习借鉴的基础上,争取多在国际政治学高水平刊物上发表论著,将中国政治研究成果与中国话语体系传递到美国等国际社会。与此同时,要加大中国《政治学研究》等权威刊物的办刊力度。

第二,中国的政治学研究和论著发表要更加重视不同学科、不同代际、不同专长、不同单位等之间的合作,政治学研究项目和课题等要凸显团体攻关的优势。合作是个人与个人、个人与群团、群组与群组之间为了达到一种或多种共同目的,而采取的联合行为。作者的群组构成和思想观念对研究问题和研究方法的选择具有关键性作用。[1] 从美国的经验可以看出,要加强论文撰写合作,尤其是校际合作和国际合作,发挥各自长处。一方面,政治学研究的科学性、研究主题的复杂性、研究方法的多元化、研究技术的高端化、研究结论的严谨性等因素,对研究者不断提出了新要求和新挑战;另一方面,研究者之间在时间、精力、财力、思维等方面的差异和互补,也为合作创造了契机,通过合作以克服挑战。

第三,中国的政治学学科建设与学术研究要密切关注美国政治相关研究的变化和热度,在了解认知的基础上为中国政治学研究和世界政治学学科建设服务。美国政治与政治学研究目前具有强大实力,在全球政治学研究中占有重要地位,其研究主题的变化有时具有风向标意义,近年来要特别关注美国政治在选举行为、民主发展等主题的研究动向,同时注意其在

---

[1] Dallas W. Smythe & Tran Van Dinh, "On Critical and Administrative Research: A New Critical Analysis", *Journal of Communication*, Vol. 33, No. 3, 1983, pp. 117 – 127.

法院司法、舆论传媒、立法行为、公共政策、利益集团、政治理论、政党政治、行政官僚、公共财政等方面的动向,这对了解美国政治、服务中国建设具有重要作用。

第四,中国政治与政治学研究要坚持方法论上融合发展和多元交叉的原则,特别重视定量研究方法的补课和定性研究方法的优化,吸纳借鉴新的前沿研究方法。要借鉴汲取美国政治与政治学研究方法上的经验教训,定性研究方法和定量研究方法一样也不能偏废。一方面,针对科学化趋势中缺乏的定量研究短板要补课;另一方面,针对传统化回归中不足的定性研究长处要强化。中国政治与政治学学科建设与学术研究,要与世界对话,就需要建设广义上包容性的政治科学,加大计量统计方法,增强形式模型方法,关注实验模拟方法,提升质性研究方法,完善描述阐释方法,吸纳三角交叉检视法、嵌套研究方法、混合研究方法等多元方法。据此,有必要创办或办好中国《政治科学研究》杂志,最终走向世界。

The Current Situation and Trend of American Politics and Political Science Research: Field, Topic and Method

—Based on An Analysis of American Politics Research From 2008 to 2017

Zhang Dawei, Huang Ruimin

Abstract: American Politics Research is a relatively representative SSCI Journal about American politics and political science research. On the base of the Journal, this study takes papers published in the past 10 years as the research samples, and analyzes the current situation and trend of the journal from the following aspects: the hot research field, researcher composition, concerned theme and research method, etc. The results are as follows. Firstly, as for the aspects of field and effect, American politics is an important field of American political science. However, in recent years, the attention and influence of the field has been clearly challenged. There are differences between priority and others in the research field of American political science, and the trend of the research field of American political science has been pluralistic. Secondary, in terms of the author composition, American scholars play a leading role absolutely. The work unit of the author has a central tendency, and more than two authors collaborate on a paper has become the mainstream. Thirdly, from the perspective of the research theme, the theme is characterized by unbalanced: many scholars focus on theme of election, and the theme of democracy and development is gradually becoming a hot spot. Besides, the research theme can be selected freely by authors and most of authors receive no financial support for the research. Last but not least, on the part of research method used in the papers, it is shown from the results that quantitative research has weakened in the dominant position; qualitative research has hovered in the downturn; statistical methods has got cool apparently; formal model has come back to the previous state slightly; qualitative analysis is rising unsteadily; descriptive analysis is becoming out of fashion little by little; experimental simulation is gradually preferred by so much of scholars but going up with fluctuations. Statistical methods are mostly used but other methods are little used relatively in the articles with theme of election; the theme of democracy and development with much quantitative research but little qualitative analysis; of all the articles, quantitative research are certainly employed on every theme by authors; there are only limited themes with less using of qualitative research. Based on this, we have drawn the basic conclusion about the trend of American politics and political science research, and so that it provides helpful references and inspirations for the Chinese politics and political science research.

Key words: Politics; Political science; American politics; American political science; Chinese political science

从学科回归到学术自觉：当代中国政治学研究发展趋势

——基于《中国社会科学》(1988—2017)政治学论文的考察

余孝东　王　琦　王玉莹[*]

【摘要】 哲学社会科学作为人们认识世界、改造世界的主要工具，其发展水平是综合国力的重要体现。政治学作为研究社会政治现象及其发展规律的社会科学，其发展状况不仅反映着政治本身的发展，对于推动现实社会的政治发展亦有重要作用，而其学术研究水平无疑又是关键性衡量标准。本文尝试对《中国社会科学》(1988—2017)刊发的381篇政治学类论文进行多维度分析，提供一个客观了解和认识当代中国政治学研究学术生态分布的视角。在三十年的发展历程中，中国政治学经历了改革开放的理论论证和研究范式转型、大国崛起的学术背景和研究视域全球化、聚焦治理现代化和建构宏大理论的探索三个时段，为繁荣社会主义文化，推进社会主义民主政治建设作出了学科贡献。但也应看到，在政治学研究领域推进方法论革新，打造良性的学术生态，总结中国经验，发出中国声音，仍然任重而道远。

【关键词】 中国政治学；学术生态；研究方法；《中国社会科学》

---

[*] 作者简介：余孝东，华中师范大学政治科学高等研究院/中国农村研究院博士研究生；王琦，华中师范大学政治科学高等研究院/中国农村研究院博士研究生；王玉莹，华中师范大学政治科学高等研究院/中国农村研究院硕士研究生。

一 引 言

作为世界上最古老的、未曾中断的中华文明，在漫长的农耕社会中，频繁的王朝换代、政权更迭带来的复杂政治实践为繁衍异常丰富的政治文化创造了条件。与亚里士多德的《政治学》被视为西方系统政治学的开创性著作不同，中国系统的政治思想产生于春秋战国时期，时逢大一统来临之前，百家争鸣，众多思想家提出了见解各异的观点或政治主张。然而，中央集权国家建立后，儒家思想长期占据主导地位，在经、史、子、集之外，再无其他学科分类。服务于统治需要，政治理论、政治思想基本是围绕治国之道展开，在独尊儒术的单一意识形态下，始终没有发展出系统的政治学理论体系，更谈不上相应的学科。洋务运动期间，在西学东渐中京师大学堂于1903年始设"政治科"，正式开启了中国本土政治学教育教学的序幕。而在国人争先开眼看世界的社会思潮下，彼时也翻译引进了一大批西方政治学经典著作[1]。民国时期，政治学作为一门独立学科基本形成，至1949年，全国200所高校中约有40所开设了政治学专业，培养了一大批政治学专业人才[2]。以延安为中心，马克思主义政治学也逐步发展起来，出现了《新民主主义论》《论人民民主专政》等一系列影响深远的经典著作。

建国后，马克思主义理论和思想成为政治生活的指导思想，也成为社会科学研究的主导方针。1952年，政治学被作为"伪科学"在院系大调整中取消，期间虽然有个别高校恢复设立，但政治学始终不具有独立学科地位，研究范围、研究方法也深受局限。中国政治学会筹备会拟定的《1980—1985年政治学研究选题计划》中开宗明义地指出："建国以来，（政治学科）实际上被忽视和取消了，没有专门的研究机构和人员，大学的政治学课程废除了。结果，关于'国家制度'、'政府组织'、'立法、行政、司法机关的职能和相互关系'，以及'干部制度'、

---

[1] 有人统计，在1901—1904年的四年间，中国翻译出版的西方政治学著作多达66种。参见俞可平《中国政治学百年回眸》，《人民日报》2000年12月28日12版。

[2] 《中国大百科全书（政治学卷）》，中国大百科全书出版社2002年版，第17页。

'党政关系'等重大政治学理论问题的研究几乎是一个空白。"[①] 1979年，在邓小平同志"政治学需要补课"的呼吁下，全国多个高校陆续开设政治学专业，地方性的和中国政治学会也先后成立。从机构重建、学科设置、教材编辑到国外理论译介、国际学术交流，近三十年的中断后，补课几乎是从头开始。

在改革开放日益深入的社会背景下，政治学研究迅速起步，在完善理论体系、扩大研究领域之外，立足现实政治发展需要，对经济改革带来的重大理论问题进行了论证，如对社会主义本质、社会主义初级阶段的分析。在此过程中，中国政治学研究逐渐找到了在马克思主义指导下，吸收西方理论和方法，进行与国情相匹配的研究道路，并取得了一系列成绩。

在中国参与全球治理的程度愈发深入和国际地位日益提高的今天，政治学研究如何提供及时和有效的理论支持，已经成为越来越紧迫的时代课题。而回顾、梳理政治学研究的学术史，客观清晰地了解中国政治学学术生态，有一定的辅助价值。

二　研究溯源

在新千年到来之前，围绕政治学研究的发展走向、方法创新等问题，学界进行了展望和思考。就如何促进中国政治学的繁荣与发展，王浦劬认为，政治学研究的发展和突破，应该把着眼点放在基础理论的完善发展、研究角度和方法的更新以及具有重大现实和实践价值的选题方面[②]。许耀桐提出，21世纪中国政治学的生机和活力在于必须重视政治现代化问题的研究和关注，发挥政治学研究对政治实践的指导功能[③]。陈振明建议，一是加强对政治学方法论的研究，提高政治学的科学化水平；二是展开对

[①] 中国政治学会筹备会编：《1980—1985年政治学研究选题计划》，《科学社会主义参考资料》1980年第4期。

[②] 王浦劬：《我国政治学的建设应该着力于三个方面的发展和突破》，《政治学研究》1998年第1期。

[③] 许耀桐：《面向21世纪的中国政治学：对政治现代化的关注》，《政治学研究》1998年第4期。

政治实践问题的调查研究,增强政治学的现实性和生命力;三是注意跟踪国外政治学发展的新趋势,提倡采用跨学科的研究方法[1]。林尚立提出,学科体系建设、研究的学术化、研究行为的科学化是政治学科学化的重要决定因素,而国内政治学研究在研究方法的引进和科学化的探索方面的努力还十分不够[2]。此外,洋龙认为要加强对知识政治的研究,谭君久和童之伟提出应注重基础研究[3]。

进入新世纪后,得益于出版行业的迅速发展,尤其是信息技术的重大突破和电子出版时代的来临,学术观点表达和交流有了更多的渠道和平台,也为研究政治学学术研究状况提供了契机。肖唐镖和陈洪生从1995—2002年国内学者公开发表的政治学研究方面的论文中非随机选取293篇为样本,对彼时中国政治学研究进行方法论的评估后指出,规范研究偏重而经验研究不足,研究的不规范性现象较为突出[4]。此后,肖唐镖又和郑传贵合作,通过对1994—2002年共9年间人大复印报刊资料《政治学》上的768篇论文进行内容分析,进一步考察了研究主题、学术规范等问题[5]。严强等运用CSSCI提供的数据分析了中国大陆地区2000—2004年期间的政治学发展情况[6]。魏姝通过对2005—2006年CSSCI所收录的10108篇政治学论文标引的关键词进行了统计分析,从而发现政治学研究热点,并通过对高频关键词的变化透视政治学的研究趋势[7];同时,魏姝还基于上述数据对政治学研究领域个人、机构和地区的发文和被引情

---

[1] 陈振明:《科学化、现实性与跨学科研究——走向21世纪的中国政治学必须着重解决的三大问题》,《政治学研究》1998年第1期。

[2] 林尚立:《科学的政治学与政治学的科学化》,《政治学研究》1998年第1期。

[3] 谭君久、童之伟:《中国政治学应进一步加强自身建设》,《政治学研究》1997年第1期。

[4] 肖唐镖、陈洪生:《经验研究方法在我国政治学研究中应用的现状分析》,《政治学研究》2003年第1期。

[5] 肖唐镖、郑传贵:《主题、类型和规范国内政治学研究的状况分析——以近十年复印报刊资料〈政治学〉中的论文为对象》,《北京行政学院学报》2005年第2期。

[6] 严强、魏姝、白云:《中国大陆地区政治学发展报告(2000—2004年)——以CSSCI为基础的评价》,《江海学刊》2006年第3期。

[7] 魏姝:《中国政治学研究热点与趋势分析——基于CSSCI的分析》,《重庆大学学报》(社会科学版)2009年第2期。

况进行了统计分析①。李艳霞同样对《政治学研究（1985—2010）》刊载的1031篇文献进行了统计分析，着重考察了当代中国政治学的研究领域和主题②。钟杨和韩舒立通过对《政治学研究》自1985年创刊至2015年期间所发表的1532篇论文进行信息分类统计和量化分析，尝试判断当代中国政治学的学科定位和发展水平③。张平等对《政治学研究》2000—2015年刊载的1021篇研究性论文进行统计分析，观察发展趋势，进行指标评价④。

值得注意的是，在以计量方式透视中国政治学发展状况的同时，部分学者也将关注点聚焦到了现代西方政治学的发源地——美国。谢韬以《美国政治学评论》为例，分析了美国政治学研究方法在20世纪的重大变化，回顾了定性分析从90年代中期以来的复兴以及试验方法逐渐被美国政治学者所接受的过程⑤。程同顺等选取美国政治学三种权威期刊《美国政治学评论》《美国政治科学》《政治学》在2001—2012年间发表的论文为样本，分析了21世纪以来美国政治学在研究方法上的最新特点，为国内学界了解美国政治学在研究方法上的未来走向提供了一个视角⑥。林奇富等选取2006—2015年间美国比较政治学三种顶级期刊《比较政治学研究》《比较政治》《世界政治》上发表的全部911篇文章，分析了近十年以来美国比较政治研究的发展趋势和主要特征⑦。

上述诸项研究无疑为清晰地了解认识中国政治学发展状况提供了不同的视角，但受样本量选取范围、公开数据质量等问题的影响，仍不可避免的存在一些偏颇之处。本文意在汲取前人研究经验的基础上做一些新的尝试，为理性认识中国政治学研究状况提供另一种参考。

---

① 魏姝：《政治学研究领域学者和机构的学术影响分析——基于CSSCI数据（2005—2006年）数据》，《西南民族大学学报（人文社科版）》2009年第2期。
② 李艳霞：《当代中国政治学研究类型与领域的实证分析》，《文史哲》2012年第6期。
③ 钟杨、韩舒立：《当代中国政治学学科发展状况评估——基于〈政治学研究〉的文本分析》，《政治学研究》2017年第2期。
④ 张平、丁超凡：《中国政治学研究的发展态势与评价——基于〈政治学研究〉（2000—2015年）的文献计量分析》，《北京行政学院学报》2017年第6期。
⑤ 谢韬：《中美政治学研究方法之比较》，《浙江社会科学》2008年第5期。
⑥ 程同顺、邝利芬、孙迪：《美国政治学研究方法的最新进展——基于美国政治学三种期刊的研究（2001—2012）》，《政治学研究》2015年第2期。
⑦ 林奇富、刘世禹、鞠思成：《近十年美国比较政治学研究的新进展——基于三种比较政治学主要期刊的分析（2006—2015）》，《经济社会体制比较》2016年第5期。

三 研究设计

(一) 样本的选取

《中国社会科学》是中国社会科学院主管并主办的综合性社会科学期刊,创刊于1980年,双月发行;从2012年第1期扩充为月刊。该刊一直坚持有高度的学术品味,已经被学界公认为中国哲学社会科学综合学术带头刊物,其一定程度上体现着中国哲学社会科学研究的最高水平。在近年来的各种期刊排名中,《中国社会科学》持续名列第一,影响因子远远高于其他综合性学术期刊,且与第二名的差距越拉越大。据不完全统计,《中国社会科学》所刊发文章在2014编辑年度共斩获省部级以上奖项63项,2015年则达到86项。在该刊发表论文也日益成为评价中国社会科学研究者学术水平权威性指标。《中国学术期刊影响因子年报(人文社会科学·2017版)》显示,《中国社会科学》复合影响因子7.137,综合影响因子5.498,两项分别高出第二名3.818和2.951个百分点[①]。

本文选取的《中国社会科学》(1988—2017)30年以来刊发的381篇政治学论文,一定程度上体现和代表着中国政治学研究的顶尖水平和成果。以此作为研究对象,尝试对恢复重建并趋向稳定后的中国政治学研究的发展状况作以分析,是有一定科学性的。

(二) 样本的编码

笔者以中国知网CNKI数据库公开数据为样本来源,在阅读内容的基础上进行学科判定,并适当参考了作者的学科出身和长期的研究方向,对于交叉学科类论文,考察其研究路径、理论运用、分析框架,以及文献引用情况,偏重政治学类的予以保留。样本确定后,主要采取人工录入的方式整理数据,并在本研究的合作者之间进行了审核校对。在分析工具上,主要使用EXCEL、SPSS和NVIVO,以求分析过程和展示方式更为多元、直观,从而得出更为准确的判断,以此对中国政治学学术研究的发展趋势

---

① 中国科学文献计量评价研究中心、清华大学图书馆:《中国学术期刊影响因子年报(人文社会科学·2017版)》,《中国学术期刊(光盘版)》电子杂志社有限公司2017年版,第1页。

有更清晰的认识。为使读者更清楚地了解研究情况，有必要对三项重要的指标编码做出进一步的说明。

一是研究主题。对政治学研究主题的界定，就不得不涉及到政治学的研究范围，而就这一问题，也有各类不同的观点，并且国内的分类和以美国为代表的西方政治学界也有很大不同。《不列颠百科全书》把政治学的研究领域归结为政治理论、政治机构、政治过程、国际关系等；1973年美国政治学会提供的政治学研究范围更为具体：外国、国际政治制度和行为；国际法、组织和政治；方法论；政治稳定、不稳定和变迁；政治理论；公共政策的形成和内容；公共行政；美国政治制度和行为①。林奇富等在研究美国比较政治学发展趋势时，将政治学研究主题分为政治秩序、政治体制、社会行动者、民主及民主制度、政治经济与全球化和其他等六大类②。在研究美国政治学研究方法应用时，程同顺细分了政党制度和组织、选举和投票行为、公共政策、公共舆论和态度、方法论、立法事务、政治经济学、利益集团和社会运动、民主和发展、行政和官僚机构、政治精英、规范性理论、国际关系、联邦和地方政府、法院、司法和宪法等十六类。就国内来说，《中国大百科全书（政治学）》将中国政治学研究范围界定为政治理论、中国政治、比较政治、公共政策、公共行政、国际政治和政治学方法论③。王邦佐等学者编写的《政治学辞典》认为，现代政治学的研究对象主要是国家，其范围涉及政治理论、政治制度、比较政治、公共政策、公共行政和国际政治等领域④。本文主要参考国内的分类观点，结合政治学学科分布的实际情况，将其分为政治学理论、中国政治、比较政治、党建和科学社会主义、公共政策、公共行政、国际政治、政治学学科和方法论等八类。

二是研究类型。王邦佐等人将其分为理论研究和应用研究，前者涉

---

① 中国大百科全书总编辑委员会编：《中国大百科全书（政治学）》，中国大百科全书出版社2002年版，第1页。

② 林奇富、刘世禹、鞠思成：《近十年美国比较政治学研究的新进展——基于三种比较政治学主要期刊的分析（2006—2015）》，《经济社会体制比较》2016年第5期。

③ 中国大百科全书总编辑委员会编：《中国大百科全书（政治学）》，中国大百科全书出版社2002年版，第1—2页。

④ 王邦佐等编写：《政治学辞典》，上海辞书出版社2009年版，第1页。

政治学的一般概念、原则、理论和范畴,包括规范的理论和经验的理论,属于政治学研究的基础部分;后者是指政治学与实践相结合的部分,具有实用性、操作性和技术性的特点。① 此外,国内学界较有共识性的也将其分为宏观研究和微观研究、静态研究和动态研究。② 本文结合钟杨等人的划分,在理论和应用研究之外,单列综合研究,囊括理论和应用交叉的研究。③

三是研究方法。对社会科学研究方法向来没有一致的分类,各家均有自己的看法和认识。传统的马克思主义政治学研究方法一般表述为历史分析方法、经济分析方法、阶级分析方法、利益分析方法。④ 西方政治学则有很大不同,如林奇富将其分为定量、描述性、定性访谈、实验及准实验、理论性、形式模型。⑤ 本文综合风笑天、陈向明等人的论述,将其分为规范研究、定性研究和定量研究。

四 总体分析

(一)《中国社会科学》发文总体情况

1. 期刊发文数量与三十年发展总趋势

数据统计显示,在1988—2017年的三十年间,《中国社会科学》累计发文总量为3588篇,平均每年发文119.6篇。其中,政治学论文的发文总数为381篇,占《中国社会科学》全部发文量的10.62%。进一步分析政治学论文此三十年的发展趋势可以看出(如图1),发文数量整体上呈平稳上升的趋势,平均每年发文12.7篇。其中,2004年、2009年、2013和2014年分别为四个峰值,这种发展走势大体呈现出以下两个特点:一是与国家当年发生的时政大事有关。2004年,我国正式将"和平

---

① 王邦佐等主编:《新政治学概要》,复旦大学出版社2006年版,第4页。
② 陈振明主编:《政治学——概念、理论和方法》,中国社会科学出版社2004年版,第4页。
③ 钟杨、韩舒立:《当代中国政治学学科发展状况评估——基于〈政治学研究〉的文本分析》,《政治学研究》2017年第2期。
④ 王浦劬等著:《政治学基础》,北京大学出版社2006年版,第34—35页。
⑤ 林奇富、刘世禹、鞠思成:《近十年美国比较政治学研究的新进展——基于三种比较政治学主要期刊的分析(2006—2015)》,《经济社会体制比较》2016年第5期。

崛起"作为一项带有根本意义的国家战略,为此,众多学者立足国际关系问题撰写了许多文章;2009年是中华人民共和国成立60周年,这一年就中国模式、中国道路、中国理念、中国问题产出了多篇论文。二是与刊物的专题设置有关。《中国社会科学》一大特色之处在于立足重大现实问题和坚持刊物的学术导向,以专题和笔谈的形式设置议题。例如,2012年中共十八大召开,2013年刊物便以"十八大精神与中国特色社会主义"为专题组织了一期笔谈;2014年,针对社会正义问题在中国的现实反映,刊物以"马克思思想资源中的社会正义"为专题,特约学者和专家对之进行学术讨论,发文数量因而明显增多。

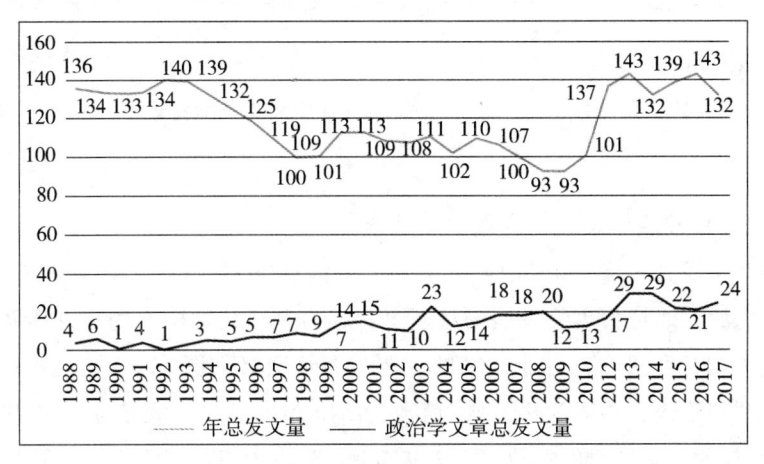

图1 《中国社会科学》1988—2017年总发文量与政治学文章总发文量(单位:篇)

2. 《中国社会科学》发文数量的期均数变化情况

自2012年第一期开始,《中国社会科学》正式由双月刊改为月刊,每年的期数也从原先的6期改动为12期,考察1988—2017年这三十年的发文期均数情况可以看出,结果如图2所示,《中国社会科学》的总发文期均数呈现下降趋势,由1988年的22.67篇降至2017年的11篇,降幅达51.48%;而政治学文章的发文期均数则大体呈现上升趋势,由1988年的0.67篇升至2017年的2篇,升幅达66.5%。可见,近三十年来,虽然《中国社会科学》每期的平均发文数量在降低,但是关于政治学文章的比例却在逐渐上升,由此也可以看出政治学在中国哲学社会科学领域发展的良好前景和态势。

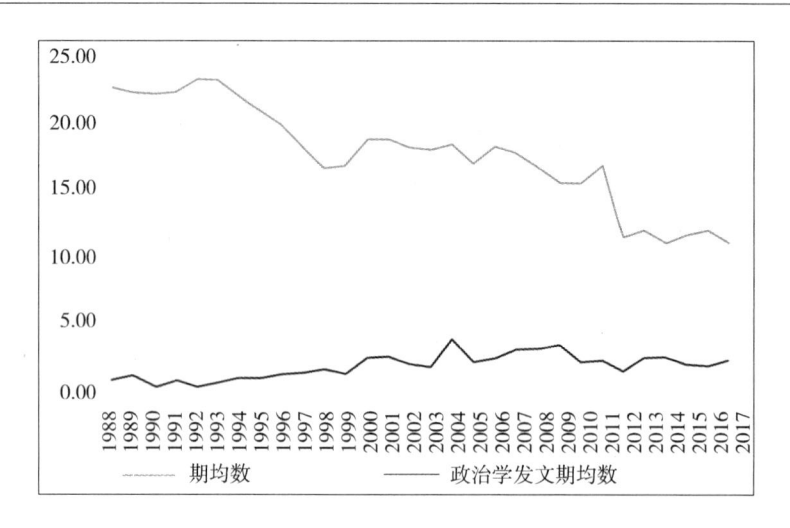

图 2 《中国社会科学》1988—2017 年总发文期均数与政治学发文期均数（单位：篇）

（二）政治学发文的专题分布情况

上文提到，专题和笔谈栏目是《中国社会科学》的一大办刊特色，它能更深入地把握事物发展的最新进程，有利于建构全面的理论体系。纵观《中国社会科学》三十年来的专题分布情况（如图3），共有23年收录了专题和笔谈，总数为74个，篇数为340篇。其中，政治学文章共涉及17个专题，占专题总数的22.97%，篇数为72篇，占专题总篇数的21.18%。

（三）政治学类论文的研究方法

研究方法是衡量一个学科科学化水平高低的重要指标。从《中国社会科学》三十年来政治学发文采用的研究方法来看，规范研究是目前政治学研究领域运用最为广泛的方法。表1数据表明，在调查的381篇政治学论文中，运用规范研究方法的论文数为325，占总发文数的85.3%；其次为定性研究方法，比例为7.61%；采用定量研究方法的论文有27篇，占总发文数的7.09%。可见，到目前为止，理论型的规范研究仍是政治学学科发展的主流研究方法。

进一步分析近三十年来三种研究方法的变化趋势发现，规范研究的比例有所下降，从1988—1997年的95.34%逐渐下降至2008—2017年的

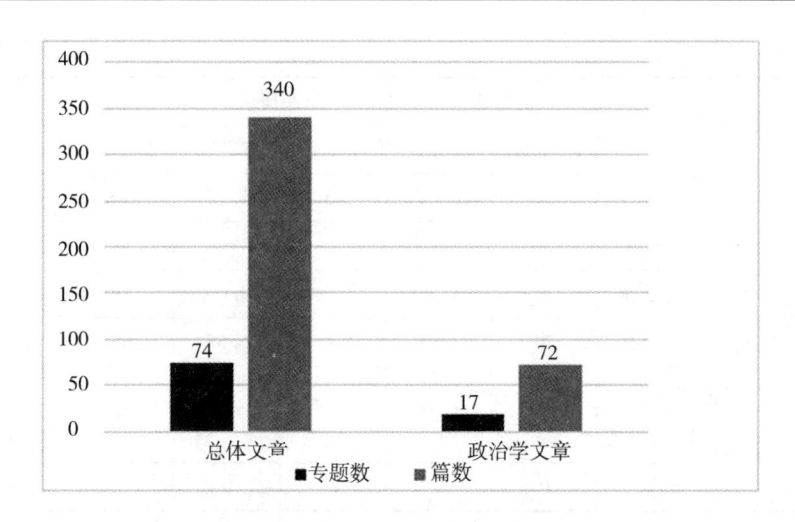

图 3　《中国社会科学》30 年文章的专题分布情况（单位：个；篇）

83.42%；与此同时，定量研究方法的比例上升，从一开始的 2.33% 逐渐增长至 2008—2017 年的 8.78%，增长幅度达 2.77 倍。量化研究比例的不断增长，一定程度上也标志着我国政治学研究科学性的不断增强。

考察发文作者所在单位与采用的研究方法间的关系发现，在定量研究方法的使用群体里，高等院校作者所占比例最大，为 8.61%，其次为港澳台及海外研究机构，比例为 6.25%；在定性研究方法的使用群体里，港澳台及海外研究机构作者比例最大，占比将近四成；在规范研究方法的使用群体里，其他机构以及党政机关的作者占比较大。由此可见，不同机构作者在政治学研究的方法选取上具有一定偏好性，相比中国大陆地区，港澳台及海外研究机构的作者更注重用科学实证的方法做研究，这一趋势正与以美国为代表的西方政治学界所倡导的政治科学化相一致。

表 1　《中国社会科学》1988—2017 年政治学论文研究方法的运用情况　　　　（单位：个，%）

研究方法		定量研究		定性研究		规范研究	
		样本数	百分比	样本数	百分比	样本数	百分比
时间段	1988—1997	1	2.33	1	2.33	41	95.34
	1998—2007	8	6.02	12	9.02	113	84.96
	2008—2017	18	8.78	16	7.80	171	83.42

续表

研究方法		定量研究		定性研究		规范研究	
		样本数	百分比	样本数	百分比	样本数	百分比
单位性质	高等院校	21	8.61	15	6.14	208	85.25
	党政机关	1	5	1	5	18	90
	党校系统	1	4.55	2	9.09	19	86.36
	科研机构	3	3.95	5	6.58	68	89.47
	港澳台及海外研究机构	1	6.25	6	37.50	9	56.25
	其他	0	0	0	0	3	100

五 作者群体分析

(一) 作者合作情况分析

合作研究是现今科学技术发展的必然趋势，也是衡量一个学科发展程度的重要标志。分析《中国社会科学》三十年以来的政治学发文及作者合作情况，见表2，在全部381篇论文中，独著稿件292篇，比例为76.64%；合著稿件89篇，比例为23.36%。合著论文中又以两人合著为主，共76篇，占比近两成；三人合著的稿件11篇，占比2.89%；六人合著的论文1篇，占比0.52%。总体来看，政治学文章的写作仍以独著为主，作者的合作度与合著率均不是很高。

进一步分析作者的合作方式，在89篇合著文章中，校内（同一单位内）合作的篇数为53篇，占比近六成，跨校（不同单位）合作的篇数为36篇，占比为40.45%。其中，与港澳台及海外作者合作的文章有5篇，占了跨校合作总样本数的13.89%。同时，将1988—2017年分成三个时间段考察其合作趋势可以看出（见图4），从1988—1997年到1998—2007年再到2008—2017年，政治学论文独著数量、校内合作数量与跨校合作数量均呈上升趋势。可以看出，目前政治学研究已经具备了一定的合作基础且发展态势良好。但从长远来看，打破现有的社会科学研究领域自我封闭的体系，发展跨地区、跨系统、跨单位、跨学科的合作研究仍有待进一步加强。

表2 《中国社会科学》1988—2017年政治学发文作者的合作情况（单位：篇;%）

作者合作情况		篇数	百分比
作者数量	1	292	
	2	76	
	3	11	
	6	2	
小计		381	100
合作方式	校内合作	53	
	跨校合作	36	
	其中，与港澳台及海外合作	5	
小计		89	100

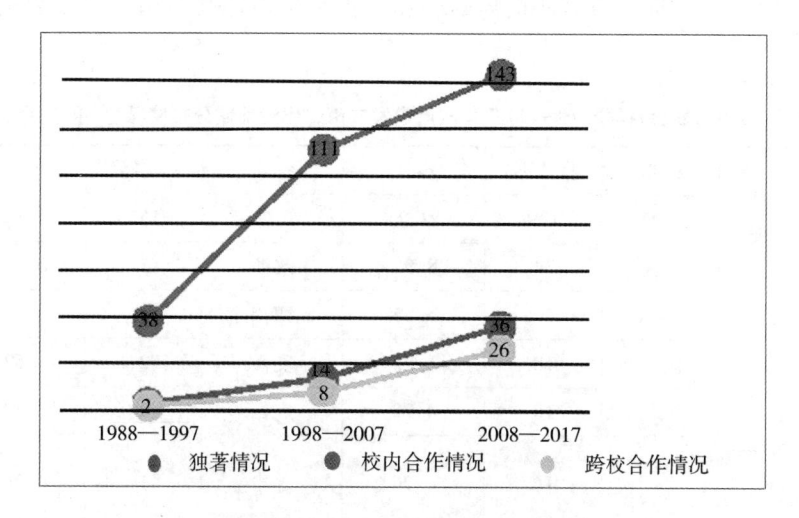

图4 《中国社会科学》1988—2017年政治学发文作者合作
情况的趋势分析（单位：篇）

（二）第一作者地域分布情况分析

在创新性科研成果与作品的署名问题上，如果是由多个作者共同完成，贡献最大的即为第一作者。分析三十年来政治学发文第一作者所在省份情况,结果如表3,排名前五位的分别是北京、上海、江苏、湖北、浙江,共占总作者人数的75.84%,其余18个省和直辖市合占总作者人数的24.16%。从三大地区来看,发文作者(这里指第一作者)位于东部地区的占比最大,为83.20%,其次为中部地区,西部地区比例最低。以七大区域的划分来看,发文作者位于华北地区的样本数最多,为211个,占比近六成;其次为华东地区,占比为23.88%;再者为华中和华南地区,比例分别为6.30%和4.72%;发文作者位于西南地区的数量最少,仅为3人,占总作者人数的0.79%。由此可见,学术地区差异问题仍较为突出,经济发达程度越高、高等学校越多的省和直辖市,论文产量更高;经济发达程度低、高等学校少、研究环境和氛围缺乏的地区,论文的产出与科研实力越显薄弱和不足。

此外,数据分析显示,三十年来政治学发文第一作者来自于港澳台及海外地区的仅有16人,占总样本数的4.2%。由此可以试想,《中国社会科学》若要真正成为面向世界的刊物,仍须不断加强与国际学术界交流的能力。

表3 《中国社会科学》1988—2017年政治学发文第一作者地域分布情况 (单位:个;%)

	省份	样本数	占比	省份	样本数	占比
省份	北京	199	52.23	山东	5	1.32
	上海	34	8.92	陕西	3	0.79
	江苏	20	5.25	四川	3	0.79
	湖北	18	4.72	安徽	2	0.52
	浙江	18	4.72	广西	2	0.52
	港澳台及海外	16	4.20	甘肃	1	0.26
	广东	15	3.94	海南	1	0.26
	福建	11	2.89	河南	1	0.26
	天津	11	2.89	江西	1	0.26
	吉林	8	2.10	辽宁	1	0.26
	黑龙江	5	1.32	山西	1	0.26
	湖南	5	1.32			

续表

三大地区	东部地区	317	83.20	中部地区	41	10.76
	西部地区	7	1.84			
七大地区	华北地区	211	55.38	东北地区	14	3.67
	华东地区	91	23.88	西北地区	4	1.05
	华中地区	24	6.30	西南地区	3	0.79
	华南地区	18	4.72			

(三) 第一作者单位分布情况分析

本文将第一作者的单位分为六类，分别为高等院校、党校系统（行政学院）、科研机构（包括中央及地方社会科学院、研究所、研究中心等）、党政机关、港澳台及海外研究机构和其他（包括社会组织、企业等）。考察三十年来第一作者单位的整体分布情况发现，《中国社会科学》政治学研究的作者单位主体是高等院校，总发文数为244，占比64.04%。其中北京大学发文数遥遥领先，共发文29篇，占总发文数的7.61%，其他诸如浙江大学、中国人民大学、复旦大学、清华大学等也是高等院校发文作者中的骨干队伍；其次是以中国社会科学院和地方科学院为主的科研机构的作者团队，共发文76篇，比例为19.95%，其中中国社会科学院发文69篇，占本单位类型作者的九成居多；再次为党校系统、党政机关和港澳台及海外研究机构，发文作者比例分别为5.77%、5.25%和4.2%；最后为其他研究机构，比例仅为0.79%。可见，我国政治学基本已形成了以高等院校为中坚力量，其他研究单位相补充的研究队伍。

进一步分析1988—2017年此三十年间政治学发文第一作者单位分布的趋势，可以看出，第一作者来自于高等院校的比例越来越高，从1988—1997年的44.19%增长至1998—2007年的53.38%再至2008—2017年的75.12%，呈逐渐上升趋势。第一作者来自于科研机构和党政机关的比例在此三年间均呈现出下降趋势，其中党政机关从原来的16.28%下降至2.93%。可见，随着政治学科学化、专业化水平的不断加深，学科壁垒出现，原先的政府工作人员已难以适应和跟上政治学理论及方法的提升,政治学越来越呈现出职业化发展。

表4 《中国社会科学》1988—2017年发文第一作者单位性质整体的分布情况 (单位:篇;%)

第一作者单位性质分布情况			篇数	百分比
高等院校	发文10篇以上的高等院校	北京大学	29	7.61
		浙江大学	16	4.20
		中国人民大学	15	3.94
		复旦大学	15	3.94
		清华大学	13	3.41
		南京大学	11	2.89
		厦门大学	10	2.62
		北京师范大学	10	2.62
	其余高等院校		125	32.81
	小计		244	64.04
科研机构	中国社会科学院		69	18.11
	地方的社会科学院		3	0.79
	其他科研机构		4	1.05
	小计		76	19.95
党校系统	中共中央党校		21	5.51
	国家行政学院		1	0.26
	小计		22	5.77
党政机关	排名前四的党政机关	中共中央编译局	5	1.31
	中共中央党史研究室		3	0.79
	中共中央文献研究室		3	0.79
	中共中央中央政策研究室		2	0.52
	其他党政机关		7	1.84
	小计		20	5.25

续表

第一作者单位性质分布情况		篇数	百分比
港澳台及海外研究机构	香港地区研究机构	8	2.10
	澳门地区研究机构	1	0.26
	台湾地区研究机构	2	0.52
	海外地区研究机构	5	1.31
	小计	16	4.20
其他	其他研究机构	3	0.79
	总计	381	100

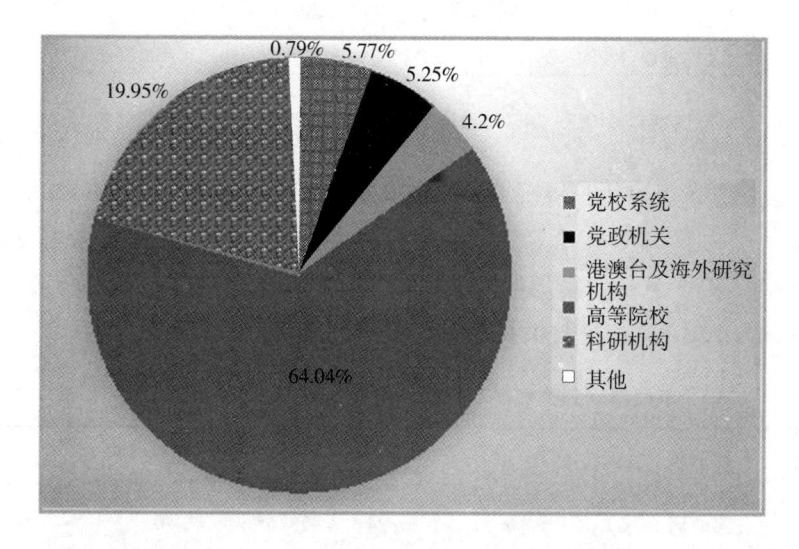

图5 《中国社会科学》1988—2017年发文第一作者单位的整体分布情况（单位:%）

如上所述，高等院校在我国政治学发文队伍中占有绝对优势，但考察不同地区的第一作者单位分布情况发现，我国政治学发文作者的机构分布在地域上呈现出明显的差异性和不均衡性。数据结果如表5，若以三大地区为划分标准，中部地区的发文作者全出自于高等院校，且比例高于东西部地区；东部地区作者的单位分布较为广泛，其中出自党政机关、党校系统、科研机构和其他单位的比例均高于中西部地区；西部地区的发文作者主要来自于高等院校和科研机构，占比分别为85.71%和14.29%，均低于东部地区。若以七大地区为划分标准，华中地区、西北地区、东北地区

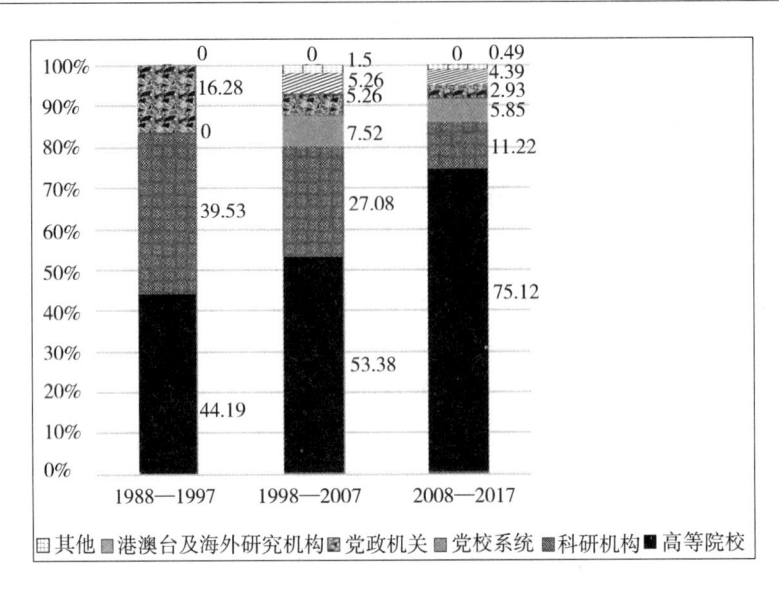

图6 《中国社会科学》1988—2017年政治学发文第一作者单位分布的趋势分析(单位:%)

的发文作者全出自于高等院校且比例最高,其次为华东地区高等院校的作者比例,为95.6%;在党政机关中,出自华南地区的作者比例为11.11%,高于其他六个地区;在党校系统中,出自华北地区的作者比例最高,为10.43%,这与中共中央党校发文作者数量多直接相关。

表5　　　不同地区分类标准下的第一作者单位分布情况　　　（单位:%）

变量	分类	高等院校	党政机关	党校系统	科研机构	港澳台及海外研究机构	其他
三大地区	东部地区	62.15	6.31	6.94	23.65	0	0.95
	中部地区	100	0	0	0	0	0
	西部地区	85.71	0	0	14.29	0	0
七大地区	华北地区	45.97	8.53	10.43	34.12	0	0.95
	华东地区	95.60	0	0	3.30	0	1.10
	华中地区	100	0	0	0	0	0
	华南地区	88.89	11.11	0	0	0	0
	西南地区	66.67	0	0	33.33	0	0
	西北地区	100	0	0	0	0	0
	东北地区	100	0	0	0	0	0

（四） 第一作者职称分布情况分析

分析三十年来政治学发文第一作者的职称整体情况，结果如下图所示，职称为教授/研究员的作者有 309 个，所占比重最大，为 81.1%；其次为职称为副教授/副研究员的作者，比重为 9.45%；职称为其他和讲师/助理研究员的作者比重次之，分别为 4.2% 和 3.94%；作者为博士生身份的人数最少，仅有 5 人，所占比重为 1.31%。从总体上看，政治学论文的第一作者职称基本呈倒金字塔形分布，职称越高，发文数量越多，职称越低，发文数量相对越少。

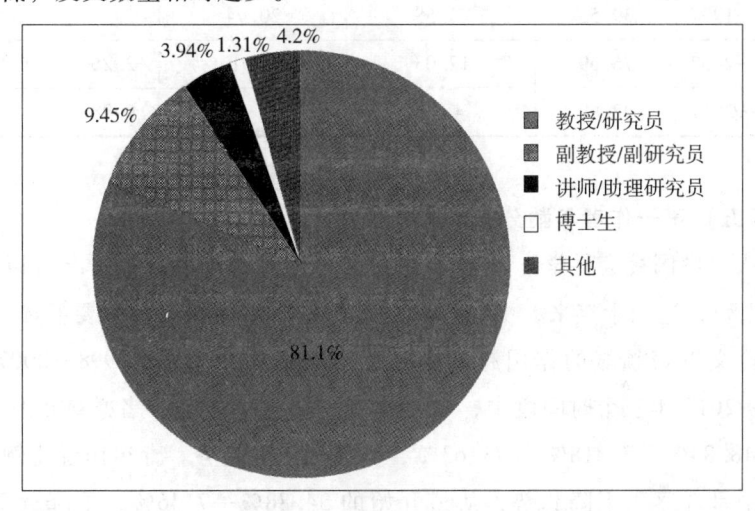

图 7 《中国社会科学》1988—2017 年发文第一作者职称的整体分布情况（单位:%）

从研究数据来看，见表 6，教授/研究员一直以来都是政治学论文发表和学科建设的主力军，且与其他职称作者发表论文的差距逐渐加大。在 1988—1997 年间，以教授/研究员为第一作者发文的论文占同时期论文总量的 39.53%，1998—2007 年间增长至 76.69%，2008—2017 年发文比例持续上升，占了同时期论文总量的九成以上。反观副教授/副研究员、讲师/助理研究员以及其他职称的作者，在此三个时间段的发文比例均呈现下降趋势，其中副教授/副研究员下降比例最大，2008—2017 年的发文比例较 1988—1997 年来说下降了 21.2 个百分点。此外，博士生作者是《中国社会科学》发文作者中的一大弱势群体，1988—1997 年无发文；1998—2007 年虽有一定的发文比例，但仍是五种职称作者中比例最小的；

到了2008—2017年间,发文比例仍是最低且较上一时间段的发文比例有所下降。可见,近些年来,政治学发文作者的职称分布越来越呈现出不均衡的状态,在未来,如何扩大副高级、中级职称作者以及博士生群体在《中国社会科学》的发文数,使他们拥有更充分的学术发展空间,仍是刊物本身以及政治学界需要关注和努力的方向。

表6 《中国社会科学》1988—2017年政治学发文第一作者职称分布的趋势分析 (单位:%)

年份分组	教授/研究员	副教授/副研究员	讲师/助理研究员	博士生	其他
1988—1997	39.53	25.58	20.94	0	13.95
1998—2007	76.69	12.03	3.01	2.26	6.01
2008—2017	92.68	4.38	0.98	0.98	0.98

(五) 第一作者年龄分布情况分析

从《中国社会科学》政治学发文第一作者的年龄分布状况可以看出(见图8),近三十年来,中年作者一直都是政治学研究的主要群体力量,且在论文发表领域的作用越来越突出。1988—1997年、1998—2007年、2008—2017年三个时间段中,中年作者占同时期发文作者总数的比例分别为48.84%、72.18%和73.63%,呈逐渐上升趋势。青年作者比例在三十年中呈现逐年下降趋势,从最开始的34.88%—7.46%,下降近28个百分点。2008—2017年中,老年群体的比例有所回升,占同时期发文作者总数的18.91%,位居第二。可以看出,当前政治学论文的作者主要是以中老年群体为主,在年龄分布上呈现出一定的老龄化趋势,这可能与哲学社会科学领域研究需要长时间的学术积累有关。

五 学术影响力研究

(一) 论文的基金资助情况分析

有基金资助的成果往往代表着一个领域新的动向和趋势,同时,基金论文的发文情况也是衡量一门学科发展成熟程度的重要测量手段之一。在1988—2017年的三十年间,《中国社会科学》共发政治学论文381篇,其

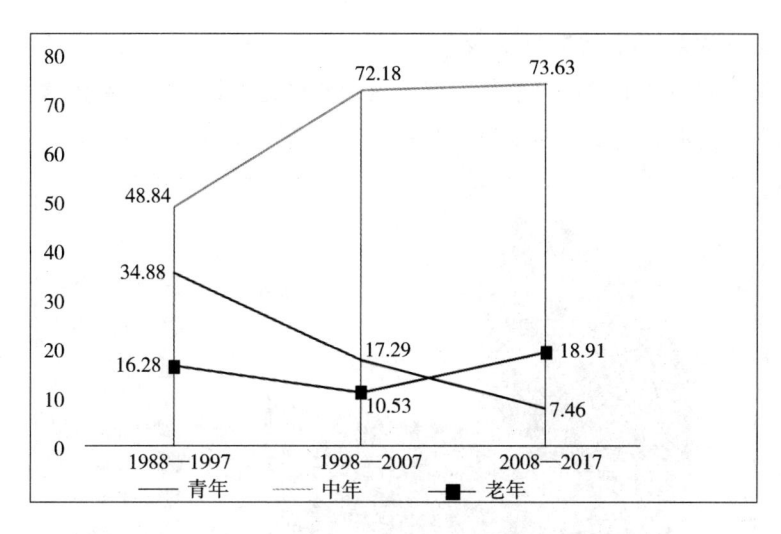

**图8　《中国社会科学》1988—2017 年政治学发文第一作者
年龄分布的趋势分析**（单位:%）

中有资金及项目支持的篇数为 133 篇，占总量的 34.91%。分不同时间段来看，1988—1997 年所发的 43 篇政治学研究中没有受基金资助的论文；1998—2017 年有 18 篇论文有基金资助，占同时期论文总数的 13.53%；2008—2017 年间有基金资助的论文数量大幅上升，基金论文占比高达 56.10%，高出前一时间段 42.57 个百分点。

表7　《中国社会科学》1988—2017 年政治学论文资金资助情况（单位：篇;%）

年份分组	论文总数	有基金资助论文数	基金论文占比
1988—1997	43	0	—
1998—2007	133	18	13.53
2008—2017	205	115	56.10

对基金论文的研究主题分布情况进行统计分析，一定程度上可以反映出政治学学科研究的关注方向和重点领域。数据结果如下图所示，在 133 篇基金论文中，研究中国政治的比例最高，为 22.56%，这与国家社科基金项目评审工作一直以来贯彻的要求和原则基本一致；研究政治学理论的基金论文次之，比例也超过两成；其次为研究公共行政、国际政治和比较政治的论文，比例分别为 17.29%、12.03% 和 10.53%；研究政治学学科

和方法论的基金论文数目最少,三十年中仅有两篇,占比为 1.5%。可见,中国政治学的发展目前仍不够成熟,若想建立具有中国特色的学科体系和学术流派,需要从转变研究范式和创新研究方法上多下功夫。

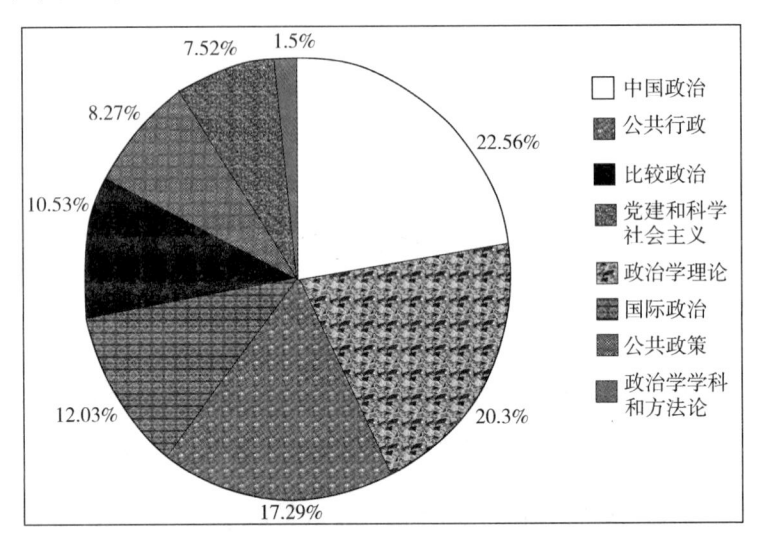

图 9 《中国社会科学》1988—2017 年政治学基金论文的
研究主题分布情况(单位:%)

(二) 论文的被引量与下载量分析

1. 被引量分析

这里的被引量统计的是《中国社会科学》的论文自"中国知网"发布起至 2018 年 4 月 1 日前被其他文献统计源(包括期刊、硕博士学位论文、会议论文等)所引用的总次数。被引次数的多少能够反映出此论文被其他学者使用和关注的程度,因此,对被引量的分析也是衡量某一篇论文学术影响力的重要指标之一。分析《中国社会科学》1988—2017 年所发表的 381 篇政治学论文的被引情况可以得出,该刊物政治学论文三十年平均被引量为 83.87 次,且有 104 篇文章被引量超过 83.37 次,占全部发文量的 27.30%。其中,俞可平写作的《中国公民社会:概念、分类与制度环境》一文被引量高达 1433 次,位居被引量排行首位,这足以见其对政治学研究领域的影响力。

不同研究主题的被引量均值情况可以反映出本学科在某一时间段的热

点研究领域分布。数据显示，研究公共政策的论文平均被引次数最高，有203.8次；其次为研究公共行政和中国政治的论文，平均被引量分别为139.82次和121.62次，此三者研究主题的平均被引量均高于年平均被引量，受到学者的关注度较高。此外，关于政治学理论、国际政治和比较政治的论文，平均被引次数分别为72.86次、46.95次和40.93次，低于年平均被引量，同时，以研究政治学学科和方法论为主题的论文平均被引次数最低，仅有28次，也表明目前学界对此主题关注较少，或有较为成熟和有影响力的研究较少。

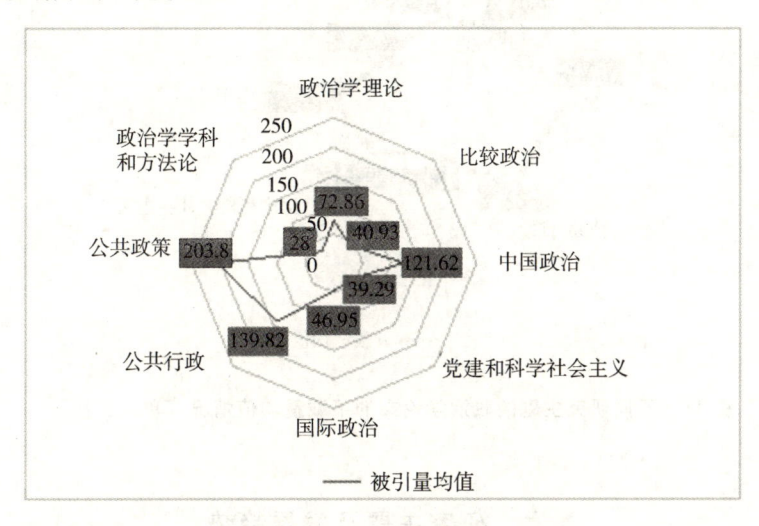

图10 不同研究主题的政治学论文的被引量均值情况（单位：次）

2. 下载量分析

这里的下载量统计的是《中国社会科学》的论文自"中国知网"发布起至2018年4月1日前被网络用户全文下载的总次数。下载量体现的是某一论文在互联网上受到国内外用户关注和使用的情况，分析下载量一定程度上能反映出该刊物论文的网络影响力状况。数据结果显示，该刊物政治学论文三十年平均下载量为3360.8次，其中有133篇论文的平均下载次数高之于它，占全部发文量的34.91%。除此之外，有16篇政治学发文的平均下载次数高于10000次，占全部发文总数的4.2%。

分析不同研究主题的下载量情况，结果表明，研究公共政策的平均下载量最高，为5796.16次，其次为公共行政、政治学学科和方法论、中国政治，平均下载量均高于年平均下载次数3360.8次。主题为党建和科学社会主义、政治学理论、比较政治和国际政治的论文平均下载次数分别为3086.81次、2975.94次、2262.11次和2144.43次，均低于年平均下载量。此趋势现象大体反映出了读者所研究主题与领域的兴趣情况。

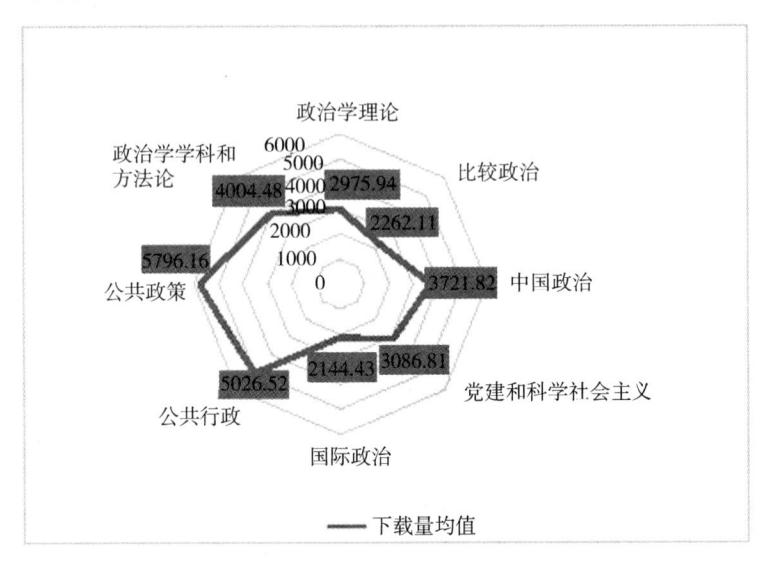

图11 不同研究主题的政治学论文的下载量均值情况（单位：次）

六 研究主题及发展趋势

（一）总体分布和发展趋势

20世纪80年代，刚刚起步的政治学研究不可避免地带有浓厚的马列色彩，经过近四十年的发展，研究领域不断扩展，并根据每一时段的政治经济发展情况表现出不同的特征，反映出政治学研究紧贴政治发展前沿，进行理论阐述的学科特点。从三十年的总体情况来看，政治学理论对政治学一般概念、理论等进行阐释，不断发掘新内涵的基础领域，占比最高，达21%。迅猛发展的经济环境为中国政治的研究提供了丰富的政治实践，这一领域的比例达20.73%。而作为社会主义国家，马克思主义是社会科学研究的指导思想，关于党建和科学社会主义的研究占16.27%。紧随其后的是国际政治，这一领域毫无疑问伴随着中国参与世界政治舞台的日渐深入而越发凸显出重要性，占比为 16.01%。也正是因为单一意识形态，比较政治一直处于相对尴尬的境地，仅有 7.35%。与之形成对比的是，公共行政和公共政策作为较多关注应用性研究的领域，发展迅速，尤其是前者占比达到了 8.66%。囿于《中国社会科学》综合性的定位和高质量的用稿要求，政治学学科和方法论的文章占比最低，只有 3.42%，而这个比例很大程度上仍然得益于国际政治研究方法的笔谈组稿。

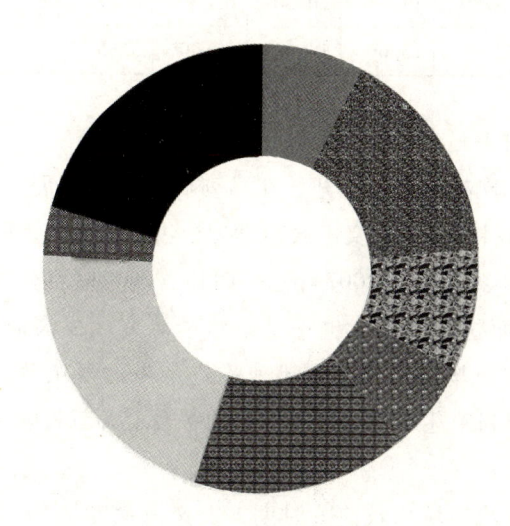

图 12 《中国社会科学》1988—2017 年政治学论文研究主题的总体分布情况（单位:%）

（二）分阶段情况

1. 1988—1997 年：改革开放的理论论证和研究范式转型

当市场经济逐步从概念到率先在沿海地区的实践落地，适时对改革开放进行理论论证就显得必要而紧迫。彼时，很多人无法接受属于资本主义的市场经济突然间被定论是可以在中国发展的，这和早在 1956 年就宣告完成的社会主义改造是否形成了悖论，按照马克思主义经济基础决定上层建筑的经典理论，中国政治体制将如何和改革中的经济相匹配成了很多人关注的问题。尚还年幼的中国政治学界显然是迅速对时代要求做出了回应，先后有一批阐释社会主义本质论和中国特色社会主义理论的研究成果面世。这也就不难解释这一期间，党建和科学社会主义的发文比例占到了

37.21%，遥遥领先于其他研究领域了。

表8　《中国社会科学》1988—2017年政治学论文研究主题分布　（单位:%）

年份	政治学理论	比较政治	中国政治	党建和科学社会主义	国际政治	公共行政	公共政策	政治学学科和方法论
1988—1997	27.91	4.65	16.28	37.21	9.30	0	4.65	0
1998—2007	21.05	6.77	18.80	13.53	20.30	6.02	8.27	5.26
2008—2017	19.51	8.29	22.93	13.66	14.63	12.20	5.85	2.93

2. 1998—2007年：大国崛起的学术背景和研究视域全球化

随着市场经济的起步，政治学研究也开始在马列研究之处拓展视野。从时间分段上来看，党建和科学社会主义、政治学理论占比整体呈下降趋势，尤其是从1988—1997年到1998—2007年这一时段，两者降幅分别达23.68和6.86个百分点。而这一期间，也正是政治学研究大发展时期，学科结构也趋向完善。面临市场化和城镇化迅速推进带来的复杂政治现实，亟须进行理论上的解释和阐述，中国政治占比的缓慢上升就反映了这一趋势。

尤为显著的是，国际政治领域相较前一时期，发文占比陡增11个百分点。这十年被誉为中国经济的黄金十年，发展速度前所未有，2005年GDP超过英国，正式成为世界第四大经济体。此前的2001年12月，经过漫长的谈判，中国正式加入世界贸易组织。经济实力提高的背后是综合国力的迅速上升，中国参与全球治理日渐深入。《中国社会科学》在2004年第1期和第5期分别组织了"国际关系研究方法论"和"大国崛起与中国的选择"两次笔谈，2007年又一次组织了国际关系与国际法跨学科探索的专题。以全球化为例，学术关注度在中国加入世贸组织的次年达到顶峰[①]。

3. 2008—2017年：聚焦治理现代化和宏大理论建构的自觉

三十的改革开放，带来经济腾飞的同时，也带来了大量的社会问题，政府开展与时俱进的改革显得十分重要。而从管理到治理的理念转变，是

---

① 数据来源于中国知网的学术趋势检索。

学术关注度 全球化

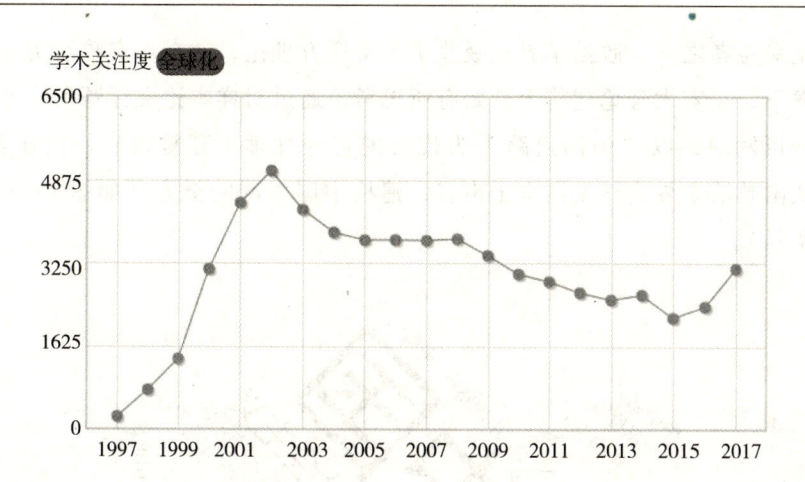

图13　1997—2017年关键词"全球化"的学术关注度变化情况（单位：篇）

这一时期现实政治的重大进展。强调一种双向互动的治理，较之于只注重政府单向度的管理而言，显然能够凝聚更大共识，提高民众的政治参与。面向对现实政治发展的关注，中国政治在这一期间上升了4.13个百分点，比上一个时段高出1.61个百分点，向上的趋势十分明显。

党的十八届三中全会提出，将推进国家治理体系和治理能力现代化作为全面深化改革的总目标，既是对政治学界前期治理成果的吸收运用，也极大鼓励了更为广泛的治理研究。

学术关注度 治理

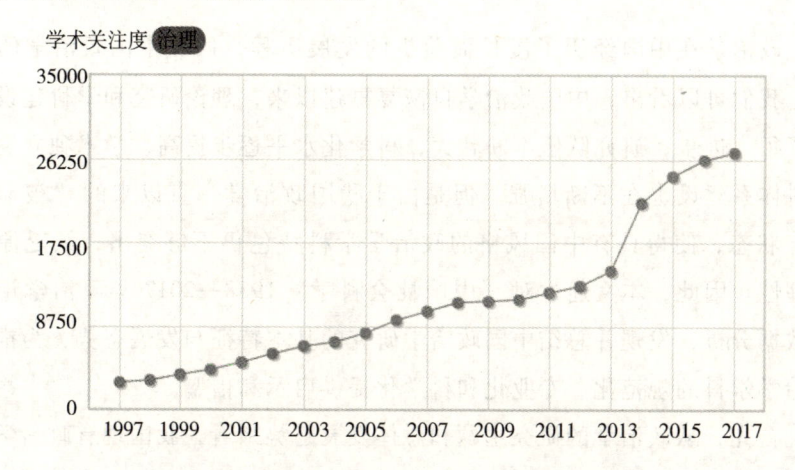

图14　1997—2017年关键词"治理"的学术关注度变化情况（单位：篇）

这一期间，各类基金、课题资助面和资助力度不断加大，政治学界显然是受益者之一。政治学界在吸收了大量西方理论,并在现实政治实践的启发下,在宏大理论建构上开始有所思考。通过对样本论文标题和关键词的分析发现,以"中国道路"为代表的普遍性理论建构占有一定比重,反映出政治学界尝试发出本土声音,建构中国学派的努力(如图15可视图所示)。

图 15 2008—2017 年以"中国"为词根建构的概念

七 结 论

政治学在中国经历了漫长而曲折的发展历程,回顾中国政治学的发展,我们可以看出,中国政治学自恢复重建以来,理论研究和学科建设取得了很大进步,研究队伍不断壮大,科学化水平逐步提高,学术独立性和学科体系建设也在不断增强。但是由于我国政治学一直以来的"被动输入"状态,使得具有中国风格的政治学学科特色仍不够突出,缺乏原创学理性。因此,本文通过对《中国社会科学》1988—2017年政治学论文的数据分析,发现并总结中国政治学研究的基本特征与发展态势,为推进政治学学科的规范化、专业化和科学化提供启示和借鉴。

首先,从政治学的研究主题和总体发展趋势来看,我国现有政治学研究主题多为政治学理论、中国政治、党建和科学社会主义。虽有基于中国事实和中国实践的中国政治研究和政治理论研究,但观点多停留在政治主张层面,缺乏学理性的提升,也缺乏对政治学基本理论的系统反思。此外，对于政治学学科和方法论的研究是我国政治学发展的一大短板，制约着我国政治学话语体系的建设。为此，加强对政治学基础理论研究的重视，特别是鼓励和支持学者提出具有主体性、原创性的学术观点和理论，以学理性研究助长中国政治学的学术增长，仍是当前我国政治学界和众多学者应该为之努力的方向。

其次，从研究方法来看，中国政治学在提升学科科学化水平方面仍有很大进步空间。具体来说，目前政治学发展的主流研究方法是理论性的规范研究，政治学定性研究和定量研究所占比例较低。这种方法论内部结构的失衡，一方面使得国内的一些政治学理论研究跟不上大变革时代丰富的政治实践，很大程度上陷于高居殿堂而不接地气的尴尬境地；另一方面也限制了中国政治学在国际上的学术地位和影响力建立。未来，应加大推进政治学研究方法的多元化建设，综合性运用各种实证研究方法解释中国的政治现象和规律，立足"拿来主义"的基础上坚持本土化创新，建构与国际地位相匹配、具有中国特色和优势的政治学学派。

再者，从研究者队伍来看，中国政治学研究的科研力量呈现出明显的不均衡状态。首先是研究机构分布的相对离散性，目前我国政治学研究基本上形成了以高等院校为主体，其他研究机构相补充的研究力量布局，其中高等院校发文所占比重远高于其他研究机构的总和。此外，在地域分布上，东部地区和华北地区的发文比例更高、科研力量更强，这主要与北京地区的高等院校和科研机构更为集中、研究水平更高有关。为避免甚至杜绝以后学术鸿沟现象的出现，未来建议在以高等院校为主阵地的基础上，发挥并壮大其他研究机构的作用，同时注意保持地区差异均衡，加大对中西部地区科研领域的人才、资金和政策保障，全面推进中国政治学的平衡发展。

最后，从政治学研究的合作情况来看，目前我国政治学研究的合作程度较低，虽然一定程度上有走向群体和合作化的趋势，但个体、分散的研究仍是当前政治学学术生态的主流。跨学科、交叉学科研究作为哲学社会科学领域以后发展的趋势和方向，政治学研究自不可避免。因此，未来可以通过设立国际性学术组织、开展海外中国学研究项目、举行国际学术研讨会议等，加强国内外政治学界学术交流的合作与碰撞，促进与国际政治学研究的接轨，以此增强我国政治学学术在国际上的影响力。

Return from Subject to Academic Consciousness: Development Trend of Contemporary Chinese Political Science Research
——Based on the Political Science Papers of "Social Sciences in China" (1988 – 2017)

Yu Xiaodong, Wang Qi, Wu Yuying

Abstract: As the main tools for people to understand and transform the world, the development level of philosophy and social sciences is an important manifestation of the comprehensive national strength. Political science, as a social science that studies social political phenomenon and their development laws, not only reflects the development of politics itself, but also plays an important role in promoting the political development of the society. The sorting of academic history can be regarded as a useful practice of scientific measurement and rational understanding of politics. Besides, it can help us understand the development trend of political science. The paper selects 381 political science papers published in "Chinese Social Science" (1988 – 2017) to conduct multi – dimensional analysis, which provides a direct perspective for demonstrating changes in political research topics, transformation of research methods, and distribution of academic ecology. In the course of three decades of development, China's political science has experienced three periods from the theoretical argumentation of reform and opening up, the paradigm shift in research, the academic background of the rise of major power, the globalization of research horizons, the focus on modernization of governance, and the exploration of constructive grandiose theories. The re – established disciplines have returned to local academic consciousness and made disciplinary contributions to the prosperity of socialist culture and the promotion of socialist democratic politics. However, it should also be noted that it is still a long way to go in order to promote methodological innovation in the area of political science research, build a good academic ecology, conclude China's experience, and raise China's voice.

Key words: Chinese political science; academic ecology; research method; *Social Sciences in China*

国际比较视野中的协商治理

——"基层与地方协商治理:科学评价与国际比较"学术研讨会综述

刘 燕[*]

2018年6月1日至2日,由华中师范大学政治科学高等研究院/中国农村研究院主办的"基层与地方协商治理:科学评价与国际比较"学术研讨会在武汉召开。来自美国斯坦福大学、加利福尼亚大学、澳大利亚迪肯大学、加拿大英属哥伦比亚大学、浙江大学、清华大学、山东大学、深圳大学、华中师范大学的专家学者出席了此次研讨会。会议期间,与会专家围绕会议主题进行了全面深入的交流和研讨,现将主要议题内容综述如下:

一 协商治理理论的基本问题与进展

会议期间,与会学者围绕协商治理的诸多基本理论问题做了交流,尤其对协商民意测验及其代表性问题、协商治理中的公民能力问题进行了深入研讨。

(一)协商民意测验及其代表性问题

美国斯坦福大学詹姆斯·费什金(James Fishkin)教授指出,协商治

---

[*] 刘燕,华中师范大学政治科学高等研究院/中国农村研究院博士研究生,主要从事基层治理研究。

理过程中的公众意见面临三大挑战：一是理性忽视（Rational neglect），二是虚幻的民意（Illusory public opinion），三是资源的选择性（Resource selectivity）。对此，他提出可以通过协商民意测验加以破解上述难题。结合以往在数十个国家所做的协商民意测验案例，费什金教授展示了协商民意测验的基本程序，并指出人口代表性和态度代表性是协商民意测验的核心要素。为了保障代表性，费什金教授强调应采取随机抽样方法使样本量处于科学水平，从而让参与者可以进行充分的信息交流。澳大利亚迪肯大学何包钢教授对亚洲参与式预算中遇到的协商审议问题提出了自己的见解。他认为，亚洲的参与式预算普遍存在参与意愿不足的问题，而自愿参与者又未必能代表所属社区或村庄的意见。为此，他指出要将参与式预算与协商民意测验结合起来，用协商民意测验随机抽样的方法加以解决。在他看来，采取随机抽样方法的优势明显要大于随机抽样可能带来的弊端。清华大学谈火生副教授指出，即使是非常成熟的民主国家，民众的协商参与意愿也并不强。为此，他认为应通过扩大样本量、补抽、自愿报名等方式解决参与意愿不足的问题，以保证代表性。

（二）协商治理中的公民能力问题

美国加利福尼亚大学欧文分校的杜楚森（Doh D. Shin）教授通过对"亚洲晴雨表"（Asian Barometer）收集的数据进行分析后认为，当前全世界大部分民众都倾向于支持民主。但是，很多的民主支持者都只是表面名义上的支持，他们并没有足够的能力理解民主和专制的基本特征。即使有的民众确实有能力做出决定，很多人也无法真正参与到协商治理过程当中。杜楚森教授通过研究发现，亚洲人更愿意生活在混合制民主社会而非单纯的民主社会中。对此，美国斯坦福大学的詹姆斯·费什金（James Fishkin）教授认为，公众在协商的时候会有一些困惑，试图让所有人都参与协商也不太现实。但是，这并不意味着公众没有能力参与协商，尤其当公众聚集在一起进行有效沟通和讨论的时候。如果协商过程组织的比较好，并且公众认识到其意见的重要性以及提出的问题能够得到回答，就会有比较成功的协商案例。清华大学谈火生教授也指出，如果协商后真的有效果或是公众相信协商后能够影响政策，那么就能够克服理性忽视问题，而且还能不断提升公众的参与积极性。

二 当代中国的协商与协商治理

当代中国的协商与协商治理是本次研讨会的重要议题,与会专家学者主要从民主的授权、制度设计与实验、基层协商平台、民众参与度、公务员参与协商治理实践等五个方面进行了交流和研讨。

(一) 关于"Consultation"与民主的授权

加拿大英属哥伦比亚大学马克·沃伦(Mark Warren)教授对"协商"概念的译法进行了考察和分析。他认为,中国人习惯把"协商"翻译为 Consultation,而非 Discussion。而 Consultation 更多是咨询的意思,是上级向下级寻求建议。相反,协商则更加强调公众参与进来一起论证、思考,相互影响并达成共识,这体现出了中国垂直型咨询式民主和西方平等型协商式民主的差异。而民主的授权(Democratic empowerment)很有可能会把中国式的咨询转化为西方的 Discussion。沃伦教授通过对中国的授权问题、依法治国、抗争政治、网络批评等现象进行观察后指出,中国现在已经由单向的咨询转向了双向的协商,他希望未来中国的协商政治能够上升到省级和国家层面。

(二) 关于协商治理的制度设计与实验

浙江大学郎友兴教授以杭州余杭区"众人的事由众人商量"的协商案例为切入点,探寻制度设计、实验对中国基层协商治理的效用。他认为,在中国无论是高层、中层或微观的制度变迁都有很强的制度设计色彩。中国的制度,尤其是地方制度的设计具有非常强的经验主义或经验取向。制度的安排或者政策设计通常都会联系到试点、实践问题,并必然通过实验和试点来推进,最后在全国推广。因此,把政策设计和实验联系起来,通过实验不断丰富制度架构,这是理解协商民主和协商治理的基本维度。

(三) 关于基层协商平台及其法制化地位

深圳大学陈文教授通过对深圳市龙岗区"和谐共建促进会"的案例

分析指出，基层协商平台是非常好的组织性平台，通过协商平台可以较好地分担基层治理中出现的诸多难以解决的问题。但他同时指出，基层协商平台的设置往往是非法定化的，缺乏正式法律文本的保障，与上一级政府职能部门和其他平行基层组织间关系不明晰，在基层治理过程中很难得到认可。由于上述原因，基层协商呈现出参与决策协商少，参与决策执行协商多的特点。为此，他指出应通过挖掘政治资源，激活社会资源，盘活行政资源等方式以推进基层协商平台建设。

（四）关于党的领导与民众参与

华中师范大学万婷婷博士以浙江省的河长制实践为例阐述了中国的协商治理特征，并将其总结为"合法的河长制"模式。"合法的河长制"有三个要素：权威、责任以及人们的情感形式和它的协商机制，通过"党建+"体系，村民、乡民、志愿者通过正式的、非正式的方式参与协商。她认为，党领导下的协商治理政策是我国协商治理的重要特色，党领导下的合法的民众参与有效地结合了权威制和民主制，这给我们自上而下的管理和联系带来了更好的方式和方法。

（五）关于公务员参与协商治理实践

山东大学马奔教授指出，政府是协商治理的主要推动者和供给者，而公务员是政府的组成部分，其对协商治理的运行有重大影响。公务员对公民参与能力的认知越强，越能促进公民参与协商治理；公务员的自我效能感越强，越相信公民能参与协商治理。在现实过程中，政府系统在很大程度上没有真正的参与协商治理实践，协商治理的实践和研究都面临着瓶颈期，各地的协商治理实践成效并不突出。因此，需要大力倡导公务员参与多种多样的协商治理实践，在互动过程中加深对公民能力的认知，从政府系统促进协商实践。

三 中国协商治理的历史传统与实践

关于中国协商治理的历史传统与实践，与会专家学者并没有从方法和技术方面进行讨论，而是通过案例来思考中国历史上的协商与协商治理，

考察其能否构成对当代中国协商治理的理解,以厘清中国社会的底色。对此,与会专家学者主要从以下几个方面进行了深入探讨:

(一)传统协商治理的类型和特点

基于对中国农村的深度历史调查,华中师范大学邓大才教授指出,中国传统农村社会存在着四种协商类型:一是基于权利的分家协商;二是基于市场的卖地协商;三是基于利益的淘井协商;四是基于公务的村务协商。对此,美国斯坦福大学詹姆斯·费什金(James Fishkin)指出,讨论和协商不一样。协商有不同意见的交流,互相竞争的解决方法,并从中找一个平衡点,而不仅仅是讨论。浙江大学郎友兴教授也指出,需要对中国传统乡村社会的协商做适当的界定和区分,不应泛化协商的概念。

关于中国传统乡村协商的特点,邓大才教授概括为四点:一是在不同单元内进行;二是有大体框架或者大体的习惯;三是由单元内有威望的人牵头;四是其目标主要是为了解决问题及实现有效治理。基于此,他选择五个指标比较了中国和西方社会的协商,指出中国与西方社会的协商在单位、手段、规则、目标与权威关系五个方面存在差异。由此,得出结论:西方社会是以民主为核心的自主性协商、自由式协商,传统中国是以解决问题为核心的威望型协商、组织式协商。对此,澳大利亚迪肯大学何包钢教授指出,可以研究中国传统协商治理向现代协商民主转变的问题,由此探索中国未来真正意义上的协商民主。

(二)传统协商治理的动力和底色

华中师范大学黄振华博士基于大规模的经验材料认为,协商治理在中国有着极为深厚的社会土壤和历史根基。传统中国农村主要有血源性协商和功能性协商两种典型的组织化协商治理形式。农耕社会的定居传统、家户单元的内在需求以及国家治理的分治结构,为中国的协商治理提供了丰富的协商资源、动力和空间。但他同时认为,需要注意到传统中国的协商治理有其内在局限,表现为传统的协商治理主要是一种少数人的协商、层级化的协商以及横向化的协商,并制约着协商治理的成效。他进一步指出,审视当代中国的协商治理,上述局限性仍然有迹可循,也预示着未来中国协商治理创新发展所面临的重大挑战。对此,澳大利亚迪肯大学何包钢教授指出建议，可以尝试着用传统的协商治理解释当代的协商治理。

（三）传统协商治理的形式与逻辑

"断道理"，是华中师范大学陈军亚教授在四川广安市岳池县罗家坝村调研时观察到的传统协商治理方式。以此为例，她提出"断道理"对我们思考当下的协商治理有三个层面的意义：第一，公理即共识是基础；第二，更多人的参与是条件；第三，反复的讨论和对话是关键。为此，澳大利亚迪肯大学何包钢教授指出，要考虑如何将传统与现代的政治文明、协商民主理念相衔接。浙江大学郎友兴教授指出，"断道理"是标准的中国式协商，中国有很丰富的协商资源和制度性安排，把这些资源挖掘出来可以为世界的协商民主发展作贡献。华中师范大学邓大才教授指出，"断道理"是一种公认的道理，公认的道理有约束力，约束力变成协商民主的规则，是一种内在的约束力。

四 协商治理的中西比较与反思

会议上，与会专家学者就协商治理进行了中西方之间的比较和反思，并对协商治理的未来发展提出了自己的见解。

（一）关于"协商治理"和"协商民主"

华中师范大学徐勇教授指出，与协商民主概念相比，协商治理可能更有通约性，而民主这个词有一定限定性。就协商过程来看，从传统社会到当代社会，还有两个核心词也具有通约性：一是共意，即有共同的意志；一是众议，即众人的事众人议。但是，从具体来看，传统时期的众议是差等的。一方面，传统时期的众议是基于自然权利，这种自然权利把一部分人排斥在外了，而现代民主是基于所有人都是平等的；另一方面，传统时期的众议是基于某种自然权利，而现在是基于制度化权力，不是想不想做，而是必须做，是一种外在力量。从历史传统和历史制度架构来看，中国当下更适合使用协商治理，原因在于当下我们更偏重于众议而不是民选，但最终结果着重于民享。虽然路径选择不一样，但有通约性因素。

（二）关于协商的解释框架问题

清华大学谈火生副教授提出，中西协商民主之间的差距涉及双重合法性的问题，即权力合法性和权力运行中政策的合法性。中国和西方都存在这一双重合法性问题，只是表现形态上有不同，本质上是一样的。对此，谈火生副教授认为，在分析传统社会的协商治理时，是否可以超越中西方差异提炼出更具包容性或更具解释力的解释框架是一个非常重要的问题。例如，提炼出更具普遍性的概念框架讨论传统的协商形式和现代的协商形式之间的差别以及它们的转化路径，可能是一个研究方向。否则，完全局限在经验材料上各说各话，很难推动讨论的深入开展。澳大利亚迪肯大学何包钢教授也认为，应避免谈中西对立，而要从中西方比较中讨论出一些共同性的东西。浙江大学郎友兴教授则指出，协商需要本土化，国外的理论要根据中国的实际情况做出调整使其适应中国国情，否则将没有生命力。

（三）关于协商的转型问题

深圳大学陈文教授认为，传统中国没有协商的概念，西方理论下的协商民主才是协商。而且，中国的协商不存在转型问题，不能转型成国外的协商民主。华中师范大学徐勇教授提出，"转型"两字带有二元思维。"转型"意味着过去是错的，现在要往别处转。但是，具体哪个地方是标准的，则存在政治正确问题，我们不可能有标准化模型。因此，使用"转型"这个词需要非常谨慎。清华大学谈火生副教授也认为，要慎重的使用"转型"这个词，转型意味着变成了完全不同的东西，要选择新的标准和方向。对此，澳大利亚迪肯大学何包钢教授提出，"转型"只是指具体的协商问题，并不是事先存在协商的标准化模型。华中师范大学刘义强教授提出，这几年中国的协商治理和协商民主发展话语存在中西方时代错置问题。因此，在思考中国基层传统协商治理和当下协商治理时，应该重构协商治理传统的形态和框架，并在此基础上思考我国的协商治理走向良性发展要解决的问题。

总体上看，在为期一天半的会议中，与会专家学者围绕"基层与地方协商治理：科学评价与国际比较"这一主题进行了充分交流，给与会人员带来了一场学术上的饕餮盛宴。虽然，当下中国的协商治理存在一些问题，但是，与会专家学者对其发展持乐观态度，并且认为要处理好三对关系：一是传统与现代。保留并开发利用中国传统的协商治理资源，将其更好地运用于当代；二是本土化与国际化。基于中国本土经验与国际交流，并挖掘中国特色；三是理论与实践。从中国实践的政治脉络和社会机理问题出发，真正让协商治理理论在中国落地。